EL APRENDIZ DE DOMA ESPAÑOLA

MEMORIAS DE UN CABALLISTA

PACO DUARTE

**KOLIMA
BOOKS**

Título original: *El aprendiz de doma española.
Memorias de un caballista*

Primera edición: Julio 2021
© 2021 Editorial Kolima, Madrid
www.editorialkolima.com

Autor: Francisco José Duarte Casilda
Dirección editorial: Marta Prieto Asirón
Maquetación de cubierta: Sergio Santos
Maquetación: Carolina Hernández Alarcón
Colaboración: Francisco Javier López Melgarejo
Fotografía de portada: Rafael Lemos. Jinete: Manuel Carvajal.
Caballo: Majito V. Retrato de la pintora argentina Margarita
Stremel Bonilla

ISBN: 978-84-18811-09-8

*Este libro te lo dedico a ti, ya que, como imagino, si lo tienes
en tus manos es porque eres un amante del caballo y un gran
aficionado a la doma.*

*A ti, pues deseo que al final de su lectura hayas aprendido
un poco más sobre el adiestramiento de nuestra doma
española. Y si no es así, que al menos te haya aclarado algunas
dudas. Sea de un modo u otro, si te ha aportado algo positivo
me sentiré realizado.*

*Pero a quienes va especialmente dedicado es a esos
grandes jinetes que, sin faltar a nuestras costumbres y
tradiciones, doman en silencio y desde el anonimato, sin
pretender ser reconocidos popularmente. Va por ellos.*

ÍNDICE

PRÓLOGO 7

1. TOMA DE CONTACTO 9

2. MOZO DE CUADRA 19

3. ORIGEN DE LA DOMA ESPAÑOLA 29

4. LA ELECCIÓN DE UN POTRO PARA LA DOMA ESPAÑOLA 43

5. EL TRABAJO DE UN POTRO A LA CUERDA 55

6. EL JINETE A LA CUERDA 69

7. EL CINCHUELO Y LA MONTURA EN EL POTRO 77

8. EL JINETE CON EL POTRO A LA CUERDA 87

9. LOS VALORES DE UN JINETE 99

10. EL POTRO SIN LA CUERDA 105

11. EL PICADERO Y SUS FIGURAS 117

12. EMPIEZA LA BAJA ESCUELA 125

13. UN PASEO POR EL CAMPO 141

14. EL TROTE DE ESCUELA, EL PASO CASTELLANO Y
EL GALOPE DE CAMPO 157

15. UN AÑO POR DELANTE 171

16. FINALIZANDO LA BAJA ESCUELA EN EL CAMPO 185

17. OBSERVANDO A LOS CABALLOS EN LAS PISTAS. 201

18. COMIENZA LA ALTA ESCUELA Y LA DOMA DE CAMPO.
LOS CAMBIOS DE PIE. 213

19. EL PASO ESPAÑOL Y LA PIRUETA INVERSA EN TRES
REMOS 225

20. LA PIRUETA AL GALOPE Y LA VUELTA SOBRE LAS
PIERNAS 237

21. ARREAR, PARADA A RAYA Y ARREMETIDA 247

22. PASSAGE Y PIAFFÉ 259

23. MARTINGALAS, VICIOS Y RESABIOS 271

24. LA DOMA MAGISTRAL. 281

25. PSICOLOGÍA ECUESTRE 293

26. AIRES ALTOS Y RIENDAS LARGAS 303

27. JUEGOS Y FINALIDADES DE LA DOMA ESPAÑOLA DE
AYER Y DE HOY 317

28. LA RELACIÓN ENTRE EL PROFESOR Y EL ALUMNO 331

EPÍLOGO 345

AGRADECIMIENTOS. 347

PRÓLOGO

Existen muchos libros de autoayuda sobre cómo crear riqueza, cómo mejorar nuestra forma de pensar o de ser, cómo superarse, etc. Este libro podría encajar perfectamente entre ellos, ya que es un libro escrito para que sea de autoayuda para el amante del caballo y de su doma.

Recordemos que aquellos que no quieren conocer las técnicas de la equitación correctamente difícilmente llegarán lejos en el mundo del caballo.

Este libro va dedicado a todas aquellas personas que quieren acercarse al mundo del caballo y su doma, y por eso he querido recoger momentos y situaciones técnicas y psicológicas del día a día de la doma de un caballo contados de forma amena, haciendo reflexionar, refrescando conceptos, costumbres e ideas de la rutina diaria, a veces difuminadas por el hábito adquirido.

Quienes comiencen a trabajar en el mundo de la doma –o aunque no lo hagan de forma profesional y tengan el deseo de conocerla desde dentro y sentirla– descubrirán que tienen que domar utilizando siempre un punto de vista educativo y profesional.

Los que llevan tiempo dedicándose a ello, me gustaría que tomasen conciencia de que la doma no es solo una ocupación como tantas otras, sino que es una actividad profesional de la que deben sentirse orgullosos. En este libro de doma se habla desde un punto de vista diferente, aclarando conceptos ecuestres de forma reflexionada.

Con este libro lo que he pretendido es recopilar toda nuestra tradición de doma española, de principio a fin, incluyendo su historia y las actividades que se pueden desempeñar.

Toda la parte técnica expuesta sobre la doma está basada en mi propia experiencia, contada de forma novelada. Estoy convencido de que serán muchos los que se encuentren identificados con los personajes, pues lo cierto es que todo ha sucedido, o puede suceder perfectamente; de hecho, se han cambiado los personajes y lugares para que el lector pueda situarse en el tiempo libremente.

Paco Duarte

1. TOMA DE CONTACTO

Yeguada Dehesa de Cabeza Rubia.

Me encontraba parado y sin trabajo. Toda mi ilusión era trabajar con caballos; me pasaba todo el día pensando en ellos, en cómo cuidarlos, limpiarlos, y sobre todo aprender a domarlos, pero por el momento lo único que tenía eran diferentes libros y revistas sobre caballos que llenaban la estantería de mi habitación.

Siempre que tenía oportunidad, cuando era feria me acercaba a ver los paseos a caballo que se realizaban en mi pueblo. Miraba a los caballos soñando que algún día podría poseer uno para disfrutar y conseguir hacer con él lo que en los libros de equitación leía.

Me llamo Juan López. Soy un joven de dieciocho años, moreno, de mediana estatura y complexión atlética, de familia humilde pero con saber estar cuando trato con gente de distinta clase social.

En una boda familiar coincidí con mi tío Rubén. Este me preguntó:

–¿Qué tal andas de trabajo, sobrino?

–Mal. En todas las entrevistas de trabajo me dicen lo mismo, que no tengo experiencia. ¿Cómo quieren que tenga experiencia si no me dan una oportunidad?

–Tienes razón. La cosa está mal. En la empresa donde trabajo, mi jefe está buscando un joven para trabajar de pastor. ¿Te interesaría ese trabajo?

Me quedé pensativo. Cuidar ovejas no estaba en mis pensamientos, pero no tenía otra opción, así que contesté:

–Probar y ver las condiciones no estaría mal.

–Lo único que te puedo decir es que te tienes que quedar en el campo; está a más de trescientos kilómetros de aquí. Y ayudar cuando haga falta en las tareas a los otros empleados, como ellos te ayudarán a ti cuando sea necesario.

–Por eso no hay problema; ya sabes que me gustan tanto las ovejas como los cerdos o las vacas.

–No, Juan, me refiero en las tareas de la yeguada que hay dentro de la finca.

Al oír que allí había una yeguada se me abrieron los ojos tres cuartas, por la alegría que me daba el poder estar cerca de caballos.

–¿Sabes, tío Rubén, que mi pasión son los caballos? Por probar no se pierde nada; dime qué tengo que hacer.

Mi tío me escribió la dirección de la finca ganadera junto con un número de teléfono.

–Este es el número de mi jefe. Llámalo y le dices que vas de mi parte, pero dile que es por el empleo de pastor; mira que este hombre tiene muchas cosas en la cabeza y lo mismo te dice que te has equivocado.

–Muchísimas gracias, tío. Mañana lo primero que haré será llamarlo. Hoy es domingo y estando de boda, como que no es plan.

—Sí, es mejor mañana; no creo que en estos dos días haya encontrado a nadie.

Intenté pasar el día en familia lo mejor que pude, pero no era capaz de quitarme de la cabeza la idea de encontrar trabajo y además estar cerca de caballos.

A la mañana siguiente me levanté, desayuné y, sin decirles nada a mis padres, salí a dar un paseo. Cuando me sentí mucho más relajado me decidí a llamar al jefe de mi tío.

—¿Don Gregorio Pérez? Hola buenas. Mire usted, mi nombre es Juan y le llamo de parte de Rubén López. Es mi tío.

Desde el otro lado del teléfono me contestó una voz ronca y segura. Solo de escucharlo sentí un gran respeto hacia él.

—Sí, dígame de qué se trata.

—Mire usted, ayer estuvimos de boda juntos y me comentó que necesitaba un pastor.

—Cierto. ¿Tienes experiencia con ovejas?

—En casa siempre hemos tenido ocho o diez ovejas para que se comieran las malas hierbas de un pequeño campo que tenemos.

—A ver, lo primero que quiero saber es si sabes de ovejas, después si estás dispuesto a quedarte en el campo, y si tienes familia. Claro, y si te conviene el sueldo, evidentemente.

—Tengo dieciocho años y no tengo ni novia, no me importa quedarme en el campo y, sobre saber de ovejas, nadie nace aprendido, pero le pondré empeño y ganas. En lo referente al sueldo, usted dirá.

—Bien, parece que puedes reunir las cualidades que necesito. ¿Sabes dónde está la ganadería?

—Sí, señor. Mi tío me lo apuntó.

—Bien, entonces ¿qué te parece si mañana quedamos sobre las doce en el cortijo y concretamos mejor personalmente?

—Me parece buena idea. Muchas gracias, don Gregorio. Mañana estaré allí.

Tras acabar la conversación no sabía qué hacer, era un manojo de nervios. Solo pensar en que tendría trabajo era motivo para estar muy alegre. Corrí a mi casa y les conté todo lo sucedido a mis padres.

Mis padres estaban muy contentos y orgullosos por mi posible nuevo empleo y me felicitaron y desearon mucha suerte.

Era el primer viaje largo que hacía después de sacarme el carnet de conducir. Cogí mi viejo coche, uno que me había comprado con unos ahorros que tenía guardados.

Desde mi tierra natal (situada entre el norte de Cáceres y el sur de Badajoz) a la finca de don Gregorio había una distancia de unos trescientos kilómetros. La mayor parte del trayecto lo hice por autovía, pero a unos cincuenta kilómetros de mi destino cogí un desvío por una carretera secundaria. El paisaje cambió por completo; estaba todo muy poblado de encinas y las fincas se dividían perfectamente por unas paredes de piedras donde pastaba tanto ganado vacuno, como cerdos y ovejas.

Sobre las once de la mañana ya me encontraba en la puerta de la finca. Mereció la pena madrugar. Al no conocer la carretera ni el lugar no quería hacer esperar a mi entrevistador.

No cabía duda: estaba en la puerta de la finca. Era la entrada más grande, bonita y recién pintada de todas cuantas había visto desde la carretera. Entré por un ancho, llano y limpio camino que llegaba hasta las puertas del cortijo. Habría recorrido no más de quinientos metros cuando paré mi coche junto a otros que había estacionados y me bajé a ver si encontraba a alguien que me pudiese informar de dónde se encontraba don Gregorio.

Se me acercó una persona mayor, de estatura mediana y piel curtida, declarando por su aspecto que su vida había transcurrido a la intemperie, en el campo.

—Hola, joven. ¿En qué puedo ayudarle? —me dijo, mientras se acercaba a mí.

—Hola, me llamo Juan López y he quedado con don Gregorio para una entrevista de trabajo.

–Yo me llamo Luis García –me dijo mientras me extendía la mano derecha para saludarme–. Don Gregorio le está esperando en el patio del cortijo.

Me dirigí al patio del cortijo y allí se encontraba don Gregorio. Era un hombre alto de complexión algo gruesa y mirada seria que imponía respeto.

–Buenas, don Gregorio. Soy Juan López. Hablamos ayer por teléfono y quedamos a esta hora.

–Sí, recuerdo; te estaba esperando. ¿Qué tal el viaje?

–Muy bien, la verdad. Es que había poco tráfico y como no conocía esta parte de Extremadura venía contemplando el paisaje y se me ha hecho corto.

–Me alegro, bien. Esta es la finca donde necesito un pastor. Son unas pocas ovejas de raza merina que he adquirido hace poco y con los dos pastores que parecían interesados no acabé entendiéndome por dos razones: el primero no quería quedarse en la finca y el segundo no quería ayudar a Luis con sus tareas. Creo que ya le has conocido, estaba en la puerta.

–Por mi parte, quedarme no es ningún inconveniente, siempre que la casa sea modesta, y en lo referente a ayudar al señor Luis, ¿en qué consistiría?

–Consistiría en ayudarle en las tareas que tiene que realizar con los caballos. Por su edad no quiero que le suceda nada cuando tiene que llevar a cabo ciertas labores.

Al escuchar que ayudar al señor Luis significaba estar con los caballos no pude ocultar una emoción tal que don Gregorio se dio cuenta y me preguntó:

–¿Te gustan los caballos?

–Mire usted, don Gregorio, si le soy sincero, el elegir el trabajo de pastor fue porque mi tío me dijo que en esta finca había una yeguada, y para mí el estar cerca de estos animales ya es motivo suficiente para aceptar el trabajo.

–Me alegra tu sinceridad, y por eso, si lo prefieres, te ofrezco a que pases a trabajar directamente con los caballos bajo las órdenes de Luis. ¿Qué te parece?

—Me parece genial. Pero ¿y el puesto de pastor?

—No te preocupes; para ese trabajo se me ofrecen a diario varias personas; alguno encontraré.

—Muchas gracias. ¿Qué debo hacer?

—Mira, este es el contrato. Échale un vistazo y si te parece correcto lo firmas y pasas a presentarte a las cuadras y ya me irás contando.

—Perfecto, eso haré.

Leí el contrato y al ver que todo estaba perfecto, lo firmé y se lo entregué a don Gregorio. Seguidamente me dirigí a las cuadras, donde se encontraba don Luis García, el mayoral de la yeguada.

—¡Hola! He estado conversando con don Gregorio y al final me ha destinado con usted para colaborar en el trabajo diario de la yeguada.

Don Luis García se dirigió a mí con un carro de mano y una horquilla, que me entregó diciéndome:

—Me parece perfecto. Lo primero: no es para colaborar conmigo, sino para estar bajo mis órdenes. Aquí tienes esto y empieza limpiando el estiércol de las cuadras. Y segundo, me alegro de tenerte conmigo; ya era hora de que me mandasen a alguien. Este no es un trabajo para una persona sola.

Cogí el carro y empecé a quitar el estiércol que había en algunas cuadras. Eran espaciosas por dentro, de cuatro por cuatro metros cuadrados. Eran todas contiguas. Eran diez cuadras perfectamente ventiladas y bien orientadas para que en invierno no fuesen muy frías y en verano fuesen lo suficientemente frescas, todas bajo un mismo techo con un pasillo de tres metros de ancho. Cuando acabé de limpiarlas, me dirigí adonde estaba el Sr. Luis y le dije:

—He acabado, señor Luis. ¿Puedo hacerle una pregunta?

—Desde luego que sí,

—No quiero que se ofenda, pero ¿no está usted en edad de estar jubilado más que de estar trabajando?

Don Luis García, el señor Luis, me dijo con mirada seria y sin hacer ningún movimiento brusco, recordándome a los maestros que solía ver en las películas de artes marciales dijo:

–Mira, joven, para empezar te diré que estoy jubilado. Si sigo en esta finca es por varias razones: la primera es porque no tengo adónde ir. Me he criado en estas tierras y el estar junto con estos caballos es lo que me hace sentirme vivo y útil. Me quedo a dormir en esa casa que ves a continuación de las cuadras. Por tanto, a lo que hago no se le puede llamar trabajar. ¿He respondido a tu pregunta o tienes alguna duda más?

–Creo que me ha quedado bastante claro. Usted dirá, señor Luis, qué debo hacer.

Me indicó con su mano que le siguiese y caminando tras él nos dirigimos adonde se encontraban las yeguas, unas veinte en total.

Era un cercado donde las yeguas estaban muy confortables, con una pradera verde y mucha agua corriente en varias fuentes, unidas por pilares. Uno podía verse en ellas como si de un espejo se tratase por hallarse el agua cristalina.

Las yeguas eran de distintas capas. Abundaban las tordas, seguidas de las castañas y tres negras, pero todas tenían las mismas hechuras, alzadas y parentesco, como pude averiguar posteriormente. Todas eran familia por línea materna de una yegua fundadora que don Gregorio adquirió en una subasta de la yeguada militar hacía más de cuarenta años.

Tras revisar que se encontraban en perfecto estado y alimentadas nos encaminamos a las cuadras, donde estaban los potros y sementales de la yeguada.

–Pero estas no son las cuadras que he limpiado esta mañana –le dije viendo que se trataba de otras dependencias.

–No, aquellas eran las cuadras de las parideras, donde encerramos a las yeguas que están a punto de dar a luz cuando las inclemencias del tiempo son malas por agua, frío o viento. Además están más protegidas y al cuidado nuestro por si algún parto viene dificultoso.

Al entrar en esas nuevas cuadras quedé sorprendido por su belleza y lo bien trazadas que estaban. Los sementales estaban a un lado y los potros a otro. Bien ventiladas, sencillas para el manejo en su interior y con un espacioso pasillo donde se podía trabajar un caballo perfectamente. Contaban con idéntico trazado que las cuadras de las yeguas, siendo estas algo más pequeñas, de tres por tres metros cada una. Estaban ocupadas por tres sementales y seis potros de entre tres y cuatro años dispuestos para la venta.

Pasadas unas semanas ya conocía a todas las yeguas y sus potros, de qué sementales eran hijos y con qué semental parecía que la yegua había parido mejor a la cría en comparación a otros años. Estos detalles hicieron que don Luis se fijara en mí como un buen aficionado y me cogiera cariño. Tengo que decir que el cariño era mutuo. Era una persona muy amable conmigo, y me trataba como a un hijo. También podía ser porque al no tener familia viera en mí a ese familiar que nunca tuvo. Yo también, al estar solo en la ganadería sin más compañía que la suya, me apoyé mucho en él.

Me quedaba a dormir en una casa que había al lado de la suya, pero cenábamos todas las noches juntos; era increíble lo que sabía de caballos. Un día le dije que me perdonara y me dijese si le molestaban mis preguntas, pero él, al contrario, se sentía alegre y sin reparo me explicaba todo lo concerniente a la yeguada. Una noche le pregunté:

—Señor Luis, ¿aquí no se doman los potros que están en las cuadras? Solo los sacamos al caminador junto a los sementales.

—Juan, aquí siempre se ha domado a los potros, a los sementales y, lo que es mucho más importante, a las yeguas. Todas esas que ves en el prado están domadas y probadas para saber si son aptas como madres en la yeguada. Lo que sucede es que desde que me jubilé don Gregorio no quiere que los trabaje solo para no tener ningún percance. Tienes que comprender que son animales cerreros, es decir, que a pesar de que tú los veas mansos eso no quiere decir que se dejen hacer lo que queramos a nuestro antojo, y se necesita un proceso en el que los animales a veces se defienden de forma bruta, y a mi edad no tengo la misma agilidad que cuando era joven.

–Pero ahora me tiene a mí aquí. Yo podría realizar ese trabajo bajo su supervisión.

–No es nada fácil; tendría que enseñarte a ti a la vez que a los potros, y eso es cosa complicada. Recuerda una cosa: para domar potros se requiere personal con experiencia, y para adquirir experiencia lo ideal son caballos más viejos y muy domados –me respondió el señor Luis pensativo.

–¿En qué piensa? Parece como si no viese en mí a la persona adecuada para aprender.

–No es eso. Te seré sincero. El tiempo que llevas en la ganadería no ha sido otra cosa que una prueba. Don Gregorio te asignó a mí para saber si podrías ser la persona adecuada para sustituirme en la yeguada y ser yo quien lo aprobara.

–¿Y bien? –le dije sorprendido esperando una respuesta. Su cara pensativa me hacía ponerme más tenso y nervioso que cuando había entrado a trabajar .

–De momento has pasado la primera prueba con éxito. Te felicito. Tienes afición, eres trabajador y aprendes rápido. A partir de mañana empezaremos la segunda prueba: será la de empezar como mozo de cuadra y potrero. Ahora no se hable más y hasta mañana.

Con esas palabras me retiré a mi habitación muy contento, sin querer presionarlo con más preguntas. Deseé dormirme pronto para despertar en un nuevo día y empezar las primeras lecciones de mi aprendizaje en serio. Pero la cabeza me daba muchas vueltas. No era capaz de conciliar el sueño; a la mente me venían las imágenes de esos jinetes que tantas veces veía y leía en los libros y revistas de equitación que tenía en casa de mis padres.

2. MOZO DE CUADRA

Felipe Galindo, jinete aficionado.

El despertador sonó a la hora de siempre, pero me levanté más cansado que nunca por no haberme quedado dormido hasta pasadas unas horas después de acostarme. Me levanté, me vestí, me lavé la cara, me peiné y desayuné como siempre. Me dirigí a las cuadras de los sementales y don Luis no estaba, pero no tardó ni cinco minutos en aparecer.

–¿Qué tal, Juan? Buenos días. Vengo de repasar a las yeguas y todo está en perfectas condiciones. ¿Preparado para la primera clase sobre cómo ser mozo de cuadra?

–Buenos días, don Luis, preparado. Pero perdone, tengo una pregunta.

Se llevó el dedo índice de la mano derecha a los labios y me indicó que me callase para hablar él.

–Quiero decirte que desde este momento y en adelante toda duda que tengas me la preguntes en el acto. A veces las dudas se disuelven en el momento y quizás después sea tarde. Yo estoy aquí para enseñarte todos mis conocimientos, y te aseguro que no son pocos. Además, otras vivencias las tendrás que resolver tú mismo, ya que nadie mejor que tú, y solo tú, podrá resolverlas. Pero eso lo irás aprendiendo más adelante. Y si me ibas a preguntar que si ser mozo de cuadra no es ser potrero, que es lo primero que se tiene que ser para llegar a jinete, te equivocas.

–¿Cómo sabía que le iba a preguntar eso precisamente? –le dije sorprendido.

–Querido amigo, todos hemos sido jóvenes y aprendices en algún momento de la vida –me dijo mirándome y, sonriendo cariñosamente, continuó–: Te diré que muchos desean ser jinetes y no saben domar un potro; están más interesados en alardear de sus habilidades y sorprender a los aficionados profanos en la materia que conocer la base de la buena equitación. Para ser potrero se tiene que conocer la herramienta de trabajo, que no es otra que el mismo potro, y para ello tenemos que saber cómo vive, cómo reacciona, cómo piensa, cómo actúa, y todo eso lo podremos averiguar siendo mozo de cuadra, limpiando su cuadra, cuidando su alimentación, cepillándolo y limpiándole los cascos.

Empezamos repartiendo la ración de pienso a cada uno de los animales que se encontraban en las cuadras. Normalmente suele ser un pienso compuesto, variando según el animal la cantidad y la de los cereales naturales, según sean sementales o potros; es decir, si están de descanso o en cubrición, son potros más adelantados en doma base o que se están preparando para alguna competición donde necesitan más energía. Todo esto me lo explicó el señor Luis según le ponía el pienso a cada uno. No siempre había en las cuadras los mismos animales, por lo que tenía que saber qué ración había que aplicarle a cada uno, ya que los potros eran vendidos según aparecía un comprador y se llegaba a un acuerdo en la negociación.

–Mira, Juan, observa cómo reacciona este potro; es celoso de la comida, guiña las orejas y les enseña los dientes al resto. Si le castigas alzando la voz y obedece es que no es malo, pero si por el contrario colea y te pone la grupa es señal de falta de docilidad y esos detalles saldrán más adelante cuando llegue el proceso de la doma.

–Cierto y además es feo para cuando venga gente a comprarlos, ¿verdad?

–Correcto. Mira este otro. Parece que no hay potro en la cuadra. Entras y sales y él a lo suyo; solo piensa en comer, sin importarle lo que le rodea. Mira, paso por todos lados y él se gira para hacerme espacio y no molestar. Esto es síntoma de confianza y a tener en cuenta cuando tengamos que empezar el adiestramiento. También es importante el trabajo diario, que les hará familiarizarse mucho con nosotros hasta que se den cuenta de que es una cosa normal cuando te vean con la horquilla quitarles el estiércol y lo mojado por los orines y reponer la cama con paja nueva y limpia. La paja será la suficiente para que coma hasta saciarse y lo que sobre será la reposición para la cama. Esta se echará en el suelo para que los caballos no pierdan nunca su hábito natural de comer en el suelo y que, por estar encerrados, les tendremos que proporcionar nosotros. También es importante porque al realizar el ejercicio de levantar y bajar el cuello para llevarse la paja a la boca están fortaleciendo el cuello y eso evita muchos problemas como son los cuellos vencidos y músculos contraídos.

—Maestro, es increíble lo que voy a aprender con usted.

—Si sigues todos mis consejos y me escuchas detenidamente, a la vez que observas cómo se trabaja a los caballos en esta casa, puedes llegar a ser un gran caballista, créeme.

Según me estaba explicando el trato con los potros me dijo que mientras se comían el pienso los ataba a una argolla para que se acostumbraran a estar atados y aprendieran a no tirar. Pero esto todos los potros ya lo tenían aprendido desde el destete, porque cuando llegaba el momento de separarlos de sus madres los ataban hasta que volviesen a ser soltados. A esa edad no tienen fuerza para tirar fuerte y lastimarse; aunque después los soltaran y los cogiesen a los tres años y medio para la doma o venta, jamás se les olvidarían esas primeras lecciones.

Sacamos a un potro de su cuadra. Yo le tenía cogido por la cuerda para que cabestreara detrás de mí, y mi maestro colocado detrás lo animaba a que me siguiera. Me acerqué a una argolla y lo amarré con un nudo que me enseñó don Luis, de tal forma que si por algún motivo tenía que soltarlo, solo con tirar de la punta de la soga el potro sería liberado.

—Mira, Juan, lo primero que tienes que hacer a la hora de acercarte a un potro que está atado es hablarle para que no se sorprenda y te espere. Si te acercas mudo y el potro te ve sin esperarte, con el susto podría darte una patada o dar un tirón del cabezón, o cualquier cosa que podría provocarle un resabio. Ten siempre presente que posee una memoria extraordinaria, tanto para lo bueno como para lo malo, y desgraciadamente lo malo les suele marcar mucho más. Por eso siempre hay que hablarles mucho, y sobre todo con buen tono de voz; eso los relaja y les da confianza a la vez.

—Este potro se ve dócil y noble, pero parece que le falta nervio; no creo que valga para la doma. ¿Usted qué dice?

—Estás equivocado, muchacho. No confundas nervio con miedo, o nervio con clase. Un potro puede aparentar ser fogoso y realmente estar con temor por falta de confianza, o bien no aparentar ser temperamental y tener clase. Es decir, los potros no tienen que ser nerviosos; ellos tienen que ser obedientes y escuchar a la persona que los trata diariamente y dejarse emplear en el trabajo, que no pierdan el deseo de ir hacia delante y querer agradar. Normalmente el miedo de los potros jóvenes no es otra cosa que el temor a lo desconocido. Para eso está la buena base, para que en un futuro no tengamos que retroceder y volver a tener que repetir el camino andado, con el inconveniente de perder el tiempo.

—¿Quiere decir que este potro, al ser dócil y noble, puede llegar a ser un gran caballo para la doma? —le dije no estando del todo convencido de la explicación.

—No es eso exactamente. Se puede ser dócil y noble y tener cualidades limitadas. En realidad son muchos los factores que debe reunir un buen ejemplar, pero ya los irás descubriendo con el paso del tiempo.

Desatamos al potro para enseñarle a andar detrás de mí, con tan solo el cabezón de cuadra puesto y una cuerda de unos cuatro o cinco metros. Yo tiraba del animal para que me siguiera, pero se quedaba parado y rehusaba seguirme. Entonces don Luis se colocó detrás de él y a una distancia prudente lo arreó con un chasquido en la boca y una vara haciéndola sonar para que se decidiera a seguirme.

El potro no solo anduvo, sino que de un salto me adelantó cogiéndome por sorpresa y de milagro no me arrolló. Gracias a que tenía soga de sobra pude sujetarlo e impedir que se me escapase.

—Bien, muchacho, has actuado correctamente; eso es lo que se debe hacer —me dijo don Luis—. Que sepa que le tienes sujeto y no se puede escapar. Si en ese momento la cuerda llega a ser mucho más corta no te hubieses quedado con él y se hubiese escapado. Las consecuencias habrían sido muy malas, ya que podría haber aprendido a escaparse y repetir la jugada más veces. Por eso y de aquí en adelante quiero que sepas que en todo el proceso de doma de un potro, cuando sea la primera vez, esa primera vez que hay para todo, hay que ser muy cuidadoso, y no se trata de ser miedoso. Si alguien te ve reaccionar de esta manera debe ver que es por precaución. El tener que resolver problemas que en un futuro pueden tener graves consecuencias, donde aparecen los malos vicios y los resabios, obliga a ser prudente.

Continuamos un poco más y el potro quiso intentarlo de nuevo, pero esta vez fue mucho más suave y al final me seguía como un cordero. Justo en ese momento, mi maestro me dijo que tenía la lección aprendida y me ordenó llevarlo de vuelta a su cuadra.

—Bien, aquí es donde el potro se encuentra mucho más relajado, ya que es donde pasa la mayor parte del tiempo. También donde más confianza nos tiene, ya que es el lugar donde diariamente le echamos de comer y le hacemos la cama; por tanto también es un buen lugar para limpiarlo y que se deje acariciar por todos lados. Toma cepillo y rasqueta.

Me acerqué como me había dicho, hablándole. El potro me miraba con recelo pero a la vez inmóvil. Justo cuando le puse la mano en el dorso, mi maestro me mandó parar rápidamente. Yo me quedé como el potro, inmóvil, sin saber el porqué.

—Mira, Juan, a los potros se les acaricia siempre con la palma de la mano, nunca presionando con las puntas de los dedos como tú ibas a hacer, ya que eso les genera cosquillas y podría encogerse o darte una patada, porque es su forma de defensa ante una situación desconocida. La limpieza es algo que le proporciona placer si es bien realizada, algo muy importante para familiarizaros mutuamente. No se trata de hacerle una limpieza muy exhaustiva; eso vendrá más adelante. Este proceso no es otro sino una parte del adiestramiento: de nada sirve tener este potro montado si en la cuadra está con miedo al jinete, no da la cara y pone la grupa, o es reacio a seguirte al salir y entrar. Por tanto, todo lo que ganemos en confianza en este proceso lo adelantaremos posteriormente.

Acabamos esa primera lección sobre los primeros contactos con un potro y quedé gratamente sorprendido de la gran importancia que supone tener un maestro como don Luis García; de otra forma es imposible adquirir conocimientos. Comprendí que ser mozo de cuadra es el primer eslabón de la larga cadena que es el adiestramiento de un caballo.

Posteriormente soltamos un potro en el picadero circular para que retozara un poco, un precioso ejemplar de la mejor estampa de raza española, de capa torda. A cierta distancia parecía negro por su pelaje oscuro, pero, como me dijo don Luis, era por su juventud. Todos los caballos tordos nacen oscuros y mueren blancos, si es de viejo, claro. Me comentó que era uno de los mejores potros que habían nacido en la yeguada. La selección que se hacía era muy rigurosa. Su madre, la abuela materna y su bisabuela materna las había domado él, según me comentó, haciendo elogios extraordinario de todas ellas. Me confesó que un buen semental es muy importante, pero no más que una buena yegua. Me puso el ejemplo de que la yegua era la tierra y el semental la simiente: si la tierra es mala de nada sirve tener la mejor simiente del mundo; y, por el contrario, si la tierra es buena, con una simiente decente se puede criar algo bueno si las condiciones climatologías acompañan, como puede ser una buena alimentación en este caso hablando de yeguada. Evidentemente si el semental es extraordinario, no cabe duda de que es lo mejor, pero en la cría dos y dos no son cuatro; también influyen el que liguen los padres para que el resultado sea satisfactorio. En este punto don Luis me dijo que la parte que más le emocionaba de la cría era la expectación de saber qué saldrá de los nuevos cruces y experimentos.

Me explicó que para realizar una buena obra de arte se requiere tener las mejores herramientas, y en ese caso la herramienta es el caballo, por lo que la selección y la genética son primordiales para llevar a cabo la labor.

Todo esto me lo contó observando al potro, que no dejaba de dar botes de alegría al verse suelto en el picadero circular. Mirándolo fijamente me dijo:

—Los productos que se crían en esta casa, por su clase y funcionalidad suelen ser de carácter fuerte pero con mucha nobleza. Tienen fuerza y a veces quieren imponerse, pero siempre sin perder las raíces de la auténtica raza española. Quiero decir que muchos ganaderos se dedican a criar caballos para domingueros, paseos y romerías, animales que son dóciles para aficionados con poca experiencia y después pretenden que rindan en la pista como estos —dijo señalando al precioso potro que se había acercado a olernos después de haber respingado a sus anchas.

Cogimos el potro y lo cepillé como me había ordenado, para quedar en perfectas condiciones, cepilladas las crines y la cola, de tal manera que al cepillar las cerdas estuviesen finas, sedosas y limpias, sin arrancar y traerme los pelos enredados en el cepillo, porque con el día a día podría quedar el animal sin pelos y estas forman parte de su belleza. Pasada la rasqueta a contrapelo y el cepillo para quitarle el pelo viejo y sacar costra, acabé por frotarlo con un trozo de trapo humedecido para quitar el polvo y darle brillo a todo el cuerpo.

—Bien, Juan, estas son algunas de las labores de un buen mozo de cuadra: saberle dar su ración de pienso a cada uno y a la hora convenida, hacerle la cama, quitarle el estiércol y los orines del día y reponer la paja nueva para que se encuentre cómodo, sacarlo al caminador o al cercado y recogerlo cuando sea conveniente, y la limpieza del animal, como también la de los cascos. Hoy no la hemos realizado pero en otra ocasión tendremos que ir cogiéndole las manos y las patas despacio con caricias y suavemente hasta que nos las vaya levantando. De esta forma, cuando llegue el día de ponerle las herraduras estará familiarizado, de modo que, con tan solo tocarle las extremidades, las alzará y no sufrirá cada vez que tenga que ser herrado. Se han dado casos de que nunca se les habían tocado las extremidades y cuando llegó el día de ponerles las herraduras fue todo un calvario, tanto para el herrador como para el animal. Esa es una buena labor del mozo de cuadra. Ten presente que esto es para los potros jóvenes, pero después, de por vida, siempre se les limpiarán los cascos del estiércol o la arena que se les acumula dentro pues estos les pueden producir enfermedades y cojeras que pueden dañar todo el proceso del aprendizaje. Los cascos y un buen herraje son como unos buenos neumáticos para un coche. Mantener limpias las instalaciones, como puertas, pasillo y el guadarnés, es otra labor del mozo de cuadra; tener siempre en perfecto estado de revista las cabezadas, monturas y el resto de arneses, limpiándolo todo antes de ser devuelto a su lugar de origen después de ser utilizado por un animal.

—Maestro, todo esto que me acaba de decir es trabajo suficiente para una persona sola. ¿Cómo podré trabajar en el proceso de doma?

—Buena pregunta, por eso quiero que lo aprendas. Si el día de mañana no estás en esta yeguada siempre podrías encontrar trabajo como mozo de cuadra, independientemente de que tengas conocimientos más amplios, pero lo que vayas a desarrollar que lo tengas bien aprendido. Además, todo aquel que se precie como jinete debería haber pasado por estos oficios, que no son para nada deshonrosos. Es más, si algún día llegas a ser un gran jinete profesional te darás cuenta de la gran utilidad que supone ser o tener un buen mozo de cuadra. Cuanto más alto llegues y más éxito tengas con los caballos más te darás cuenta de lo importante que es la base y el gran significado que tienen las cosas simples.

3. ORIGEN DE LA DOMA ESPAÑOLA

Ezequiel León, jinete profesional. Caballo PRE «Cateto V».

P asaban los días y yo progresaba adecuadamente en mis labores de mozo de cuadra según me indicaba mi maestro. Las noches de cena, como de costumbre eran largas y bonitas tertulias sobre el mundo del caballo. Uno de esos temas en una ocasión fue el de quién y de dónde sería el primer hombre que se subió a lomos de un caballo. Lo mismo ese detalle importa poco, pero mi maestro siempre me decía que para saber a dónde queremos ir es importante saber de dónde venimos, y esta fue su reflexión al respecto:

—Amigo Juan, me gustan tus inquietudes; eso es bueno, pero te diré que no alcanzo tan lejos. Tenemos que tener presente que no se sabe a ciencia cierta y con exactitud cuándo y en dónde se inició la domesticación del caballo. Cada territorio del planeta conocido tenía su propia forma de tratar al caballo a la vez. Todo esto data de entre los siete mil y los tres mil quinientos años antes de Cristo; por lo tanto tenemos un margen de otros tres mil quinientos años en los que nadie puede decir exactamente dónde se inició el proceso de convivir hombres y caballos. Los expertos, en base a los restos arqueológicos y las pinturas rupestres encontradas en cuevas, no se ponen de acuerdo en cuanto al lugar donde el hombre empezó lo que posteriormente podría llamarse «doma», teniendo en cuenta que al principio el caballo se utilizó como animal de carga, sustituyendo a los perros, y posteriormente para tirar de los carros cuando el hombre inventó la rueda. Hace miles de años que hombre y caballo conviven juntos. En esas épocas, todos los habitantes de la Tierra eran nómadas; por tanto señalar un lugar exacto de dónde fue el principio de la doma sería algo atrevido. Las tribus que habitaban la Península Ibérica cuando llegaron los romanos eran mayoritariamente de origen indoeuropeo. Estos se supone que traerían consigo caballos y se cruzarían con los que posiblemente existían ya en la península. Lo que sí está claro es que a los romanos los habitantes de estas tierras no se lo pusieron fácil, ya que eran hábiles jinetes expertos en defenderse en guerrillas bien organizadas. Sus caballos eran pequeños y ligeros, aparecían y desaparecían como por arte de magia, atacaban y se volvían en un palmo de terreno, lo que hacía que el enemigo se desorientara de tal forma que temía combatir contra los íberos que iban a lomos de sus afamados caballos.

—Pero al final fueron derrotados por los romanos, a pesar de que estos tenían un ejército prácticamente solo compuesto de infantería —le dije intrigado por conocer su versión.

—Cierto, pero esa es otra historia. Sabrás que muchas tribus prerromanas estaban enfrentadas entre ellas, lo que el enemigo romano supo aprovechar para debilitar a los habitantes de la Península Ibérica. Pero tampoco fue todo tan fácil; les costó casi doscientos años hacerse con el control de todo el territorio. Los íberos se enfrentaron a los romanos con una forma de montar similar a lo que con los siglos pasaría a llamarse «a la jineta», pero para sorpresa de estos, cuando quisieron expandir el imperio por tierras partas se encontraron con unos enemigos fuertemente protegidos por un ejército de caballos recubiertos con armaduras y mallas. Estos se llamaban en aquella época «catafracto», y su función, a diferencia de las encontradas en la Península Ibérica, era que entraban en combate directo arrollando a las fuerzas enemigas. He querido situarme en esta época de la historia para que no te líes mucho, ya que tanto una forma de montar como la otra ya se utilizaban en siglos anteriores, y esto sería hablar de antes de Cristo.

—¿Entonces la monta a la jineta es la nuestra y la monta a la brida importada? —pregunté queriendo saber si en España siempre tuvimos una forma propia de montar.

—Yo diría que sí, pero claro, después cuando nos invadieron los musulmanes del Norte de África también tenían una forma de montar similar y eso hizo que se afianzara más en nuestras raíces. Por eso no se puede calificar a una forma de montar como pura y propia, ya que todas a lo largo de los tiempos se han ido enriqueciendo las unas de las otras. Pero yo también tengo mi propia teoría, y es que lo mismo son los propios musulmanes los que se pudieron enriquecer de nuestra forma de montar y no nosotros la suya. En fin, eso lo dejo para que saques tus propias conclusiones.

—Lo de la jineta lo tengo medio claro, pero, ¿cómo llegó la monta a la brida a la península? —pregunté queriendo indagar y saber más.

—Medio claro; eso es tener más dudas que cuando empezaste. Mira, te lo aclaro. Recuerda que aquí se montaba a la jineta desde mucho antes de la llegada de los romanos; estos adaptaron su caballería para el imperio. El tener un caballo fino, brioso y temperamental es lo que hizo que se mantuviera este tipo de monta, ya que el jinete lo dominaba con las piernas y tenía las manos libres para la lanza, la espada, tirar flechas, o cualquier otra cosa que tuviese en sus manos. Eran jinetes independientes, por lo que tenían que valerse por sí mismos. Dominaban a sus caballos de tal manera que podían ponerlos a todo galope y pararlos para cambiar de sentido solo con las piernas y el gesto del cuerpo. En batalla contra otro jinete los caballos se volvían y revolvían con los toques de las piernas mientras el jinete podía deshacerse del enemigo con su espada y, si corría peligro, solo tenía que indicarle que salir era del campo de batalla y se ponían a salvo gracias a su eficaz forma de cabalgar. Generalmente, al carecer de estribos, su posición era con las piernas más recogidas y semidobladas, para poder de esta forma tener más sujeción sobre el animal. Con la llegada del estribo siglos más tarde mejoró el poder estar más equilibrado sobre el caballo al poder apoyarse en él.

—Duda aclarada, maestro. También le pregunté sobre la otra forma de montar, a la brida.

—La monta a la brida llegó al norte de la península con los visigodos. Con los siglos posteriores se fue incorporando al ejército cristiano para combatir a los musulmanes. También tuvieron una fuerte influencia con la llegada de las Cruzadas, donde esos ejércitos de la Edad Media eran arrolladores en el ataque. Sus caballos eran pesados y dirigidos con las manos, ya que las piernas las tenían estiradas por las armaduras que portaban y apoyadas en el estribo con espuelas muy largas por la dificultad que tenían en dar a los costados de sus cabalgaduras.

—Pero en toda esta historia que me ha contado no acabo de entender cómo acabaron incorporándose las dos formas de montar a nuestra actual monta española, si eran tan diferentes la una de la otra —exclamé, sorprendido de que mi maestro supiese tanto sobre nuestra historia ecuestre.

—Esto no se produjo de la noche a la mañana, sino que fue un proceso lento, aunque con pasos muy firmes y positivos. Mira, Juan, los Reyes Católicos conquistaron el Reino de Granada de la siguiente forma: Fernando el Católico tenía su arrolladora caballería montada a la brida, heredada del Reino de Aragón, también llamada monta «a la estradiota», o «a la guisa», nombre derivado de los reinos de Nápoles y Francia. La reina Isabel la Católica tenía transformada su caballería a la jineta, también conocida como «a la bastarda», un poco más refinada, introduciendo elementos ecuestres de la monta a la brida, por ser la mayoritariamente utilizada por el pueblo llano y los jinetes de la plebe tras conquistar el Al-Ándalus dos siglos antes. Con la conquista de Granada, no solo se unificó la actual España, sino que también lo hicieron las dos formas de montar que había en la península. Posteriormente, los caballeros cristianos eliminaron sus pesadas armaduras, pero no su forma de ir a caballo, mientras que los nobles aprendieron el arte de la equitación en las escuelas creadas para estos menesteres. Realizaban juegos y torneos como forma de diversión y estatus social. El ser caballero entre la nobleza se medía por sus habilidades ecuestres y para ello también se dedicaban a lancear toros y lidiarlos en las plazas de los pueblos, lo que requería una monta más específica como era la monta a la jineta. De esta forma se unificó lo que vendría a llamarse la famosa monta española en todo el continente europeo, ya que nuestros caballos y nuestra forma de montar se fueron expandiendo por todos los países, donde era requerida por reyes y nobles.

—Pero a día de hoy, ¡es difícil saber si la doma española tiene más de monta a la brida o a la jineta! —Quizás era una pregunta difícil para poder entender su respuesta, pero me lo aclaró de tal forma que según pasaba el tiempo y mi aprendizaje como jinete se afianzaba, como en la doma de un potro, fui comprendiendo sus palabras.

—Difícil es según como lo miremos. En un principio las cosas estaban muy definidas y bien fusionadas. La buena equitación es el resultado de la buena unión de ambas montas. Te diré que un caballo, para que esté presto y atento a las ayudas, tiene que tener una buena doctrina de las piernas. Aquí es donde aparece la monta a la jineta, con la diferencia de que la colocación de las piernas está modificada, es decir, van algo menos recogidas. Este tipo de monta se conserva en nuestros días en la doma de campo, el rejoneo y el acoso y derribo.

—Y la antigua monta a la brida, ¿dónde se conserva y se aprecia más hoy en día?

—Como te he contado, la monta a la brida era arrolladora; hoy en día se podría apreciar perfectamente en los caballos de los antidisturbios de la Policía. Estos están perfectamente protegidos y actúan en conjunto ante incidentes donde su participación es de gran utilidad, prestando un gran servicio.

—Ahora que usted lo dice, es cierto, pero, respecto a la doma, ¿dónde encaja la monta a la brida?

—Respecto a la monta a la brida te diré que un caballo, aparte de que esté presto a las piernas, que son las que mandan, tiene que estar en la mano, que es la que dirige, y ahí es donde aparece la otra variante, y de esta gran fusión surgió la monta española: a tener un caballo en los pies y en las manos del jinete se le conoció mundialmente como equitación española o alta escuela. La influencia que tuvo sobre la monta a la brida fue que la mano se suavizó, ya que estos eran jinetes que montaban caballos más pesados y tenían una mano muy dura; las piernas estiradas también se recogieron un poco, los bocados se redujeron en favor del animal y las espuelas a no tener necesidad de usarlas tan grandes. También el caballo que se utilizaba era el español, un animal fino, caliente y de temperamento dócil y presto a la doma. Los arneses, así como las cabezadas y las monturas, también tuvieron modificaciones, pero siempre en un alto porcentaje de monta a la jineta.

—Esta historia que usted me está contando supongo que la sabrán todos los jinetes que se dedican a la doma, porque yo de historia sí sabía algo por lo que aprendí en el colegio, pero estos detalles sobre el origen de la doma española me eran totalmente desconocidos.

–Amigo Juan, no todos los aficionados y caballistas que te encuentres a lo largo de tu vida sabrán muchas de las cosas que yo te cuente. Desgraciadamente tengo que decirte que en España, en lo que al caballo se refiere, se ha escrito poco y leído mucho menos. Todos los conocimientos han ido pasando de padres a hijos, o bien han sido comunicados por maestros a nobles y a los hijos de estos. Pero no quiero decirte con esto que no haya nada en las bibliotecas, que lo hay, y muy buenos tratados de equitación escritos por españoles, pero siempre fuimos muy amigos de lo extranjero y adaptamos lo de fuera como si no fuera nuestro, cuando fuera no se ha hecho otra cosa más que copiar nuestras raíces y costumbres ecuestres.

–Es una lástima que teniendo este tesoro único en el mundo y bebiendo todos de nuestras fuentes no sepamos exportarlo como se debe. Siempre he oído hablar de la monta a la inglesa o de la monta western, pero la monta española no se oye tal como usted, maestro, me la está explicando –le dije algo preocupado.

–El problema de saber historia y a la vez domar un caballo es que cuando cuentes algo muchos te dirán que más montar a caballo y menos explicar. Ese ha sido el problema que ha tenido la cultura ecuestre en España: nadie se ha preocupado en decir las cosas como son, y como lo típico era el «cada maestrillo tiene su librillo», no tenían la mente abierta para adquirir nuevos conocimientos de formas de montar de escuelas provenientes de otros países, o de compartir su sabiduría con los que estaban perdidos en las labores de su afición ecuestre. Los antiguos jinetes decían que el mejor libro era el caballo. No les faltaba razón, pero también leer es necesario. En los libros está reflejada la sabiduría de jinetes anteriores; en ellos se cuenta cómo deben hacerse las cosas y evitar cometer los errores que ellos en su día cometieron.

Dimos la tertulia por terminada. Era hora de irse a dormir. Al día siguiente, como de costumbre, empecé con la rutina de las labores de mozo de cuadra y a mover a los potros y a los sementales en el caminador. El día transcurrió con normalidad. Al caer la noche de nuevo, y como siempre, me dirigí a la casa del señor Luis para cenar juntos. En la mesa de la cocina encontré una nota que decía que esa noche tenía que ausentarse y que no le esperara para cenar.

Después de cenar me puse a dar vueltas por la cocina y a ver utensilios antiguos que colgaban de las paredes adornando el lugar. Me paré en una puerta que siempre estaba cerrada, pero con la llave puesta. Lleno de curiosidad la abrí y entré tras encender la luz. Mi asombro fue tan grande al ver lo que había en aquella habitación que tardé unos segundos en reaccionar y poder curiosear lo que lleno de telarañas y polvo allí se tapaba. Pude contemplar una estantería plagada de trofeos. Limpié un poco para leer lo que ponía en las placas. Un escalofrío recorrió todo mi cuerpo; trofeos y medallas de campeonatos y concursos nacionales de doma vaquera y alta escuela. Había medallas de oro, plata y bronce; predominaban las de oro. Los trofeos igualmente de primeros puestos. Por sus fechas pude sacar la conclusión de que eran de los comienzos de estas disciplinas. Las paredes estaban repletas de fotografías de caballos realizando diferentes números de doma; los había castaños, negros, alazanes y tordos en todas sus variedades de tonalidades, más oscuros, más claros, de diversas edades y niveles de doma. Pero lo más llamativo de las fotografías era que en todas ellas aparecía el mismo jinete: un hombre joven, alegre, delgado y que encima del caballo parecía una estatua, el centauro más perfecto que jamás había contemplado. En mi casa tenía muchas revistas donde aparecían jinetes a caballo, pero haciendo memoria ninguna de las fotografías se asemejaba a la de aquel jinete de estampa inigualable. Cogí un cuadro, limpié el polvo y acerqué la vista a la imagen para poder observar más de cerca al jinete, pues para mí era todo un misterio saber de quién se podía tratar. De pronto sentí que el corazón me explotaba. El cuadro se me escapó de las manos y cayó al suelo rompiéndose. Me agaché y recogí los trozos de cristal y los deposité en la basura para tirarlos. Después, sin el cristal observé de nuevo la imagen del jinete de la foto. No cabía duda: era don Luis García, mi maestro, en sus años de juventud. Me acerqué a la chimenea, aticé la candela para que no se apagara y le añadí otro trozo de leña de encina. Tenía decidido esperar a mi maestro; quería que me aclarara aquel descubrimiento y me dijese quién era realmente. Estaba eclipsado mirando la foto al calor de la lumbre cuando llegó.

—Hoy has descubierto más de lo esperado, ¿verdad, Juan? —me dijo una voz desde la puerta.

Miré sorprendido, pues no esperaba que alguien estuviese en la puerta y, con la fotografía en la mano, le pregunté:

—¿Usted no es un simple mayoral, verdad? Me dijo que se había criado en estas tierras. Esas medallas, trofeos y fotografías colgadas en la pared tienen muchas historias detrás.

El señor Luis García se acercó a mí lentamente, se sentó a mi lado, de tal manera que el calor de la lumbre también le llegara, alargó una mano, cogió la fotografía, la miró fijamente, y me relató lo siguiente:

—No te mentí. En estos momentos soy un simple mayoral. Tú nunca me preguntaste sobre mi vida anterior, y es más, sí, me crié en estas tierras; mi padre era el guarda de la finca y mi madre el ama de llaves. En un accidente de tráfico murieron los dos cuando yo apenas tenía ocho años. El padre de don Gregorio me crió como a un hijo suyo y me enseñó a ser hombre realizando las labores ganaderas con las ovejas y los cerdos para aprender el oficio y a la vez pagar mi sustento y estudios. Pero mi gran ilusión eran los caballos. En el cortijo siempre había habido ganado caballar de raza indefinida, probado en el trabajo diario, que producía mulas para las labores agrícolas. Aprendí a arar, sembrar, trillar, y sobre todo a recoger los melones y las sandías con los serones, a recoger los haces de trigo con las cangallas para ser trillados en las eras y cuando era la época de las sacas del corcho, yo era, por mi juventud, el «aguaó», es decir, el encargado de ofrecer agua con una mula y unas aguaeras con cántaros llenos de agua fresca para calmar la sed a los corcheros.

Estas labores, lo creas o no, me han sido de gran utilizad, labores que por cierto muy pocos caballistas de hoy en día conocen.

–¿Pero qué aportan esos conocimientos a la doma? –le dije a mi maestro, no encontrando encaje a todo eso.

–Más de lo que nadie se pueda imaginar. Ten presente que para poder realizar estas labores, el animal ha de estar la mayor parte del tiempo suelto, obedeciendo a la voz del arriero, que es como se llama la persona encargada de estar con estos animales. Los hombres de campo me enseñaron a tener a las yeguas y a las mulas quietas para aparejarlas, echarles sus cargas correspondientes, subir y bajarme de ellas, a que anduviesen mucho y bien por campos y veredas, a conocer cuáles eran trabajadoras incansables o cuáles protestaban en el trabajo; dicho de otra forma: a ser psicólogo, saber entenderlas, lo que actualmente se conoce con el nombre de etología, que es la ciencia que estudia el comportamiento de los animales en su medio natural, algo que parece que es importado, cuando realmente de siempre en la Península Ibérica el hombre y el caballo han tenido un vínculo especial, un vínculo de confianza mutua y fiel colaboración. Las yeguas que daban un servicio leal a su arriero y se veía que se empleaban con corazón eran destinadas a la reproducción, yeguas que estando sueltas en la manada nunca rehusaban a la presencia del hombre cuando se acerca a ellas con una jáquima en la mano y se la ponía. De un salto se montaba a pelo en su lomo y se la llevaba al cortijo sin renuncia ni protesta alguna. Yeguas que por su buena base de doma y confianza mutua nunca se rebelaban ni mostraban dificultad para abandonar a las compañeras de manada.

»Aquí quiero aclararte, Juan, que nunca subestimes a nadie. El que menos te imagines te puede dar una lección magistral, como puedan ser los arrieros, personas de clase humilde y trabajadora que heredan su sabiduría de padres a hijos desde siglos y que en sus conocimientos incluyen, no solo el trato con una recua de mulas donde se mezclan los animales y solo con nombrarlas por su nombre saben cada una a quién están llamando, sino que también tienen experiencia en hierbas medicinales haciendo de fenomenales veterinarios, y cómo no, también poseen conocimientos de talabartería, realizando buenas albardas y aparejos. En los principios de la doma vaquera en las pistas, las monturas eran grandes, bastas y pesadas, por ser realizadas por estos artesanos. Posteriormente pasaron a ser realizadas por guarnicioneros y fueron más livianas y cómodas, tanto para el caballo como para el jinete, ya que la función principal de las antiguas monturas no era el uso que se les dio posteriormente. Te he resumido un poco lo que aportan estos conocimientos, pero ten presente que es solo el principio para poder llegar a ser un buen potrero. Aunque esto te lo explicaré más detalladamente sobre el terreno cuando estemos trabajando un potro.

—Maestro, ¡pero estos trofeos y medallas no son de un arriero! —le seguí insistiendo señalando de nuevo la fotografía.

—Fue posteriormente, cuando me llegó el momento de realizar el servicio militar, y gracias a los contactos que don Gregorio tenía, que pude pasar tiempo en el Ejército rodeado de caballos, en la escuela de equitación militar, donde aprendí todo lo relacionado con las labores de un mozo de cuadra. Ningún oficial les decía a los soldados nada referente a la doma de los caballos; también es cierto que muchos soldados estaban solo para cumplir el tiempo reglamentario del servicio militar. Pero mi caso era distinto. Todas las tardes, en mi tiempo libre me acercaba a ver cómo los oficiales daban clases de equitación a los suboficiales. En un principio eran algo reacios a mi presencia, pero pensando que era solo un soldado aburrido no me dijeron nada. Pasaron los días hasta que un comandante se acercó a mí y me preguntó si me gustaban los caballos. Me cuadré para saludarlo como correspondía a su rango y le dije que mi ilusión era saber montar bien algún día y domar un potro como los que veía en aquellas sesiones diarias.

El señor Luis se quedó callado y, mirando cómo las llamas se apagaban por el consumo de la leña, cogió varios leños de la candela y los juntó para que ardieran hasta llegar a hacerse cenizas y continuó:

—El comandante me invitó a que fuese su ayudante, pero para mi asombro no fue lo que yo esperaba, que era trabajar un potro para adiestrarlo, sino montar un caballo viejo y retirado de la competición que él tenía para sus nietos. Según le dábamos cuerda con la montura puesta, estando yo siempre callado y con el respeto que se merecía al estar en el Ejército y ante un superior de aquel rango, me dijo: «Luis, lo primero que tienes que aprender es a montar bien; no se puede adiestrar un potro si tú no eres el primero en estar adiestrado. No solo tienes que conocer las herramientas para que un potro progrese adecuadamente; también tienes que saber montar y caerle bien al caballo, y eso no es otra cosa que una perfecta colocación de cuerpo, piernas y brazos, adquirir equilibrio y saber acompañar a tu cabalgadura en el movimiento». Y dicho esto estuve el resto del servicio militar adquiriendo un asiento correcto, realizando a veces ejercicios de volteo y montando sin estribos ni riendas.

»Cuando empecemos a adiestrar a un potro, tú tendrás que aprender a montar una de las yeguas que tenemos en la manada, que es ideal para que adquieras confianza y tu experiencia se vaya plasmando en el potro. De lo contrario, con tu inexperiencia provocarías que el potro no avanzase por culpa de tu tensión en el lomo del joven animal, al no haber adquirido el equilibrio que necesitas.

—¡Lo que me resulta extraño es que su comandante se prestara a enseñarle a montar bien a caballo!

—También yo se lo pregunté, y tuve la gran suerte de que me eligió para formar parte de un proyecto que él estaba desarrollando y quería saber si funcionaría antes de darlo a conocer a sus superiores. Él aprendió a montar con un profesor francés, maestro de una de las mejores escuelas de equitación de Francia. Después del éxito conseguido conmigo, y ver la utilidad para el Ejército, esta forma de montar se implantó en las academias militares.

—Pero una vez finalizado el servicio militar, ¿usted qué hizo?

—Le dije a mi comandante que lo que más me gustaba era la doma española en sus dos variantes: doma vaquera y alta escuela, y que los conocimientos adquiridos por él los pondría en práctica si algún día tenía oportunidad. Y esa oportunidad llegó. Cuando regresé a la finca de don Gregorio y le conté a su padre los conocimientos adquiridos en equitación se interesó por que su hijo aprendiese a montar, ya que también tenía afición por montar a caballo, él como disfrute y yo más interesado en lo profesional.

»Contrató a un viejo vaquero retirado de una de las más afamadas ganaderías bravas. Este vaquero me enseñó todos los entresijos de la auténtica monta a la jineta, que ya te comenté en su día, y que es como yo la interpreto y conozco. Fue en una época en la que se empezaron a realizar exhibiciones y ejercicios camperos en las ferias de los pueblos. Entonces unos pocos se reunieron para reglamentarla y poder hacerla como deporte y surgió la doma vaquera federada. Los conocimientos adquiridos de mi maestro de vaquera junto con el asiento y posición aprendidos en el Ejército fueron lo que hizo que ganase esos trofeos que has visto, pero sin perder el aire de montar a la vaquera. Eso nunca se debe perder, y es lo que quiero que tú aprendas. Si pones de tu parte empeño y dedicación, los frutos aparecerán como por arte de magia.

—Maestro, estoy deseando empezar, pero una cosa más, y finalizo para irnos a la cama; no quiero ser un pesado y es tarde, ¿cómo aprendió usted la alta escuela?

—La alta escuela, como la vaquera, es una variante de nuestra monta española, por lo que la base hasta cierto nivel es exactamente la misma, es decir, la baja escuela. No se puede realizar una buena alta escuela sin una buena base de baja escuela. Después las cualidades del animal son las que te hacen llevarlo hacia una disciplina u otra. Yo la baja escuela la tenía dominada por años de aprendizaje para alcanzar una buena doma vaquera, y los aires de alta escuela los aprendí de otro gran maestro de la equitación en España. Después de mis triunfos en las pistas de vaquera, este gran jinete me invitó a pasar un tiempo en su casa. Intercambiamos conocimientos, yo aporté mi vaquera y él su alta escuela, aprendida de unas de las mejores escuelas de equitación que existen en el mundo y que radica en la ciudad de Viena. Pero ten presente que en España hay muy buenos caballistas, algunos autodidactas y otros con conocimientos adquiridos en un sitio u otro, pero la mayoría tienen un denominador común, que es el arte. El arte que los españoles tenemos no existe en otro país. Aquí siempre ha habido y habrá grandes jinetes y maestros de equitación.

»Pasado un tiempo y habiendo cosechado todos los triunfos que has constatado tanto en una como en otra disciplina decidí regresar a la finca donde nací y, con el apoyo de don Gregorio, compramos la yegua que te dije y creamos la yeguada. Y esta es la historia. Aquí sigo, retirado de toda vida social.

—Perdone, maestro, pero tengo una duda y no me puedo ir a la cama sin preguntársela antes: ¿no cree usted que la doma ha evolucionado desde su retirada de la competición a como se realiza actualmente?

—Depende del punto de vista desde el que se mire; la tradición no está reñida con el progreso, pero evolucionar no es modificar. Me explico: la vaquera es arte y tradición. Se puede mejorar, porque todo es mejorable; es el progreso, pero siempre desde sus directrices. Cuando el arte se reglamenta y se modifican ciertos aspectos desgraciadamente pierde su sello de identidad, los jinetes pierden su personalidad y se convierten en meros imitadores. Si pasado un tiempo y adquiridos los conocimientos que yo te pueda transmitir decides participar en concursos, te encontrarás, por la forma de interpretar la doma, con ciertos jinetes y jueces que no estarán de acuerdo con tus actuaciones por desconocimiento o desuso. Pero ahora a la cama; mañana nos espera un largo y duro día.

4. LA ELECCIÓN DE UN POTRO PARA LA DOMA ESPAÑOLA

Yeguada el Lolo, ganaderos y tratantes.

Al día siguiente, después de acabar con las tareas diarias, el señor Luis me presentó a varios potros de tres años. Primero soltó uno en el picadero circular y me dijo:

—¿Qué te parece este potro?

Yo lo miré detenidamente como el que tiene experiencia en saber cómo debe ser un buen potro. Al estar esperando una respuesta, le dije:

—Me parece un extraordinario ejemplar. Es muy bonito y le entra por los ojos a cualquiera, me gusta.

—Eso es lo que esperaba que me dijeses. Bien, Juan, lo primero que te tienes que preguntar a la hora de comprar un potro es para qué lo quieres; si es para el trato y obtener a cambio un dinero, este podría ser el ideal. No digo que sea un mal potro, pero lo que estamos buscando es un animal con futuro para la doma en alta escuela. Por tanto tenemos que fijarnos bien en muchos otros atributos. No quiero decir que un caballo bonito sea malo, ni tampoco que tenga que ser feo el animal deseado. Te cuento: el que sea bonito es muy importante, pero es solo algo superficial. Lo que tenemos que pedirle es que además tenga corazón, ganas de trabajar, escuche al jinete, y sobre todo cualidades para desempeñar las funciones a las que lo vamos a dedicar, es decir, tres buenos aires naturales, paso, trote y galope. De estos tres, el más importante es el galope, y este o lo tiene bueno o no lo tiene. Se podrá corregir un poco, pero nunca llegar a lo deseado. Si el animal no lo tiene de nacimiento, los otros dos aires, el paso y el trote, aparte de que tengan que ser buenos, si no lo son tanto siempre serán mejorables con el trabajo diario.

—Entonces, maestro, si un potro galopa bien, ¿los otros dos aires no tienen por qué preocuparnos tanto ya que con el trabajo mejoran?

—No, no te confundas; me explicaré mejor. No he querido decir que puedan ser malos, sino que pueden no ser de igual calidad, aunque siempre de nota alta. Si el paso es malo, será malo siempre; se corregirá, mejorará, pero nunca será un animal con el que el jinete pueda demostrar su trabajo de horas, días, meses y años. Un potro con un paso o trote defectuoso por mala conformación genética o enseñado mal desde el principio, o que adquiere vicios, nunca llegará a ser un animal que alcance notas altas en la competición.

–Entiendo. En realidad, tener un potro que reúna todas las cualidades deseadas debe ser muy difícil.

–Lo es, más de lo que te puedas imaginar. También son una caja de sorpresas. He llegado a tener potros a los que les puse todo el empeño con un buen adiestramiento y solo se quedaron en belleza. Pero créeme, cuando trabajas un ejemplar de esos que todo lo hacen con desgana, protestando, que son flojos y les molesta todo lo que el jinete les manda con las ayudas, sinceramente no encuentro la belleza por ningún lado. Al contrario; también he tenido potros que, si bien no han tenido la mejor belleza del mundo, pasan desapercibidos por su forma de ser tranquila, su carácter noble, que no transmiten tanto estando sueltos, en cuanto los empiezas a trabajar se transforman por su deseo de aprender y agradar. Cuando realizan un ejercicio de equitación, al tener cierta calidad en su ejecución, al animal ya lo ves bello, porque la calidad del ejercicio hace que lo veas con mejores ojos y al final a la vista de todo buen aficionado será el que todos desearían tener.

–Según lo que usted me está diciendo veo en este potro que su galope está algo descompensado, bracea demasiado de los anteriores y los posteriores los arrastra un poco más, aparte de que sus manos pegan lanzadas hacia adelante a una mano y sus patas a otra. ¿Eso también quiere decir algo, señor Luis?

–Efectivamente; me alegro de que te hayas dado cuenta de ese detalle. El potro lleva galopando un rato y va desunido; eso quiere decir que galopa a la mano derecha pero con el pie izquierdo. Si fuese un potro con clase y cualidades, él solo se habría cambiado para su comodidad. Eso ya nos quiere decir que siempre tendrá dificultad a la hora de realizar los cambios de pie cuando llegue el momento, y esa falta ya se la habíamos visto en el galope. Esto no significa que el potro sea malo, nada de eso, sino que simplemente que lo desechamos por no reunir lo que deseamos de él. Sin embargo, puede llegar a ser un gran caballo de paseo, romería o incluso de enganche y lucimiento; todo animal tiene su sitio en algún lugar de este campo tan amplio que es la equitación. Algún día, cuando adquieras más conocimientos sobre la materia, sabrás reconocer y entender, cuando veas a un aficionado a caballo, que lo que para ti no vale para el dueño es lo mejor del mundo, porque el animal desempeña la función para la que su dueño lo quiere. Por eso nunca digas que un animal no sirve; piensa simplemente que puede no estar en el sitio correcto.

Seguidamente, el señor Luis me mandó sacar otro potro que ya conocía por meterlo a diario en el caminador. Lo solté en el picadero circular y, recordando la conversación anterior, vi en él todo lo referente a un potro tranquilo y noble. Sus tres aires naturales me parecieron, dentro de mi ignorancia, los más correctos y, mirando a mi maestro, dije:

—Señor Luis, este potro podría tener lo que usted me ha comentado que debe reunir un potro para la doma, ¿pero, no está falto de clase?

—Ese es otro gran error que cometen muchos aficionados: confunden clase y temperamento con nervios. Este potro tiene clase para dar y vender, lo que sucede es que no se la ves por su carácter noble y pacífico. Sin embargo, los que dices ver con clase, tienen un miedo histérico a todo lo que les rodea, y esos animales deben ser desechados porque solo te acarrearán problemas y disgustos. Ojo, debes saber diferenciar los nervios de ese potro, dependiendo del nivel de trato que tenga con el hombre, porque lo mismo es realmente miedo lo que tiene, pero miedo a lo desconocido por su estado salvaje y no por haber tenido contacto con el hombre. Ese miedo le hace tener nervios, pero unos nervios que con el trabajo diario se transformarán en calma y confianza.

–¿Podría ser este potro un futuro caballo de alta escuela?

–Podría ser, sí, pero eso no lo sabremos hasta que empecemos a trabajarlo y estudiarlo día a día. Son muchos los que prometen y pocos los que llegan; la mitad se quedan en el camino, pero eso lo averiguaremos echándole encima horas y profesionalidad.

»Aquí quiero aclararte un detalle que muchos no entienden, y es que algunos amigos te pedirán que los acompañes para comprar un potro y les ayudes a elegir. Nosotros podemos decir cómo es superficialmente, si tiene buenas extremidades, buen dorso, buen cuello, sobrehuesos en las cañas, vejigas en los corvejones, buen ojo, buen pelo, y sobretodo que no se le vean síntomas de enfermedad. Pero si es propenso a cólicos, por ejemplo, eso no lo sabe nadie; solo el dueño y el veterinario que lo trató. Nunca puedes afirmar con seguridad que será algo en el futuro porque las cualidades que ese animal lleva dentro solo se sabrán cuando empieces a trabajarlo en el picadero. Pero no es nuestro caso –dijo señalando al potro que estaba suelto en el picadero redondo– ya que este está criado en la ganadería y lo conozco desde que nació. Bien, ya tenemos un potro para enfocarlo en alta escuela. Ahora vamos a casa de un amigo que reside cerca; tiene unos potros muy buenos y puede que escojamos alguno para la vaquera.

Como dijo mi maestro, escogimos un potro español de la ganadería para la alta escuela, porque, según él, son los mejores para realizar los ejercicios de máxima reunión, y el potro escogido rozaba la perfección física, tenía una preciosa capa castaña, sus extremidades y tendones eran fuertes, finos y con unos cascos bien conformados y aplomados, el dorso corto, algo dulce, pero que es lo aconsejable, ya que estos suelen moverse bien y son cómodos. Los que lo tienen recto son muy rígidos y producen resistencia al trabajo y los demasiados hundidos, llamados ensillados, son muy flojos y tienden a tener dificultades a la hora de realizar los ejercicios en dos pistas. No sabía a qué se refería, pero eso me lo dijo en aquel momento y con el tiempo comprendí su explicación. También tenía un cuello arqueado como los cisnes, la garganta fina y la cara acorde a su volumen, orejas vivas y atentas a todo, la grupa fuerte y redonda con una pequeña caída en la cola, que según me dijo el señor Luis era síntoma de fuerza y le haría de buen eje y tener capacidad de equilibrio para soportar los ejercicios superiores cuando llegase el momento. También lo adornaba una bonita y espesa cola que junto con las crines le daban un toque de belleza.

A poco más de media hora de carretera con el coche llegamos a un lugar donde, según mi maestro, encontraríamos un potro para la vaquera. Era donde un tratante, un gitano de pura cepa. Al verse con mi maestro los dos se saludaron con un fuerte apretón de manos.

—¡Qué tiempo sin verte, amigo Luis!

—¿Qué tal, compadre Manuel? Parece que los años no pasan por ti, siempre estás igual —Y señalándome a mí, le dijo:

—Mira, te presento a Juan, un chico aficionado a los caballos y que ha entrado a trabajar en la yeguada. Juan, este es don Manuel Santos

—¿Qué tal, Juan? —me dijo a la vez que me tendía la mano para saludarme—. Me alegro de que al fin alguien haya sacado de su refugio al bueno de Luis. —Y volviendo al maestro, añadió—: ¿Y qué os trae de bueno por mi humilde casa?, si se puede saber; ya sabes que mi casa es la tuya.

—Muchas gracias, amigo Manuel. Mira, veníamos para ver si tenías un buen potro para la vaquera. Quiero que Juan aprenda y me he acordado de que tú siempre has tenido fama de tener los mejores potros de toda la zona por tu buen ojo clínico a la hora de comprar.

—Muchas gracias, Luis, se agradece. Mira, precisamente tengo tres potros y lo mismo te puede valer alguno de ellos. Vayamos a verlos.

Pasamos a la parte trasera de su vivienda donde pudimos contemplar tres potros de tres años cada uno. Estaban bien de carnes y cerreros; solo se dejaban tocar un poco la frente cogiéndolos por una cuerda que arrastraba de los cabezones.

—Llevan aquí una semana. Sueltos del campo los encerramos en una mangada y en el cepo les puse el cabezón con este trozo de cuerda para poder cogerlos, después los embarqué en dirección a mi casa y aquí están. Todos los días los cojo por el trozo de cuerda y les acaricio la cara; ya se dejan tocar un poco. Estaban cerreros del todo, pero no se les ven malas acciones. ¿Y bien, qué me dices de ellos? —dijo el señor Manuel con todo el entusiasmo de querer hacer un trato.

—Me gustan, son buenos potros. Me suenan sus hechuras, ¿puedo saber de dónde proceden?

—Claro hombre, se los he comprado a don Agustín Delgado. Creo que tú conoces la genética de estos potros; si no recuerdo mal, las madres le fueron compradas a don Gregorio Pérez, pero son cruzados. El padre es un anglo-árabe, pero no puedo decirte nada más, solo que son muy buenos potros y que no encontrarás otros así en toda la comarca.

Después de repasarlos detenidamente, y hacerles moverse de un lado para otro en sus tres aires naturales, ya que por su estado de cerreros no se les podía hacer nada más, el señor Luis dijo:

—Bien, ya están vistos. ¿Podría ver la documentación de los potros? —Y, mirándome, sin que el señor Manuel Santos se diese cuenta, me guiñó un ojo. Entendí en ese momento que alguno de los potros le había gustado y que no quería dar muestras de interés.

Cuando el señor Manuel se retiró a por los papeles, mi maestro me dijo que había uno que le atraía más que los otros dos, y quería comprobar la documentación para saber si coincidía con lo que él sospechaba. En ese momento me explicó, para darme una lección:

—Cuando vayas a comprar un potro nunca muestres demasiado interés o necesidad; es lo que suelen aprovechar los tratantes para sobrevalorar el producto. Has estado demasiado emocionado; debes controlarte y nunca preguntes al que va contigo si le gusta lo que ves, porque le obligas a hablar delante del propietario. Si son cosas negativas, a nadie le gusta que alguien hable mal de sus animales delante suyo. Y por el contrario, si es lo que buscas, no está mal decir virtudes, pero con moderación; el precio que tiene pensado pedir el dueño puede variar por una frase o una pregunta mal interpretada.

»Y, de estos tres potros ¿cuál te gusta más?

—Los tres me gustan, pero puesto a elegir, quizás ese —le dije señalando al más grande.

—Dentro de lo bueno es a mi parecer el más inferior. Fíjate, es largo de cañas, lo que se suele decir, lejos de tierra, y si buscamos un potro para la vaquera, tiene que estar pegado al suelo y los neumáticos ser firmes y sólidos; no me convence al lado de los otros. Pero mira ese, el castaño —me dijo señalando a uno de ellos—; la cruz la tiene muy destacada pero el nacimiento del cuello es bajo, el equilibrio nunca será bueno y siempre tenderá a volcarse y pesar en la mano; además, el dorso es un poco largo.

—Entonces nos queda el tercero, ese alazán.

—Sí, y es lo que quiero ver en la documentación. Es el que mejor constitución tiene; además, me recuerda a uno que tuve en mis comienzos.

Acercándose el señor Manuel Santos con la documentaciones de los potros, se la entregó a mi maestro, que seguidamente les echó una ojeada. Intercambiaban opiniones sobre quién era quién en cada documento y al final, entregándole los papeles al tratante Santos, le pidió precio por la compra de uno.

—¿Por cuál estás interesado, amigo Luis?

—Me interesa el más grande, ¿cuánto vale? —le dijo como manifestando deseos de comprarlo.

Yo me quedé sorprendido por la elección, ya que lo había descartado cuando estábamos los dos solos. El gitano le pidió una cantidad que de entrada parecía excesiva. El señor Luis le dijo que no estaba dispuesto a gastarse tanto dinero y seguidamente le pidió precio por otro potro, en este caso uno de capa negra y calzado de las cuatro patas.

–Por ese pido lo mismo; mira que su capa y sus calzas iguales son muy demandadas y obtendré buenos beneficios. No puedo quitarle nada al precio que te he pedido por cada uno de los dos.

–Entonces no me queda más remedio que quedarme con ese mediano y de capa alazana; se ve por su pelo largo y descolorido que ha estado mal alimentado y ha tenido parásitos. Eso sí, si me lo dejas a buen precio.

–Mira, amigo Luis, nos conocemos de toda la vida y sabes que no te engaño. Sé que eres un gran jinete y quiero que tengas un buen potro. Yo los he cogido a buen precio y por tanto este te lo dejo a la mitad del precio que te he pedido por uno de estos hermanos de camada.

–Está bien, me quedaré con este, pero con una condición: me lo tienes que dejar unos días en la finca para que lo pueda probar y ver si reúne las cualidades que espero de él. Si por lo contrario no nos gusta, te lo devolvemos. Tú ganarás el trabajo que le haya realizado al potro y el mantenimiento; mira que no es el que más me ha agradado.

–Trato hecho –dijo el buen tratante, y estrechándose las manos los dos, dieron el trato por cerrado.

De regreso a la finca le comenté a mi maestro si no hubiese sido mejor dejar una señal por la compra del potro.

–Amigo Juan, la palabra de un hombre va a misa, y el apretón de manos del señor Manuel tiene tanta validez o más que un papel firmado, aunque no te fíes nunca de otra persona. Hoy en día, las palabras se las lleva el viento; por eso siempre es mejor un documento firmado, y ante testigos para curarse en salud. Es una pena tener que llegar a estos extremos, pero hay muchos que se dedican a la picaresca y el engaño.

–Entonces, ¿cómo se asegura que mañana vengamos a por el potro y no se lo tenga vendido a otro cliente?

—Cuando dos personas se conocen y se respetan, esa palabra está por encima de todo el oro del mundo. Crearse una buena reputación y que la gente confíe en ti cuesta mucho; nadie se arriesga por un trato a echar a perder todo lo que ha costado una vida conseguir. Igualmente se conoce a los que van mal por la vida; esos se cierran las puertas ellos solos.

—Entiendo, maestro, pero lo que sí he aprendido ha sido la lección que me ha dado: cómo preguntó por los otros dos potros y dejó el que le interesaba para el final, haciendo como que no tenía interés por él. Y cuando revisó la documentación del potro se confirmaron sus sospechas.

—Es familiar de ese al que te dije que se parecía en hechuras. Hace años le vendimos unas yeguas a don Agustín Delgado. Esas yeguas no eran de procedencia española pura como las que tenemos actualmente en la yeguada; eran de las que anteriormente se encontraban en la finca y don Gregorio las quitó para introducir las puras con carta. Esas yeguas eran sufridas, duras, resistentes y con un carácter inigualable. Los potros que se trabajaron a la vaquera, cuando aprendí del vaquero que te conté, eran hijos de esas yeguas y de sementales árabes, ingleses y anglo-árabes. Los hijos de estos últimos eran los mejores a mi gusto, los famosos tres-sangres, predominando la sangre española por parte de las madres. Este potro es nieto materno de la que mejores productos dio, y su madre era hija de uno de nuestros mejores sementales, por lo que la madre debe ser buena, y el padre es un anglo-árabe que ya tiene productos contrastados en varios deportes, y eso es sinónimo de calidad. Además he visto en su genealogía un abuelo que fue padre de uno que yo domé y con el que obtuve mis mayores éxitos en vaquera. ¿Qué más quieres que te diga?

—Nada, maestro, si ya lo ha dicho todo. Estoy totalmente sorprendido, pero esto que usted ha hecho para comprar este potro, ¿lo hacen todos los jinetes de vaquera?

—Actualmente ya se están preocupando más por conocer los orígenes, pero falta mucho para que los ganaderos críen el auténtico caballo de vaquera. En otros deportes, como el salto y la clásica por ejemplo, se han utilizado ejemplares que dieron la talla en el deporte; en vaquera hoy en día se ve mucha variedad de razas y cruces, y eso también tiene dividida a la afición. Antiguamente se decía que el bueno era el que servía, pero eso era un error a medias; quiero decir que si después no se conservaban los genes de los productos que eran buenos se perdían, y vuelta a empezar. Mira, este potro que hemos comprado, si sale como espero, nos dará menos trabajo de lo que otro cualquiera elegido al azar hubiera podido ocasionar, porque su genética hará que colabore con nosotros en el adiestramiento.

—Veo que insiste usted mucho en el físico y la genética en el momento de elegir un animal para trabajar para la doma. Cuando yo vivía en el pueblo miraba a los potros y me imaginaba que todos podían valer si sabías domarlos. ¿Tan importante es?

—Te voy a dar una explicación de manera que lo entenderás fácilmente. Mira, la equitación es un arte, y en este caso el jinete es el artista. Cuando ves una escultura perfecta, piensas que es obra de un gran escultor, o sea de un artista, pero sin un buen bloque de mármol de calidad le hubiese sido imposible realizarla, es decir, contaba con la herramienta ideal para poder plasmar su arte. La equitación es un arte, donde el jinete es el escultor que a base de pequeños golpes de martillo y cincel va moldeando la figura que es el caballo. Sin un buen caballo, el artista nunca podrá plasmar sus conocimientos en el arte de la equitación por muchos conocimientos que tenga sobre la materia. Si pretendemos llegar a hacer una buena obra de arte, lo primero que necesitamos son los ingredientes apropiados. Tú tienes los animales adecuados y un maestro a tu lado para guiarte en el camino correcto, pero aún hay más: aparte de perseverancia y no tirar la toalla, tienes que tener cualidades, talento y capacidad suficiente para sentir al caballo y saber transmitir esas sensaciones. Si tú no tienes cualidades de artista, nada ni nadie hará de ti un gran jinete.

—¿Y cómo o cuándo sabré si tengo esas cualidades que dice que debo tener?

—Con mis explicaciones podrás llegar a ser un buen jinete, domar caballos, realizar exhibiciones y ser considerado un gran caballista por los de tu entorno. Pero ser un artista de la equitación requiere un gran tacto ecuestre, mucha sensibilidad e introducirse en la mente del caballo. Esas cualidades no serán alabadas por los aficionados al caballo, pero sí serán reconocidas y admiradas por los profesionales que te vean trabajar, por tu forma exquisita y natural de interpretar la equitación; esa naturalidad dentro de la calidad es donde destaca el buen tacto ecuestre, y solo lo sabrás cuando hayas alcanzado dicho nivel. Es algo que tienes que averiguar por ti mismo; es una sensación difícil de explicar que muchos buscan y pocos encuentran.

Llegamos a la finca y preparamos la cena en silencio. Mis pensamientos estaban en lo vivido ese día, en todo lo que el señor Luis me había contado, en lo complejo que es el mundo del caballo y lo simple que parece cuando se desconoce el oficio.

5. EL TRABAJO DE UN POTRO A LA CUERDA

Edgar Guerrero, profesor de doma holística y experto en etología.

L a tarde del día siguiente, teniendo todo el trabajo realizado y cumplido el horario, mi maestro me mandó sacar el potro español para empezar a darle cuerda como parte de sus primeras lecciones. Con su cabezón de cuadra y una cuerda de unos siete u ocho metros de larga, me dirigía al picadero circular cuando mi maestro me mandó parar.

—Lo primero que tienes que hacer antes de empezar a trabajar un potro es, o bien en su cuadra o bien amarrado a una argolla del lavadero, limpiarle la suciedad que tiene de acostarse y cepillarle las crines y la cola para que no tenga viruta ni paja enredada. Esa es la primera doma de un potro. Con ello se obtienen a la vez mansedumbre y confianza en el jinete. Con este potro no tendremos problemas porque tiene mucha doma de cuadra, por lo que tendremos mucho adelantado cuando le pidamos que aprenda las lecciones de picadero. No será lo mismo cuando recojamos y empecemos con el cruzado, que está cerrero.

Cepillé al potro y seguidamente me coloqué en el centro del circular. Mi maestro cerró la puerta y se situó a mi lado indicándome lo siguiente:

—Bien, coge al potro del lado diestro por la pared y con la mano derecha, yo, a distancia prudente, haré que te siga, pero sin abusar para que no se te adelante. Si llegara el caso, tú lo paras y le impides que se cuele delante tuyo. Bien, pasadas unas vueltas le vas cediendo cuerda y te vas acercando al centro pero como en una espiral, que el potro siga pegado a la pared, yo detrás de la grupa y un poco también más en medio de los dos.

Sin darme cuenta le di un pequeño tironcito de la cara con la cuerda y el potro se paró mirándome de frente. Quise ponerme detrás, pero él me encaraba. Mi maestro me corrigió:

—¿Ves?, ese tirón no estaba mal, pero hazlo más leve, para que el potro sepa que está cogido por la cuerda y la respete. Si tiras fuerte, sucede esto: el potro se para y te mira como diciendo ¿qué ha pasado? Le has quitado el deseo de ir hacia delante, que es lo que queremos. Empecemos de nuevo y repitámoslo varias veces a ambas manos hasta que tome el picadero solo.

Cuando el potro hizo lo que señor Luis quería, una vez al paso y después un par de vueltas al trote a ambas manos, me mandó pararlo y dio por finalizada la lección. Entonces me dijo que tirase de la cuerda para que al sentir el leve tirón en el cabezón, el potro acudiese al centro, donde yo me encontraba. Fui a acariciarlo y el potro retrocedió, y entonces fue cuando mi maestro me dijo:

–Quieto, no te asustes. La culpa ha sido tuya; a los potros no se les puede acercar uno nunca «mudo». Hay que hablarles siempre, que ellos escuchen y entiendan el tono de voz; si esta es suave, dulce y sin un tono alto, a ellos les tranquiliza mucho, y si tus movimientos son suaves, nunca le cogerán por sorpresa.

Seguidamente le hablé «hola bonito, hoooolaaa, bien», y al estar a su lado lo acaricié con la mano suave y dándole una palmada en el cuello, que interpretó como un cariño. No fue un trabajo de más de quince o veinte minutos, cuando el señor Luis me indicó:

–Amárralo de nuevo en el lavadero; le echaremos un poco de agua fresca en las extremidades, nada más, porque no ha sudado para ducharlo por todo el cuerpo y tampoco hace calor suficiente para que se pueda secar rápidamente aunque le pasemos el fleje. Esto lo relajará y se irá acostumbrando a la ducha poco a poco.

–Maestro, ¿y solo en veinte minutos ya hemos trabajado al potro?

–Amigo Juan, los potros son como los niños: si lo cansamos y le obligamos a correr más de lo que puede, aparte de que no sabe qué es lo que está haciendo porque no estaríamos enseñándole qué es lo que queremos de él, corremos el riesgo de que el próximo día tenga miedo al trabajo. De lo que se trata es de que el animal sea el que nos pida estar en el circular y que cuando te vea con el cabezón en la mano ponga la cara y no se revuelva en la cuadra poniéndote la grupa por miedo a lo que le espera de nuevo.

Una vez hubimos terminado, cogimos el coche para ir a recoger al potro cruzado. El señor Manuel ya tenía la documentación preparada para poder traerlo a la finca.

A pesar de estar relativamente cerca de donde adquirimos el potro, el mejor medio de transporte era un van enganchado a un vehículo; este no es más que un carro o remolque perfectamente equipado para el desplazamiento de caballos.

Al potro, al estar relativamente cerrero y tener solo un cabezón de cuadra del que arrastraba una pequeña cuerda, mi maestro decidió ponerle una cuerda algo más larga para poder controlarlo y hacer que entrase en el van sin riesgo de que se lastimara.

Con un poco de paciencia, dejándolo solo en un corral y apartado de sus compañeros de manada, el señor Luis le puso la cuerda más larga y decidió darle unas vueltas en el corral.

–Cuando quieras lo entramos en el van –dijo el señor Manuel Santos.

–Esperaremos un poco, amigo Manuel. Cuando lo trajiste fue metido en una mangada y entró junto con sus hermanos de manada en el camión y posteriormente los bajaste por el embarcadero que tienes para los animales. Pero nosotros traemos este remolque, que por suerte es bajo, pero él se ve solo y apartado de los demás, y quiero que su primera experiencia no le traumatice, o de lo contrario siempre recordará la mala vivencia pasada y eso será un problema cuando tengamos que viajar con él. Estaré el tiempo que haga falta, el suficiente para que el potro decida entrar por sí solo.

Teniendo el van colocado justo en la puerta del corral con la puerta abierta, mi maestro, sin dejar de dar vueltas, le iba engañando de tal manera que teniendo cierta aproximación al van lo paró y dejó que lo oliese. Entonces le impidió que se fuese del lugar; lo más que hacía era retroceder. A mí me mandó ponerme detrás para que si retrocedía fuera solo lo suficiente, pero nada más. Al ser cerrero, mi maestro repitió el ejercicio varias veces; le daba para atrás y hacía que lo acompañase adelante hasta la puerta del van. El potro se paraba y olía. Pasado un momento, empezó a dar síntomas de curiosidad y querer ver qué era lo que había más allá de la puerta del van, ya que mi maestro entraba y salía de él con frecuencia y naturalidad.

Una de las veces, el señor Luis tiró del potro como dándole a entender que lo acompañara. El potro se resistió, pero a la presión se quedó inmóvil. Seguidamente mi maestro aflojó la cuerda y al verse libre de presión el potro dio un paso adelante, aunque se le impidió que diese más. Los potros son como los niños: a veces sienten curiosidad por algo, y si les impides ver lo que hay dentro, su curiosidad aumenta.

Sin dejar de hablarle y acariciarlo, mi maestro se acercó a él y dándole la espalda se introdujo en el van. El potro lo siguió, pero al poner el casco de su mano por primera vez en el van retrocedió; solo sintió un leve tirón de la cuerda para que retrocediera lo justo. Poniéndose cerca del potro de nuevo, el maestro repitió la jugada, pero en esta ocasión el potro entró hasta dentro; eso sí, tengo que decir que al otro lado del van había una ventana abierta para que viese luz; la claridad es importante.

Tardamos más de una hora en completar este proceso, pero, como decía mi maestro, las primeras experiencias, tanto si son malas como si son buenas, no se olvidan, y se trata de que tarde en subir al van lo mismo que en entrar en su cuadra.

De regreso a casa, pregunté:

—Estaba pensando que los potros no tienen nombre, ¿cómo los llamaremos?

—Los nombres siempre me ha gustado ponérselos por algún motivo o situación. ¿A ti cuál te gusta para este cruzado?

—Podría ser «Campero», ya que lo destinaremos a la doma vaquera, y es una doma de campo.

—Me parece buen nombre. ¿Y al español, cuál?

—Siempre soñé con tener un caballo español como ese. ¿Qué tal «Soñador»?, porque en realidad todo esto es un sueño.

—Genial, ya tenemos a los dos potros bautizados.

Llegamos a las cuadras y sin problema descargamos a «Campero» y lo metimos en la cuadra que ya le teníamos preparada. Parecía más grande y fuerte, por sus aires y movimientos rítmicos y elegantes, pero era debido a que los potros cerreros se crecen cuando se encuentran en sitios que desconocen. Mi maestro me dijo que pasados unos días y con la calma de haberse habituado a su nuevo hogar suelen menguar o aparentar su alzada real.

Llegó el momento de sacar a «Campero» de su cuadra para enseñarle su primera lección. Era totalmente diferente a «Soñador»; tenía mucho temperamento y vivo, se movía como un rayo. El señor Luis me ayudó a sacarlo de la cuadra y atado a la argolla del lavadero le pasamos un cepillo por las crines y el dorso, pero no por limpiarlo, sino para que aceptara ser acariciado y que el acercamiento del hombre no le diera temor, que viese en nosotros como que le estábamos protegiendo y no maltratando.

—Juan, desátalo y lo llevas al centro del circular; intentaremos repetir la misma lección que con «Soñador» pero con la diferencia de que este potro necesitará desahogarse, estirar las patas y respingar. Le cuesta más seguirte, ¿ves que se para y que cuando le enseño por detrás el látigo da una pequeña lanzada? Pues cuando te siga sin titubear y con decisión será cuando podamos decir que ha aprendido a ir de cabestro.

—Maestro, ¿toda la vista que se tenga es poca, verdad? Sus reacciones me descolocan a mí también y no sé si andar, parar o correr, ja, ja, ja, ja.

—Cierto, en cualquier descuido se puede tener un percance. Te diré que cualquiera que te vea pensará que lo que tienes es miedo al potro, cuando lo que tú estás haciendo es tener precaución, que no es lo mismo. Todo el cuidado que se tenga al principio en el adiestramiento de un potro es poco. Siempre hay una primera vez y esa primera vez es primordial para la evolución del ejercicio y el proceso de doma.

—Ya he aprendido que esto no es correr, pero ¿qué hacemos los tres aquí dentro dando vueltas con el potro?

—Él desconoce el terreno, es su primera vez. No nos conoce a nosotros tampoco. Si tenemos que perder unos días para que se familiarice con el ambiente, los perderemos, porque en realidad lo que estamos es adelantando terreno para cuando empecemos a pedirle algunas exigencias, como aprender a ir a la cuerda realmente.

Al cabo de unos veinte minutos, el potro nos buscaba e iba detrás nuestro. Nosotros hacíamos como que lo ignorábamos, pero sin perderlo la vista, ya que al ser un animal cerrero, al asustarse o asombrarse por cualquier cosa podría dar una lanzada y saltar por encima de nosotros, sin darnos tiempo a reaccionar.

Durante unos días repetimos la misma operación con ambos potros; eran buenos alumnos y aprendían rápido. Estando en el circular con «Soñador», le dije al señor Luis:

—Maestro, ¿cuándo les pondremos la montura?

—¿Te has dado cuenta, Juan, de que hoy junto al cabezón le hemos puesto también un serretón?

—Sí, pero la cuerda la sigue teniendo en la argolla del cabezón, y no en la anilla del serretón, que tiene colocada justo por encima de la nariz.

—Así es. Mira, el potro se está acostumbrando al cabezón, y ahora que nos encontramos en el centro del circular, le cambiamos el mosquetón y se lo ponemos en el serretón, para que empiece a saber respetar y caminar con la cuerda en la nariz, ya que será de donde se le domará. Estos animales por naturaleza respetan el serretón en la nariz porque está demostrado que cada cultura y forma de adiestrar está unida a la de sus caballos. Por ejemplo, a los caballos alemanes y americanos les cuesta más aceptar y ceder al mando del serretón; sin embargo, en esos países, el adiestramiento solo con filete les funciona mucho mejor que a los nuestros, aunque también hay que tener en cuenta que la finalidad de nuestra doma requiere el uso del serretón, por eso se ven pocos caballos en nuestra doma española correctamente domados, por no haber sido adiestrados con los principios de la equitación española, el desuso del serretón o el no saber utilizarlo correctamente.

El potro se puso más tieso y sin yo moverme del centro; el señor Luis le obligaba a emplearse enseñándole el látigo en el trote; según me dijo, era para saber si empujaba con los cuartos traseros y soltaba las espaldas en cada tranco; si esos trancos eran uniformes y cadenciosos, y a la vez con buen ritmo, no perdería el equilibrio.

—Me ha sorprendido el potro, parecía bobo pero ¡anda lo que tenía escondido! —le dije sorprendido de ver como se movía el potro a la cuerda.

—¿Ves, Juan? Hoy le he obligado un poco más, solo para que se entere de qué va esto y también porque el trabajo diario que le hemos realizado días atrás ha servido para que se ponga fuerte y la mente se centre en la educación.

Terminamos de trabajar a «Soñador» y no le volví a preguntar cuándo le pondríamos la montura. Sacamos a «Campero»; era sorprendente lo diferentes que eran los dos, pero el señor Luis sabía sacar provecho a cada potro, aplicando un programa de entrenamiento distinto a cada uno, pero con la finalidad de que los dos acabaran buscándolo pues se encontraban a gusto a su lado. Eso fue lo que más me sorprendió de todo, y me lo demostró con «Campero».

El potro se había entregado a nosotros, quiero decir que ya se dejaba acariciar por todos lados y permitía que lo sacaran de la cuadra al circular sin problema, iba a la cuerda, y cuando lo llamaba, se acercaba al centro, que era donde yo me encontraba. Eso sí, todo con el cabezón; al serretón no le había llegado el momento.

—¿Te das cuenta, Juan, de que el potro, cuando tenemos que sacarlo para que venga a la cuerda, se queda aquí quieto con nosotros? Eso es bueno, que no sea él el que se quiere ir como mecanizado. En la doma los animales tienen siempre que esperar las órdenes. Mira, lo voy a soltar del todo para que dé vueltas él solo y nosotros quietos en el centro dando vueltas como si una cuerda invisible nos uniera con él.

El potro, cuando se vio suelto empezó a correr y dar saltos de alegría: galopaba, trotaba, se cambiaba de mano cuando le parecía. Al poco, cuando se relajó, mi maestro empezó a trabajarlo como si tuviese la cuerda y de pronto me dijo:

–¿Te das cuenta? Quiere venirse con nosotros. Eso el primer día era impensable. ¿Qué te parece? Pero yo le insisto en que dé unas vueltas más, para que no se acostumbre a dar cuatro vueltas y a la cuadra. Cuanto más lejos esté de nosotros en el circular mucho mejor, porque si se cierra mucho las espaldas sufrirán y podría lesionarse; el equilibrio natural en los tres aires lo adquiere en libertad. Aquí, Juan, es donde se pasa la mayor parte del tiempo un jinete. Observando el comportamiento de estos animales se aprende mucho de ellos, y sobre todo a conocer los defectos que puedan tener. Por eso pedí traérmelo, para poder probarlo, y ahora te puedo decir que nos quedamos con él.

–Hasta hoy no lo había decidido. Pero ¿qué es lo que le ha visto para decidirse?

–He observado que no es tímido, defecto grave porque esos no atienden al trabajo y actúan a destiempo; no es cobarde, síntoma de que no le dan temor las adversidades; no es perezoso, lo que evita que tengamos que estar siempre obligándolo a realizar algún trabajo; no es impaciente, es decir, que no es inquieto y espera a que le mandemos, como al darle cuerda; no es vengativo: cuando le hemos corregido, él ha escuchado y no se ha rebelado contra nosotros; y sobre todo no se le ve malicia alguna, como es reservarse la fuerza y no emplearse. Aunque no te confundas: algunos se emplean, pero huyendo del trabajo, y se defienden mientras las fuerzas les aguanten.

–Entonces, ¿estas cualidades internas nos evitarán problemas en un futuro para una buena y bonita equitación?

–Espera, tranquilo, no corras tanto; durante la doma aparecerán problemas, eso está claro, pero con una buena base y un potro que colabore, los problemas se superan. De no ser así, es decir, si se salen con la suya, se pueden producir graves consecuencias.

–¿Cuáles son esas consecuencias?

–Es muy pronto para explicártelo pues esas cosas se dicen en el momento, pero te daré un adelanto. Por ejemplo, al salir al campo se pueden espantar de algo desconocido y negarse a pasar; si no pasa ya tienes un resabio. Si lo adquiere como vicio, se defenderá y al final acabará entablado, es decir, duro de un lado. Normalmente estos problemas suelen aparecer por dos motivos: por la inexperiencia del jinete y por falta de corazón y fuerza del animal.

–Por eso me dijo usted que siempre se debe ser muy cuidadoso las primeras veces que se realice algo con el caballo en todas las facetas de la doma.

–Exactamente; por un mal momento se puede echar por tierra el trabajo de un año. Recuerda esto que te voy a decir y que es muy importante.

El señor Luis cambió de mano al potro para que anduviere en sentido contrario; siempre procuraba que estuviese trabajando el mismo tiempo a ambas manos para que las dos espaladas se musculasen por igual y no una más que la otra, y siguió contándome.

–Cuando un potro hace algo mal es por tres motivos: porque no sabe, porque no puede o porque no quiere. Si no sabe, es sencillo: hay que enseñarle. Si no puede, es cuestión de no obligarlo más de lo que sus cualidades alcanzan. Pero si sabe y puede pero no quiere, amigo Juan, ahí es donde reside el éxito o el fracaso de un caballista.

–¿Y qué es lo que se debe hacer en estos casos?

–Amigo Juan, está feo decirlo, pero ahí es cuando un jinete se juega la vida. Los animales prueban siempre, a veces para no trabajar, y si se dan cuenta de que se salen con la suya, al día siguiente más, hasta que llega el día en que no quieren trabajar y se defienden. Eso les ha ocurrido a todos los jinetes del mundo; algunos progresan por repetición pero nunca sentirán la sensación de tener un caballo domado. Aquí es donde reside la grandeza de nuestra doma española: en ese sometimiento que es decirle al animal que es el jinete el que piensa y el caballo el que ejecuta, no hay más.

–¿Me está hablando de pegarle al animal?

–No, no es eso lo que he querido decir. Pegar es maltratar; yo me refiero a una corrección. Ten presente que el caballo posee una gran memoria; por lo tanto sabe cuándo, cómo, por qué y de qué manera le estás castigando. Le das a entender por qué le has castigado en el momento justo en que se lo ha merecido, lo paras y si lo acepta lo acaricias y seguidamente lo ignoras; verás cómo acabará aceptando. Si le castigas pasado el momento, todo será en vano, ya que él jamás comprenderá el porqué de ese castigo, lo que le ocasionará ciertos trastornos mentales que le afectarán en otros aspectos incluso ajenos al motivo principal.

–Maestro, ¿no cree que hoy nos hemos pasado de tiempo con «Campero»?

–¿Tú crees? Él está a gusto suelto; piensa que el resto del día está encerrado en su cuadra. Esto para él no es trabajar, sino un recreo, aunque en realidad forme parte de nuestro programa de entrenamiento. Él sabe que en estos momentos está mejor que en la cuadra, pero su instinto le dice que se quiere venir conmigo y que le lleve dentro, ya que es la rutina que le hemos inculcado estos días. Mira, verás.

El señor Luis se acercó lentamente al potro estando totalmente suelto y, haciendo el mismo gesto que cuando tenía la cuerda se acercó, lo acarició, se giró y dio unos pasos lentos. De pronto el potro, creyéndose atado por la invisible cuerda, lo siguió por todo el circular. Con una indicación, mi maestro me mandó abrir la puerta y, cuando estaba abierta, se dirigió a la cuadra del potro y este, sin dejar de seguirlo, entró tras él. Me quedé con la boca abierta; no sabía qué decir. El señor Luis, cerrando la puerta de la cuadra, me dijo:

–¿Te das cuenta, Juan, de lo que se consigue por las buenas con la confianza mutua y sabiendo hacer las cosas en el momento justo? Los caballos tienen su propio lenguaje y signos que muchos ignoran por no querer escucharlos. Ellos mandan señales y esas señales son las que yo he comprendido que me decía cuando estaba suelto.

—¿Me está tomando el pelo? ¿Cómo que mandan señales?

—Claro, mira, ellos mueven las orejas, señal de estar atentos; bajan la cabeza, como diciendo ya me quiero ir contigo; en el circular las vueltas cada vez se cierran más, señal de que espera que lo llames; y quizás la más importante de todas, chascan con la boca y sacan la lengua, señal de que esperan de nosotros la aprobación de que los protegeremos, ya que ellos, animales herbívoros, también son animales de manada y buscan nuestra compañía, que les brinda protección. Todo esto está muy bien, pero ellos no entienden eso de que tú te subas a su lomo y tengan que hacer lo que les pidamos; eso es otra historia que, aprovechando esta base, podremos conseguir con mucha más comodidad sobre la confianza mutua.

Pasaron varios días repitiendo la misma rutina, pero intercalando los trabajos. Un día suelto, un día de descanso, otro día cuerda con el cabezón y otro día con el serretón; ese día solía ser el más didáctico y donde más se presionaba a los potros, ya que, como me decía mi maestro, era la antesala a ponerles la montura. El alternar el trabajo hacía que trabajasen con alegría y no se mecanizaran por repetición pues les obligaba a fortalecer la mente y estar siempre pendientes de nosotros.

Fue entonces cuando el señor Luis me comentó que era el momento de castrar a «Campero». Le pregunté por qué y él me contestó:

—El potro tiene tres años, es joven y al ser cruzado y a la vez destinarlo a la vaquera es mejor tenerlo castrado. Es absurdo domarlo entero para castrarlo después. Si se castra ahora pondrá más atención, no se desconcentrará, como suele ser habitual en los sementales. Pero sobre todo su físico se transformará en la típica jaca vaquera. Se puede comparar con un toro y un buey: se feminizan, su cuello se pone más fino, al desaparecer las hormonas masculinas que se acumulan en ese lugar, y las grupas se les ponen más anchas y redondas. Incluso los movimientos suelen ser más cadenciosos y menos temperamentales.

—¿No perderá fuerza al castrarlo?

—Eso no es cierto, al contrario. Con el trabajo diario y la gimnasia acabará poniéndose tan fuerte como otro caballo cualquiera. Es más, me atrevería a decir que incluso más fuerte, ya que utiliza la fuerza cuando se requiere, al contrario que muchos sementales, que se desgastan por la influencia de otros animales a su alrededor.

Al día siguiente el señor Luis llamó al veterinario que realizaba los servicios en la finca y «Campero» fue castrado. Tras unos días de reposo, paseos, tratamientos medicinales y agua templada en la ingle para hacer bajar la inflamación, volvió a la rutina diaria en el circular.

6. EL JINETE A LA CUERDA

Jesús Domínguez y Marta Ariza, jinetes profesionales y jueces de monta española.

Durante el mismo tiempo que trabajábamos a los potros a la cuerda, mi maestro me daba clase con una de las yeguas que recogimos de la piara. Esta era muy mansa y estaba muy domada; iban a la cuerda correctamente, como los caballos de volteo, y por ello la eligió para enseñarme a tener asiento, posición y equilibrio, antes de subirme en los potros.

Teniendo a la yegua perfectamente equipada con todos los arneses en el centro del picadero redondo, el señor Luis me dijo:

—Amigo Juan, lo primero que debes hacer es revisar si todo está en perfecto orden de revista, es decir, si la montura está en su sitio correctamente, justo en el dorso del animal, ni encima de la cruz, ni en los riñones; eso es muy importante para poder obtener una buena posición, porque de lo contrario la yegua no ejecutará bien los aires por incomodidad y en consecuencia te desequilibrarás. Que la cincha esté en su justa medida de presión; no muy floja, porque se puede girar y acabar en la barriga, ni muy apretada, porque le puede cortar la respiración y puede tirarse al suelo y tú acabar preguntándote qué ha ocurrido; esto con el jinete arriba puede ocasionar un grave accidente. Lo mismo la baticola. Cuando la tengas puesta metes los cuatro dedos entre la baticola y los riñones del animal y si caben lo justo es que está correctamente puesta. Los estribos se miden poniendo la punta de los dedos de la mano en la hebilla y acercando los estribos a tu sobaco; esa es la medida estándar, aunque como mejor se sabe es una vez arriba y con ambos pies descansando en los estribos, apreciando la colocación de las rodillas un poco flexionadas, pero con las piernas ni muy encogidas, ni exageradamente estiradas.

—Maestro, ¡pero si la montura no tiene estribos!

—Pensé que no estabas poniendo cuidado —me dijo sonriente—. Es como se debe empezar a montar: sin estribos adquieres mejor posición y equilibrio. Aprenderás a dominar todo tu cuerpo, tener calma y paciencia, pero sobre todo a ser flexible y eliminar toda rigidez; de lo contrario te será imposible llegar algún día a ser un gran jinete.

Me dijo que me colocase paralelo a la yegua y mirando la montura. Mi maestro, de espaldas a mí, me pidió que le diese el pie izquierdo, para ayudarme de un salto a subirme en el animal. Este era muy dócil y no se inmutó, a pesar de que mi cuerpo cayó a plomo sobre la montura.

—Cuando realicemos esto varias veces verás con qué facilidad te alzas y te sientas en la montura con delicadeza y suavidad, o al menos es lo que hay que intentar. Para eso tenemos la famosa frase que dice «para jinete nuevo, caballo viejo y para jinete viejo, caballo joven». Te has dejado caer en la montura como el que no puede con su cuerpo, y eso que es una yegua domada; imagínate si lo haces sobre un potro cerrero.

—Tiene usted razón; seguro que hubiese provocado el que diese algún bote.

–Eso es lo menos que podría hacer, y además con la consecuencia de que cada vez que te arrimases a él ya le tendrías avisado. Por eso, te repito: en la doma todo es despacio, suave y con mucha calma, pero sobre todo, la doma es a puerta cerrada: nadie tiene que ver cómo se trabaja un potro, porque el animal se distrae y los curiosos dan conversación, lo que no te deja estar pendiente del trabajo. Desgraciadamente, hoy en día muchos domadores se toman la doma de un potro como un espectáculo, pero para eso ya están los circos.

–Entiendo, señor Luis; intentaré dejar caer mi cuerpo en la montura con más suavidad la próxima vez. Pero, ¿dónde están las riendas?

–Nada de riendas; como vas aprender a conseguir equilibrio, es para que no te sujetas a ellas.

»Mientras saco a la yegua para que dé cuerda al paso, tú intenta obtener el equilibrio con naturalidad. No encojas los dedos de los pies, señal de que estás tenso de la espalda. Con los brazos relajados y acariciando el cuello de la yegua con cada mano a un lado, intenta acompañar el movimiento de la yegua con tu cadera y de esa forma cogerás asiento. Tener asiento no es montar bien, también debes saber utilizar las extremidades: con los tacones del pie le das unos toquecitos para que aprenda a no ir rígida y mover un poco las articulaciones, igual que te he comentado con los brazos.

–Qué sensación más excitante, me gusta. ¿Qué tal si la echamos a trotar? –me atreví a decir.

–¿Y qué tal si te bajas ya, que mañana será otro día? Estas sesiones al paso las repetiremos varias veces, intercalándolas con riendas y estribos; he observado que estabas correctamente montado en el centro y no echabas tu peso a un lado.

Teniéndome en el centro del picadero y subido en la yegua me mandó bajar, pero esta vez lo hice con más suavidad, de tal manera que al saltar, por mi falta de equilibrio, rocé con mi pierna derecha la grupa de la yegua.

—Este es otro grave error, Juan; nunca toques a un animal con la pierna en la grupa. Domando a un potro, este se puede sorprender y dar una lanzada y al no haber acabado de bajarte puede recibir un fuerte golpe y producir un resabio. También es cierto que no todos los animales aceptan los errores de la misma manera. Los hay que te tiran y cuando te ven en el suelo se quedan mirándote como diciendo: «¿Qué haces ahí?», y otros, al contrario piensan: «¡Ah! pero así te caes, mañana antes». Cada animal es un mundo y la experiencia se adquiere trabajando a muchos potros de razas, cruces y edades diferentes, teniendo distintas finalidades. Algunos cerreros aceptan un método y otros no. También los hay con resabios de mil maneras, y algunos se corrigen y otros quedan marcados para toda la vida; depende del historial y de su forma de ser.

—Lo tendré en cuenta, señor Luis. Pero, ¿por qué hemos acabado en tan poco tiempo?

—Por tu juventud me quieres demostrar que aguantas mucho, pero en realidad te notaba algo cansado. Esto es muy duro y no quiero abusar; te quiero domar como a los potros, despacio. Además, ¿no sentías molestias en las piernas?

—A decir verdad, tengo que confesar que sí, pero solo en las piernas; en los brazos y en el cuerpo, no.

—Me alegra saberlo; eso es porque el trabajo ha sido correcto. En las piernas es normal, pero el resto del cuerpo si duele es porque el ejercicio no se ha realizado correctamente.

Aquella primera lección me quedó marcada para toda la vida. Durante los siguientes días repetimos el mismo trabajo. Ya teniendo algo mejor el asiento, empezaron mis clases con los estribos y las riendas.

Teníamos a la yegua en el centro del picadero con la montura, pero esta vez con los estribos puestos. Me quedé inmóvil esperando alguna orden por parte de mi maestro, cuando me dijo:

—Me he dado cuenta de que has aprendido la lección de poner la montura correctamente y de revisarla bien, pero la cabezada es tan importante como la montura. Tienes que observar si está en su sitio, que la frontalera esté derecha; si la tiene ladeada da la sensación de que el animal está borracho. También que el bocado no esté colocado muy bajo; aparte de no hacer efecto, le dañarías la boca al estar sobre los colmillos. Si está muy alto se aprecia porque la comisura del labio está muy arrugada; de ser así le producirá heridas y también dañará los asientos, y con esa molestia y malestar procederá a protestar y mover la boca constantemente.

Explicado todo esto, me mandó colocarme para poner el pie en el estribo. Sus indicaciones fueron las siguientes; las recuerdo como si fuesen hoy mismo:

–Sujeta el estribo izquierdo con tu mano derecha para poder introducir un poco tu pie izquierdo. Con tu mano izquierda agarras un poco de pelo de las crines del animal, o bien el pomo delantero de la montura; yo prefiero un poco de pelo y bien cerca del cuello. En un futuro, al montar en potros cerreros, llegarás a sentir ciertas tensiones, relajaciones o podrás anticiparte a movimientos bruscos que puedan hacer por su falta de confianza. Aprovecho que estoy delante sujetando a la yegua para darte la lección; igual sucederá cuando montes a los potros las primeras veces. Estaré sujetándolos también, pero con la diferencia de que estaremos más pendientes por lo que pueda suceder. La mano derecha, una vez introducido el pie en el estribo, la diriges al borren trasero y de un impulso te alzas hacia arriba, la rodilla izquierda debe estar siempre en contacto con la montura y colocada justo en la cincha, procurando no pinchar con la punta de la bota al animal. En ese momento, que es cuando tienes que pasar la pierna derecha por la grupa, es cuando más equilibrio debes tener, ya que justo cuando pasas la pierna derecha cambias la mano derecha del borren al pomo y entonces es cuando con ligereza y suavidad te dejas caer en la montura. Sin mirar el estribo derecho, y mucho menos intentar cogerlo con la mano para poder hacer entrar el pie en él, procurarás buscar la forma de introducir la bota. Al principio te costará un poco, pero con experiencia y habilidad no tendrás dificultad en introducir el pie en el estribo.

Me lo tuvo que repetir varias veces para poder enterarme y asimilar lo que me decía, pero lo más curioso de todo es que cuando me encontraba arriba me mandaba bajar de nuevo, como si de un ejercicio gimnástico se tratara, hasta dominar correctamente el subir y bajar. Ni que decir tiene que para bajar era exactamente igual, pero como si rebobinase la escena.

Realicé los mismos ejercicios que en días anteriores pero con estribos; solo unas vueltas a ambas manos al paso. Mi maestro me colocó los estribos en la medida justa y me mandó realizar unos ejercicios al paso para después hacerlos al trote. Los ejercicios eran sencillos a simple vista, aunque nada fáciles para un novato como yo. Giros con la cabeza y los brazos en varias direcciones. Mover las piernas hacia atrás y hacia adelante, pero solo de rodilla para abajo, sin variar de posición. Inclinar el cuerpo hacia atrás y regresar a la posición inicial. Esto lo repetí varias veces. Cuando ya lo ejecutaba con naturalidad, el señor Luis me dijo:

—Bien, Juan, estás cogiendo confianza, que es lo primordial para poder tener un progreso adecuado. Si tuvieses miedo el aprendizaje se atrasaría y acabarías desilusionado, porque esto es lento en principio, aunque en cuanto adquieras ciertas habilidades los pasos serán agigantados.

—Me alegra saber que soy buen alumno.

—Eres buen alumno porque tienes confianza en tu maestro y obedeces todas mis indicaciones sin poner en duda mi profesionalidad; de lo contrario esto sería un fracaso antes de empezar. La ignorancia es muy atrevida, y por eso quiero que seas inteligente y tengas la sangre lo suficientemente fría como para controlar la situación cuando sea necesario y actuar en el momento justo y preciso. Bien, ahora sujétate un poco más, que vamos a trotar un poco. Tenemos la suerte de que esta yegua tiene un trote muy cadencioso y reunido, por lo que te será más cómodo.

Efectivamente, al no tener más sujeción que mi asiento y mis piernas me sentía algo incómodo, pero a la vez, como era un movimiento agradable, acompañaba en él a la yegua. De pronto sentí que mi maestro estaba acelerando el ritmo de la yegua; trotaba un poco más ligera, lo que hizo que me descolocara un poco en cuanto a comodidad.

–Procura no dar botes en el asiento –me dijo el señor Luis–. Intenta trotar sentado, relájate y acompaña en el movimiento del trote a la yegua. Quiero verte seguro y que dominas la situación.

Fueron pocas vueltas, pero a mí se me hicieron muchísimas por mi falta de experiencia, por lo que acabé rendido, pero también acabé, por mi insistencia y afición, dominando la situación como deseaba mi maestro. Al final, cuando acabamos la lección, le dije:

–Maestro, ¿esto no es más sencillo si cojo las riendas?

–Para ti en estos momentos sí, pero para un futuro, no. Te cuento: si ahora que estás aprendiendo a obtener asiento y equilibrio, aparte de utilizar las piernas cogieses las riendas, al no tener un asiento estable todavía tu movimiento de manos haría que las riendas vibraran en tus manos, y eso la yegua lo recibiría en la boca como una sacudida, por lo que podríamos dañarle la boca y provocarle malestar, de tal manera que se movería irregularmente y eso produciría a la vez un trote sin cadencia que afectaría a tu posición y asiento. Quiero decir que todo estaría en correspondencia, pero a la inversa.

–Entiendo, maestro, que lo que me quiere decir es que una cosa lleva a la otra, todo está comunicado, y si entorpezco por un lado, eso influirá en otro.

–Exactamente. Además, cuando se está aprendiendo tampoco es aconsejable dar tanta información, solo lo justo para que puedas ir asimilándolo todo; ya te he dicho muchas veces que el aprendizaje de un jinete no varía con respecto al de un potro, teóricamente hablando.

Después de varios meses de entrenamiento con la yegua, ya dominaba los tres aires, paso, trote y galope, tanto con estribos como sin ellos; también mi asiento y equilibrio mejoraron considerablemente. Las riendas el señor Luis solamente me dejó cogerlas para realizar giros por mi cuenta, y, como decía, para que aprendiera a sentir la boca de la yegua en mis manos a través de ellas, pero con suavidad y temple. Pero estas clases me las tenía reservadas para cuando llegara el momento de emplearlas con los potros.

7. EL CINCHUELO Y LA MONTURA EN EL POTRO

Jaime de la Puerta, jinete profesional y ganadero.

Tocaba sacar a «Soñador» para trabajarlo en el picadero circular, como era habitual en los últimos días. Le quité el cabezón en la cuadra y sujeto por el cuello le puse un filete un poco grueso. Era algo grande y sin riendas; el objetivo era que se familiarizara con él en la boca y se fuese acostumbrando. El serretón se lo puse en su sito, correctamente ajustado, no flojo, porque al tener movilidad puede producir rozaduras y si está demasiado apretado produce tensión y dolor, y siempre debidamente forrado, de tal manera que el contacto con la nariz era suave.

Sin salir de la cuadra, el señor Luis se acercó con una manta en la mano y me dijo:

—El potro está muy manso y acostumbrado a su cepillado diario. Puede que se sorprenda al verme la manta en la mano, pero la confianza que tiene en nosotros hará que nos observe con detenimiento.

Despacio, como si le pasara un trapo para quitarle el polvo del lomo, le pasó la manta, primero por el cuello, después por la espalda y al final por el dorso, todo con calma y sin brusquedad, siempre hablándole con buen tono de voz. Cuando el potro se dio cuenta tenía la manta encima cubriéndole todo el cuerpo; mi maestro se la quitaba y volvía a ponérsela varias veces y por ambos lados. El potro agachó la cabeza y cerró los ojos como si lo que sucedía en su entorno no fuese con él.

Acabando la lección mi maestro se retiró con la manta y me mandó que lo sacara a dar cuerda. Pasados unos minutos de trabajo al paso y trote, el señor Luis se acercó y me cogió la cuerda diciéndome:

—Desde este momento seré yo el que coja la cuerda para trabajar a los potros. Tú harás la función que he estado realizando yo, la de dar vueltas con el látigo, para que aprendas a medir la distancia y a saber colocarte según el aire en que se encuentre el potro.

—Maestro, ¡pero si dar vueltas para obligar al potro no tiene nada de difícil!

—Eso lo vamos a ver ahora mismo. De momento, el paso no es de la misma calidad que tiene cuando estoy yo detrás; rompe el ritmo y la fijeza. Mira aquí, se precipita y ahora disminuye el paso; dale que trote.

Al darle para que trotase tuve que hacer un gesto con el látigo, lo que hizo que el animal, en vez de salir tranquilo, diera un salto enérgico y precipitado.

—Dar cuerda, amigo Juan, es un arte. La cuerda y el trote son la madre de toda doma; sin estos ingredientes nada se conseguirá. En este caso, tu sitio es como el de un peón de albañil: tiene que estar siempre pendiente de que la mezcla esté en su punto, ni muy dura, ni muy blanda. Esto es igual: para que el potro adquiera equilibro, cadencia, ritmo, fijeza y soltura tienes que estar muy pendiente del trabajo y no descuidarte con una mosca que se te cruce.

—Esto no se sabe hasta que no se está dentro del circular y con un maestro como usted. Muchas gracias, le agradezco de corazón sus lecciones. —No supe cómo disculparme por mi ignorancia.

—Al paso puedes estar más cerca de mí, pero al trote, con separarte un poco y dar los pasos más ligeros es suficiente; a veces también se dan más ligeros y más cortos, y entonces el potro lo interpreta como que quieres que salga al trote. Nunca hagas el gesto de agacharte como si cogieses algo para que el potro salga a trotar, tampoco corras detrás de él; a la segunda vuelta se dará cuenta de que no le das y no se empleará y tú acabarás rendido. Si das cuerda solo, realiza un pequeño círculo y te mueves en el centro; debes permanecer como me encuentro en este momento, girando sobre tus pies.

—Me he dado cuenta de que era más importante saber activar al potro que sujetar la cuerda.

—No te confundas, ambas funciones son importantes; la una sin la otra es difícil ejecutarla correctamente. Por eso, la doma es cosa de dos: uno hace las veces de jinete y otras de ayudante, dependiendo de lo más efectivo que sea cada uno en cada momento. Al potro al principio solo con sujetarlo era suficiente, por eso yo no cogí la cuerda, porque hay que saber impulsarlo con el látigo para que rompa hacia adelante y no pierda el deseo de avanzar. Sin embargo, llegado este momento, donde el potro va a ser iniciado con el jinete arriba, es mejor que la cuerda la sujete yo, ya que tú serás el que te subas en él y yo debo hacerle la cara.

—Hacerle la cara, ¿qué es eso?

—Es sensibilizar al caballo de tal manera que ante cualquier imprevisto o defensa que quiera realizar pueda respetarme y así evitar que pase a males mayores, como defenderse o botarse.

—Y, ¿cómo se consigue eso?

—El serretón es muy criticado, pero por aquellos que desconocen su correcto funcionamiento. También es usado incorrectamente por muchos domadores, que es por lo que se ha creado mala fama ya que estos «domadores» tienen caballos con las narices dañadas. No es fácil de explicar cómo se consigue, ya que esto requiere tacto y muchos años de experiencia, y precisamente por eso he cogido la cuerda.

—¡Yo no veo que usted haga algo diferente a como yo tenía cogida la cuerda!

—¿Tú crees? Mira, cógela y dime qué sensaciones percibes en tus manos, y ten presente que solo la he tenido un momento.

Tomé la cuerda en mis manos y me situé en el centro intercambiándonos los puestos. Fue increíble, no me pesaba en la mano, el potro parecía suave; en otras ocasiones me habría tirado hacia fuera, pero en esta ocasión estaba fijo, y con un leve movimiento para notar su nariz en mis manos a través de la cuerda, la giró levemente hacia dentro sin perder el deseo de avanzar. Fue algo diferente, distinto y una sensación, como bien me comentaba mi maestro, difícil de explicar. Le entregué la cuerda al señor Luis con un gesto en el rostro que lo decía todo, entre no saber si reír o poner cara de asombro.

—El mismo tacto ecuestre del que muchos hablan se encuentra en el saber dar cuerda correctamente, igual que un masajista suavemente con sus manos te quita una contractura. Así se realiza esta técnica, sensibilizando al potro, haciendo que ceda a tu presión. La doma es todo presión-cesión, tú presionas y él cede; si esto no ocurre es porque el animal aún no está preparado, bien física o psicológicamente.

El saber que ese tacto y esa sensibilidad se aprenden con los años de experiencia me hizo sentirme más relajado, porque parecía magia.

Antes de finalizar, mi maestro dirigió al potro a una pared. Sujetándolo con la cuerda y colocándolo lateralmente me indicó que me acercase como cuando me montaba en la yegua, pero agarrando solo un poco de crines con la mano izquierda.

–Bien, Juan, quiero que des pequeños saltos con los dos pies juntos al lado del potro, pero suavemente al principio, que llames su atención pero que te mire con la confianza y la duda de no saber qué es lo que estás haciendo. Esto es para que cuando te eches encima suyo, el animal no se sorprenda. Empieza por el cuello y te vas desplazando suavemente por la espalda, para acabar teniendo la cruz del potro a tu izquierda, por lo que tendrás el dorso del animal junto a tu cuerpo.

Siempre hablándole y acariciándolo, fui alternando los saltos durante varias sesiones. Al ver al potro tranquilo, mi maestro dijo:

–Ahora intenta echar tu pecho sobre el dorso del potro, eso es; es normal que te resbales para abajo. Inténtalo de nuevo e intenta quedarte arriba dos o tres segundos, lo suficiente para que el animal se dé cuenta de tu peso y a la vez no le dé tiempo a reaccionar e intentar hacerte bascular por la incomodidad de algo nuevo sobre su lomo. Seguidamente te deslizas hacia el suelo refregándote contra su cuerpo; eso hace que le quites las cosquillas que pueda tener y a la vez el trabajo corporal lo relaja. Bien, como la lección ha sido positiva, por hoy es suficiente, mañana un poco más. Toma el potro, lo duchas, lo secas y a la cuadra.

–Maestro, ¿por qué lo hacemos sin la montura? ¿No sería mucho mejor con ella puesta?

–Este trabajo lo iremos haciendo intercalando ambas cosas, por un lado a pelo y por otro con la montura. Cuando acepte al jinete y la montura por separado todo será mucho más sencillo; la doma es como hacer un puzle, al final juntamos las piezas.

Si el potro hiciese algo, sería mucho más fácil para ti deslizarte al suelo, y sobre todo, también nos da la posibilidad de saber qué ha hecho que se mueva. Si tuviese la montura y el jinete a la vez nos costaría más conocer el motivo de su asombro.

Igualmente intentamos el trabajo con «Campero». El filete y el serretón no me fue difícil ponérselos, pero cuando el señor Luis apareció con la manta en la mano fue tal su sorpresa que reaccionó tirando hacia atrás. Gracias a que estaba sujeto por el cabezón de cuadra por el cuello solo di un tirón seco y regresó de nuevo para adelante. Mi maestro se le acercó hablándole y acariciándolo. Le enseñaba la manta y dejaba que la oliese. Pero con gesto descarado, el potro no se fiaba de ella; parecía como si fuese a comérsela. Nos llevó un poco más de tiempo. El animal sudaba por la tensión producida al ver la manta, pero sumiso y confiado dejó que la manta se posase en su dorso. No dejaba de mirarla y sus orejas eran un continuo moverse a todos lados. A los pocos segundos mi maestro se la retiró, y sin hacerle caso al potro, se apartó y se fue.

—Maestro, este tiene genio. ¿Por qué se ha retirado del potro con la manta en la mano y dándole la espalda?

—Si te has dado cuenta, los dos potros son totalmente diferentes el uno del otro. Eso no óbice para que durante el proceso de la doma se igualen y que el que más atrasado esté ahora más adelante aventaje al otro. «Campero» se ha sorprendido de la manta, pero con paciencia y tiempo hemos conseguido que la acepte. Es normal, es algo desconocido para él; recuerda que su doma empezó aquí con nosotros mientras que «Soñador» tenía doma de cuadra desde el destete. Estos historiales marcan mucho a los animales y tenemos que tenerlo siempre presente.

»Le quité la manta y me retiré sin hacerle caso porque es el mismo gesto que hacemos cuando le echamos de comer pienso en el pesebre cuando lo cepillas; eso le hace pensar que es algo normal y natural de lo que no tiene que temer. Durante los próximos días repetiremos el trabajo y verás cómo acepta la manta como algo que forma parte de su cuerpo.

En la cuerda lo trabajamos igualmente. Como con «Soñador», el señor Luis cogió la cuerda y yo el látigo para activarlo y hacer que se empleara en el picadero. Le dimos durante poco tiempo, ya que habíamos empezado en la cuadra con la manta y a mi maestro no le gustaba abusar de los potros. Dirigimos al animal a la pared y repetí la misma jugada. El señor Luis me dijo que eso se llamaba «tantear un potro». Curiosamente, fue lo opuesto a lo ocurrido con la manta: no se movió y aceptó mis saltos y el echarme de barriga en su dorso.

—¿Y cómo es que no se ha movido al verme saltar a su lado y sentirme en su dorso?

—Los potros tienes estas cosas; lo mismo no se ha movido por la impresión producida por la manta, lo que le ha podido ocasionar lo que decimos «venirse abajo», como cuando a las personas les baja la tensión; o bien lo acepta sin más, y puede que pasados unos días se dé cuenta y reaccione como si fuese la primera vez. Eso desconcierta mucho a los jinetes, pero con los potros suceden estas cosas; por eso nunca debes bajar la guardia y confiarte.

—Es bueno saberlo. ¿Lo ducho, lo seco y lo entro en la cuadra?

—Sí, su trabajo ha terminado por hoy.

Durante unos días el trabajo fue el mismo, hasta que con toda naturalidad aceptaban que de un salto pudiese echarme de barriga sobre ellos y les hiciese andar un poco. Fue estando con «Soñador» cuando mi maestro me dijo:

—Hoy ha llegado el momento de que te subas a horcajadas, porque ya tienes habilidad con la yegua, y de lo que se trata es de hacer un trabajo corporal, igual que cuando te refriegas en el potro por el dorso. Suavemente le tocas con la pierna derecha la grupa, siempre hablándole, como le hemos hecho por los dos lados. Al ver tu pierna con su ojo derecho no debería asombrarse.

Una vez subido en el potro y sin dejar de acariciarlo y hablarle con buen tono de voz, mi maestro me mandó bajar y repetir la misma operación varias veces. Estando una de las veces arriba, me indicó que estuviese prevenido porque le haría andar unos pasos conmigo encima. Al principio le costó un poco y los pasos eran entrecortados. Cuando dio una vuelta entera al circular con mi maestro teniéndole cogido por la nariz, respetándole el animal perfectamente, lo paró justo donde me había subido y me mandó bajar. Una vez en el suelo lo acaricié y quiso restregarse en mí porque le picaba el sudor. Según mi maestro, eso era bueno, porque era síntoma de que estaba aceptando el trabajo con naturalidad y sin miedo.

El siguiente potro en trabajar fue «Campero». Repetimos la misma operación, siempre a pelo, aunque en esta ocasión la situación fue totalmente diferente. Cuando me subí a ahorcajadas en él, al sentir mi peso en su dorso se sorprendió de tal manera que dio unas encogidas. Yo me agarré como un gato para no caerme, lo que provocó que al sentirse presionado diese un salto de huida. El señor Luis lo sujetó con la cuerda por la nariz, dándole unos toques para que al tener que respetar la serreta la huida no fuese a más, y se puso delante impidiendo que se fuese del sitio donde yo me había montado. El potro hizo como una especie de quiebro y al descolocarme me descabalgó, pero me deslicé por su espalda sin soltarme de las crines.

–Quédate a su lado –me dijo mi maestro mientras acortaba la cuerda y se acercaba más al animal–. Pega otro salto y arriba de un bote; ahora es cuando se tiene que enterar de que el jinete se tiene que subir y él no moverse. Si se sale con la suya la próxima vez nos dará más problemas.

De un salto me subí en su dorso y el animal no se movió para nada; eso sí, el ojo lo tenía más vivo y atento que nunca, pero la gran habilidad del señor Luis con la cuerda hizo que no se moviese. Eso era tener la cara hecha, respetando y cediendo a la presión de la mano.

–Muy bien, acaríciale y agárrate, que va a andar contigo arriba. Eso es, ¿ves? Si llega a tener la montura y te caes no hubieras podido deslizarte a causa de los estribos. El potro prácticamente no ha hecho nada; otros se lían a botarse y eso sí que es peligroso, tanto para el jinete como para el proceso de doma. El animal ha estado pendiente de ti nada más. Si lo haces con la montura las primeras veces y sacas un pie del estribo, entre tu equilibrio, los estribos bailando en la montura y los toques míos de la nariz haríamos que el animal tuviera deseos de escaparse a toda costa. —Esto me lo estaba contando según el potro le seguía por el lateral del picadero al paso; yo no dejaba de acariciarlo y hablarle.

—Lo que ha sucedido hoy es un gran adelanto en su proceso de adiestramiento al no haberse salido con la suya y haber finalizado con el jinete dando una vuelta por el picadero.

Llegado al lugar donde me había montado, lo acaricié y me bajé. Lo paseé un poco y acabamos la lección.

Al día siguiente fue una repetición de lo mismo, como un resumen si los animales se portaban bien. Y fue lo que sucedió, fue una sesión de confianza.

Les dimos un día de descanso, repitiendo lo mismo, hasta que un día mi maestro dijo de poner el cinchuelo. «Soñador» parecía el más dócil y por eso siempre era el primero.

—Bien, Juan, sujeta al potro, de tal manera que él sepa que lo tienes cogido, mientras le pongo el cinchuelo. Observa que se lo ajusto cuando observo que él no tiene aire en los pulmones, ni muy flojo para que se le pueda mover, ni muy apretado para que la presión no le produzca encogidas provocándole algunos botes.

El potro dio cuerda con el cinchuelo perfectamente; ni se enteró de que lo llevaba puesto. Pero como mi maestro me decía, nunca bajes la guardia, porque lo que hoy no ha hecho puede que mañana lo haga.

Cuando le tocó el turno a «Campero», la cosa cambió. Al darle cuerda sintió la cincha y salió dando lanzadas. Mi maestro le dio un poco de cimbreo a la cuerda de tal manera que, al llegarle a la nariz, la respctase, pero sujetando y relajando alternativamente, ya que esa es una parte sensible, lo que provocó que estuviese atento a la nariz, desviando la atención de la cincha, y que acabase trotando de modo parejo, pero con más energía. Yo no dejaba de hablarle para calmarlo y una vez conseguida la regularidad en el trote, mi maestro dejó la cuerda que solamente utilizaba para que el animal supiese que tenía que respetarla.

Finalizó dando cuerda a las dos manos perfectamente, pero como por su forma de emplearse estaba sudando un poco más de lo habitual, el señor Luis me dijo:

—A veces no está mal que los potros tengan estas reacciones, pues sacan todo lo que tienen dentro. Ahora se le ducha, se le seca y a la cuadra. Este seguro que esta noche piensa en el trabajo de hoy. Los animales también tienen que saber que no todo es recreo; si de vez en cuando un día se aprietan en el trabajo no sucede nada. Son ellos; nosotros no les hemos obligado para nada, y eso los potros lo entienden bien.

No sé el tiempo que estuvimos alternando la cincha, la manta, montándome a pelo, cuerda con el serretón, cuerda con el cabezón, y en libertad. Pero el día que les pusimos la baticola, lo más que hicieron fue encogerse un poco. El pecho petral, la montura y las riendas de atar se los tomaron con naturalidad. Con los estribos también dudaron un poco, pero fue lo último que se les puso. Llega un momento en que aceptan todo. Los primeros arreos son siempre los más difíciles y es lo que les cuesta más aceptar y superar; una vez conseguido solo es cuestión de tiempo y constancia diaria.

8. EL JINETE CON EL POTRO A LA CUERDA

Manuel Cobos, jinete aficionado.

El señor Luis siempre me decía que dar cuerda era una de las partes menos comprendidas por los aficionados a la equitación. Sin embargo, a la cuerda es donde se corrigen defectos, tanto del jinete como del caballo, incluso para aquellos que adquieren malos hábitos. A la cuerda el potro se desarrolla físicamente y adquiere cadencia y ritmo en sus tres aires. Si en libertad le cuesta, mucho más complicado será cuando lo tenga que hacer con un jinete sobre su dorso.

La cuerda relaja al potro y lo prepara para poder realizar ejercicios de mayor esfuerzo. Todo ese aprendizaje lo realizaron los potros siendo montados a pelo y no hubo problema alguno.

Pero claro, llegó el día y el momento de que al jinete le tocaba subirse en la montura.

—Maestro, ¿y cómo es que algunos montan a los potros en un día y nosotros llevamos meses para hacerlo?

—Es muy sencillo; esas personas que tú ves que montan a los potros en un día forman más bien parte de un espectáculo que de un buen adiestramiento. Nosotros también podíamos haber montado a los potros en un día, porque había momentos en que ellos aceptaban ser montados, pero ese no es nuestro propósito, ya que con esos potros sería imposible alcanzar la meta de tener un caballo para la competición. Lo que pretendemos es preparar a un potro físicamente con el trabajo diario, crear un atleta, y eso no se consigue en dos días. Claro que esos animales que tú dices, si después se les va trabajando diariamente con una buena doma, pueden conseguirlo también, pero entonces estaríamos hablando de que necesitan obligadamente un tiempo, y yo te pregunto: ¿para qué queremos montarlos en un día si al final necesitamos un tiempo para prepararlos físicamente? ¿Para qué montarlos en un día si al final necesitan un tiempo para aprender a conocer las ayudas y memorizarlas? ¿Para qué montarlos en un día teniendo una meta a largo plazo?

—No sé qué contestarle, maestro; lo que usted dice tiene lógica. Pero, entonces ¿cómo es que tiene tantos seguidores este tipo de monta?

—Porque es alucinante ver como alguien monta un potro en un día. Las técnicas utilizadas son muy buenas, pero la mayoría de ellos no saben ir más allá de montarlo, y mucho menos alcanzar un alto nivel en la competición. También es cierto que es una doma basada en un tipo de caballo y equitación. Lo que nosotros estamos haciendo es doma española; tomar ciertos conceptos de otras domas es bueno, pero sin perder nunca nuestra esencia, porque ella es la que nos llevará a conseguir nuestro propósito, ya que el equilibrio y la puesta en mano son totalmente diferentes.

—Maestro, me gustaría saber las respuestas a sus tres preguntas.

—Si necesitamos un tiempo en prepararlo físicamente, no tiene sentido montarnos en un día. Recuerda que montar un potro forma parte de la doma, pero no es domarlo. Por tanto, con un trabajo diario racional el potro acabará físicamente con un cuerpo moldeado con músculos y tendones fuertes, suficientes para soportar al jinete con naturalidad en un dorso trabajado para cuando llegue el momento, de lo cual carece un potro cuando es montado en un día.

»Tampoco en un día el potro conocerá las ayudas correctamente. Si se trata de no trastornarlo psicológicamente, la mejor forma es no presionarlo para que en un día aprenda a hacer giros. Muchos abusan de estos números, pero al final, para que el potro aprenda a tener contacto, rectitud, cadencia con sus transiciones y a entender que el jinete manda y él obedece se necesita un tiempo. Volvemos otra vez a lo mismo: tiempo. Entonces, amigo Juan, ¿para qué queremos montarlo en un día si al final nuestro propósito es tener un caballo domado con el jinete en su lomo y realizando ejercicios de doma? Recuerda y te repito: domar no es montarse en un potro en un día; la doma tiene muchas fases y esta es una de las muchas que tiene, pero cada una en su lugar y en su momento.

Teniendo a «Soñador» en el picadero y con la montura puesta, después de poner el pie en el estribo y tentarlo varias veces, es decir, subirme y bajarme repetidamente, el señor Luis me dijo:

—Arriba de una vez; recuerda las lecciones aprendidas con la yegua: pasa el pie derecho, busca el estribo y lo introduces. Tu cuerpo tiene que estar equilibrado, apoya un poco más el pie derecho para enderezar la montura, ya que al subirte la has ladeado un poco hacia la izquierda. Eso es. Ahora derecho y mirada al frente. Relájate, que el potro solo tiene que adaptarse, ya que él está muy acostumbrado a la montura y a tu persona de cuando montabas a pelo. Acarícialo y háblale. No te inclines hacia delante, ponte derecho. Monta como has aprendido con la yegua, pero teniendo presente que es un potro nuevo y puede reaccionar bruscamente en cualquier momento asustándose por algo ajeno a nosotros, como puede ser el aire o algo que se cae en ese momento. Siempre atento.

El potro acabó dando cuerda a una mano y a otra perfectamente, incluso mejor que cuando me montaba a pelo, ya que ambos nos encontrábamos más cómodos, lo que también nos animó a dar una vuelta al trote, yo agarrado a las crines con la mano izquierda y con la otra acariciándolo, y vuelta la posición de la mano a la montura.

Repetimos la misma acción con «Campero». Estando arriba sentí que estaba algo más tenso, pero después de varias vueltas se relajó. Mi maestro, siempre desde el centro del picadero y con la cuerda en la mano, le animó para que trotase. Volvió a aparecer la tensión, por lo que me sentía incómodo en la montura.

—Intenta no botar en la montura. Procura sentarte bien y acompañar en el movimiento al potro; de lo contrario os costará a los dos coger un trote rítmico y cadenciado, ya que tú también lo descolocas con el movimiento.

Después de varias vueltas a ambas manos todo fue mucho más fluido y relajado; sentía cómo el dorso pasaba por debajo de mi cuerpo, algo que nunca había experimentado con «Soñador». Una vez al paso y sin dejar de acariciarlo y hablarle, me bajé y dimos por acabada la clase.

Durante unos días todo fue realmente bien con los dos potros, salvo que alguna vez, como era normal, rompían el ritmo, la cadencia y se distraían y de nuevo se centraban en el trabajo, pero sin más consecuencias, ya que era lo mínimo que podían hacer mientras aprendían a portar mi peso en sus dorsos al paso y al trote, a excepción de que un día «Campero» quiso alegrarse y querer dar unos saltos, aunque sin llegar a ser botes. Mi maestro no le dejó prácticamente ni empezar; justo cuando sentía lo que quería el potro, le llamó la atención con la cuerda, recibiendo el animal en la nariz la presión de la mano que lo sujetaba. Entonces cedió la cara hacia dentro y, respetándola, continuó un par de trancos más y al final se relajó sin perder el deseo de ir hacia adelante.

−¿Te has dado cuenta, amigo Juan? Si el potro no hubiese tenido la cara hecha con el serretón hubiese acabado botándose. Sin embargo, con un simple toque, como llamándole la atención, el animal ha respetado mi mano; la cuerda no es más que una quinta rienda, en este caso de abertura. Esto nos da a entender que el potro está preparado para ser guiado por el jinete de arriba con las cuatro riendas en la mano, pero siempre guiándolo con las de la nariz. La próxima vez cogerás las cuatro riendas y te lo explicaré.

Llegó el momento de montarme en «Soñador» y coger las cuatro riendas. Le dije a mi maestro:

−Señor Luis, ¿por qué nosotros tenemos cuatro riendas y muchos solo utilizan las dos del filete?

−Me alegro de que me hagas esta pregunta. Esto es doma española, son nuestras costumbres y tradiciones, pero sobre todo te diré que de los potros iniciados con filete pocos alcanzan el sentir ecuestre de la doma de campo. Desgraciadamente son pocos los jinetes que saben de lo que hablo, porque la mayoría doman con filete, y con filete no se adquiere el aire vaquero ni el arte de un caballo de alta escuela. Algunos pensarán que las técnicas serán más perfectas con filete, pero en nuestra doma la técnica sin arte no tiene sentido ni valor. Pero cuidado, no estoy queriendo decir que nuestra doma sea incorrecta; es que simplemente es diferente, por ejemplo, de la doma olímpica, una disciplina creada para caballos centroeuropeos y donde los nuestros no pueden competir, salvo algunas raras excepciones. Los potros nuestros han trabajado con filete, pero a la cuerda. Con el jinete será dos riendas a la nariz y dos en un bocado pequeñito, con la cadenilla floja y usándolo poco al comienzo.

»Utilizando la nariz correctamente evitamos que el potro sufra de la boca, ya que esta estará siempre fresca. La boca de un potro hay que cuidarla como oro en paño y con el tiempo se irá alternado con el trabajo a la boca, de tal manera que cuando quieran darse cuenta estarán domados en ella. Pero para eso deberá pasar mucho tiempo, quizás años; los mismos años de escuela que tienen los que tú ves en los niveles más altos.

—Comprendo a medias. Usted dice que la boca hay que cuidarla como oro en paño. ¿Quiere decir que los que doman con filete no la cuidan?

—Claro que la cuidan, pero para su finalidad, como la doma clásica, el paseo o realizar rutas y marchas, pero nuestra doma tiene una exigencia que no tienen las otras domas: su finalidad es el trabajo con ganado bravo y el rejoneo, y en la antigüedad la guerra, donde el jinete tenía que desenvolverse con cierta habilidad y soltura ante el enemigo, y por tanto su vida dependía del nivel de doma de su caballo. Si los principios de la doma se realizan en la boca, los potros adquieren rigidez y pesadez en la mano, ya que al pedirle los ejercicios buscarán el equilibrio en la mano, y en consecuencia carecerán de la ligereza y soltura necesarias para realizar, por ejemplo, una correcta vuelta sobre las piernas. ¡Ojo!, vuelta, no pirueta, que es lo que desgraciadamente se ve. Con filete lo que se aprecia es una clara tendencia a lo que en la antigüedad se llamaba «monta a la brida», y nuestra monta española es originaria de la «monta a la jineta». Por tanto aquí reside su gran secreto, y es lo que quiero que tú aprendas. Después, en un futuro, elige lo que más te convenga, pero por aprender la auténtica doma española tampoco pierdes nada.

—Perdone que insista, maestro, pero como aficionado siempre he leído que la clásica es la madre de todas las domas. ¿Es eso cierto?

—Doma solo hay una, la buena, lo demás son malas imitaciones. Existen pruebas de niveles bajos de adiestramientos que están reguladas y contempladas por el reglamento de doma clásica, y es lo que da a entender que es la madre de la doma, pero en realidad eso no es más que un simple potreo, que es tener al animal en equilibrio, con cadencia, ritmo, soltura, reunión y fijeza. Nosotros hacemos lo mismo, pero con nuestra cabezada y montura españolas. Recuerda: el hábito no hace al monje. El gran problema no radica en la doma en sí, sino en que estamos en una burbuja donde el trato y el negocio están más presentes que la buena equitación pues son muchos viven de la apariencia.

—Entonces el potreo sería la madre de todas las domas, y posteriormente, según las cualidades del animal, uno se inclinará por una u otra disciplina, sea clásica, vaquera o cualquier otra.

—Correcto, pero teniendo siempre presente el tipo de animal con el que se trabaja. Por ejemplo, hace unos años los jinetes españoles consiguieron buenos resultados con caballos españoles a nivel mundial en clásica; esos animales fueron adiestrados de acuerdo con los principios de la equitación española, y posteriormente, con los nuevos potros, se centraron en la propia doma clásica desde el principio y el resultado es que no hemos vuelto a ver caballos españoles en ese nivel. No lo digo yo, lo dice el historial. He conocido caballos en vaquera participar en clásica con muy buenos resultados, caballos en alta escuela participar en vaquera y rejonear. No se te olvide nunca, amigo Juan, que la alta escuela es la culminación de la doma clásica, lo que se conoce como Gran Premio. El proceso es exactamente el mismo, pero con la gran diferencia de que si no se obtiene el resultado que nosotros deseamos, el animal podrá valer para exhibiciones y espectáculos ecuestres, romerías, lucimientos o cualquier otra actividad. Eso no quiere decir que el caballo acabe menos domado que otros sino que simplemente no se acopla al reglamento.

»Este es uno de los motivos por los que dejé la competición, porque me gusta más utilizar un sistema propio acorde con el caballo para sacarle mayor rendimiento, que no el acoplar un caballo al reglamento.

—Realza nuestra doma española sin criticar otros tipos de monta. ¿No cree usted que muchos jinetes y aficionados le pueden malinterpretar si le oyen decir esto?

—Solo he dado mi versión, producto de mis años de experiencia. Cierto es que las nuevas generaciones dudarán de mi palabra, pero te diré lo siguiente: todas las domas son buenas si son bien realizadas para el fin para el que fueron diseñadas. Es más, de todas las domas se puede aprender algo positivo para incorporarlo a tu método, siempre que no modifiques la esencia de nuestra doma.

»Por ejemplo, del western, para mi doma vaquera adapté la calma y relajación con las que trabajan esos animales; su forma de entregar la mente al fin y al cabo es hereditaria de nuestra doma, pero modificada por los siglos, la necesidad, y sobre todo por el tipo de caballo. Aquí es donde quiero llegar: el nuestro, el tres-sangres, tiene una clase diferente, por lo que a veces no acepta que se le apliquen otras técnicas que no sean las españolas.

»De la clásica adapté la técnica y su rectitud para los ejercicios de alta escuela, pero sin perder la parte artística; de lo contrario la alta escuela española sería inexistente. Como ves, no hay malas domas, sino malos jinetes.

—Maestro, le pregunté por el porqué de las dos y cuatro riendas y nos hemos desviado del tema.

—Cierto, jejejé, es que hablo hasta por los codos, pero muchas veces hay temas que o bien los comentas en el momento o después se te olvida. Durante el proceso de doma de un potro no siempre se saca el tema que nos concierne; también se puede hablar de otros temas, de dudas que nos surgirán más adelante o bien de alguna duda de la que te hayas acordado. Las dudas siempre estarán presentes; yo también las tengo, pero mi experiencia es lo que me hace actuar de modo diferente y anticiparme a los sucesos, teniendo en cuenta que los potros no conocen a nadie. Me refiero a que ellos no preguntan si tú sabes o no cuando quieren realizar alguna defensa.

—Claro, lo que usted me ha dicho en alguna ocasión: que ellos prueban para ver si se pueden escapar del trabajo.

–Eso es. Si yo lo percibo me adelanto a ellos, les llamo la atención y entonces respetan o bien los distraigo cambiándolos de sitio o postura. Sin embargo, si no lo percibo, el animal decidirá defenderse, generándose en consecuencia un posible resabio.

Me encontraba montado en «Soñador», y toda esta charla la habíamos tenido mientras el potro daba cuerda conmigo, sin las riendas en las manos.

Entonces, acercando el potro al centro, mi maestro me mandó desatar las riendas. Estas se encontraban atadas a una correa que pasaba de un lado a otro del pomo de la montura y sujetas a una pequeña argolla, la misma donde se encontraban las hebillas del pechopetral. El efecto de las riendas durante el proceso anterior era inexistente, ya que estaban flojas y un poco colgantes. Teniendo las cuatro riendas en la mano, el señor Luis me dijo:

–Te voy a enseñar a coger las riendas bien desde un principio, es decir, tres y una, como manda la tradición. Más adelante también las cogerás dos y dos, y al final acabarás en dos riendas solo en la mano izquierda, si se trata de vaquera, y tres y una si se trata de alta escuela tradicional, pero sustituyendo las dos de la nariz por las del filete, siendo el resultado final el filete y bocado.

–Maestro, eso de tres y una, ¿qué es?

–Quiere decir que en la mano izquierda tienes tres riendas y en la mano derecha una. La colocación es la siguiente.

Tomando mi maestro las riendas y mis manos, me las fue colocando en su sitio. Según me explicaba la forma me dijo:

–Las dos riendas del bocado se ajustan con la mano derecha para poder introducir el dedo anular de la mano izquierda, este que está al lado del meñique –me señaló–. Una vez conseguido esto y saber que ese es el lugar de ese dedo, nos vamos a la rienda izquierda de la nariz, que está suelta, y la pasamos bajo la mano por debajo del dedo meñique y lo que sobra de rienda que caiga al lado derecho del potro, junto con las dos del bocado. Sin embargo la rienda derecha pasa entre el meñique y el anular de la mano derecha y el resto de rienda pasa al lado izquierdo del potro, pero siempre por debajo de la mano izquierda, para en un caso dado y si la situación lo requiere, acariciarlo o sujetarte a la montura, y que la mano izquierda pueda con su dedo índice y pulgar tomar la rienda con naturalidad y a la vez cerrar el puño de tal manera que tendrás la seguridad de que no se te soltarán.

—Maestro, ¿esto al principio no les forma a todos los principiantes un lío muy gordo? Tener tantas riendas en la mano.

—Es normal, pero como todo en la vida: cuando algo se desconoce nos parece un mundo, pero cuando aprendas te sorprenderás de cómo las riendas se colocan en tu mano automáticamente en un acto reflejo.

—¿Y ahora qué hago? —le dije al señor Luis mirando las riendas e intentando comprender la función de cada una de ellas.

—Ahora, como siempre, sacaré al potro para darle cuerda, pero antes quiero que sepas que las dos riendas de la nariz tienen que ir más cortas que las de la boca, ¿entendido? Eso es muy importante.

—Bien, ya está —confirmé pasando la mano derecha por encima de las riendas de la mano izquierda y, delante de la mano, alargué unas y acorté las otras.

—No, eso no se hace así. Con la mano derecha coges el sobrante de las riendas del bocado que caen justo por el lado de esa mano y aflojando un poco la mano izquierda para que se puedan deslizar tiras de ellas para acortar, o bien cedes para que hagan comba. Lo mismo con las de la nariz, pero siempre con disimulo; en el caso de la rienda derecha, lo haces con la mano izquierda.

Tal y como me indicó lo hice; la verdad que era mucho más fácil, cómodo y sobre todo disimulado, ya no solo por estética, sino porque de la otra forma podía provocarle un sobresalto al joven potro al ver tantas riendas moviéndose por su cuello por ambos lados.

Tras varias vueltas al paso y al trote a ambas manos me sentía con ganas de manejar el potro con las riendas, pero de momento él solo atendía a la cuerda, cuando mi maestro me dijo:

–Juan, ahora, sintiendo la nariz del potro en tus manos a través de la rienda derecha quiero que abras un poco la mano derecha y, con un leve movimiento, como si produjeses el mismo efecto que a la cuerda, le cambies de sentido.

Lo hice tal y como me lo ordenó, y el potro no dudó en ningún momento en realizar el giro. La cara de satisfacción que tenía yo en ese instante era increíble, no por el giro, sino por la naturalidad con la que lo hizo. Entonces empecé a comprender la gran utilidad que tenían la cuerda y el serretón.

–Muy bien, Juan, se lo repetiremos dos veces más a ambas manos y lo dejamos por hoy, pero una cosa más: cuando hagas el giro, si es a la derecha, como en este caso, la mano izquierda la adelantas un poco al cuello; de lo contrario le tirarías de la rienda izquierda del bocado al hacer el giro, ya que esta se estira por la doblez del cuello cuando realiza el movimiento, y si es a la izquierda, mueves la muñeca de la mano izquierda hacia fuera y hacia arriba, porque si tiras la mano a la izquierda como a la derecha, la rienda derecha del bocado hará resistencia en la boca del potro y entonces es cuando protestan y sacan el pico, es decir la parte de la boca. Por eso es muy importante tener las riendas perfectamente medidas para realizar correctamente los giros.

Apliqué las técnicas tal y como me las había explicado y todo salió perfectamente. A continuación me bajé del potro y dimos por finalizado el trabajo de mi primera toma de contacto con las riendas en la mano con un potro.

9. LOS VALORES
DE UN JINETE

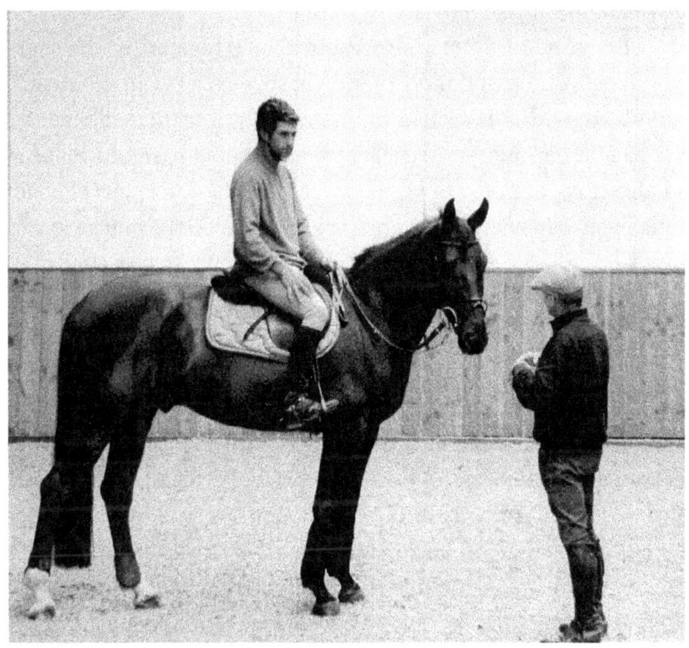

José Manuel Sales Pons, profesor de equitación.

Siempre que trabajábamos a los potros a la cuerda y con la corrección adecuada, como era coger las riendas y que estos fuesen comprendiendo la lección, también les alternábamos el trabajo con soltarlos en libertad y montarlos a pelo. Con dos riendas atadas a las anillas del lateral del cabezón de cuadra los montaba y les pedía los mismos giros que cuando estaban con la cabezada puesta.

El señor Luis nunca perdía detalle de los avances realizados por los potros, y yo nunca trabajaba a los potros si no era bajo su atenta mirada. Encontrándome a pelo y a la cuerda en «Campero», pero en esta ocasión cogido a la argolla de abajo, mi maestro me dijo que se la iba a quitar. Hecho esto, me mandó que lo trabajase pero solo al paso.

En realidad el potro se comportó muy bien; no se dio cuenta de que estaba andando suelto y que yo era el que lo dirigía; eso sí, no perdía de vista a mi maestro, que seguía en el centro del picadero redondo. Tras hacerme una señal para que lo llevase al centro, el potro lo hizo con naturalidad; después el señor Luis le puso la cuerda a la argolla y me bajé. Al animal se le veía muy entregado y confiado, por lo que, de regreso a la cuadra, le pregunté a mi maestro:

–Señor Luis, el potro parece dormido cuando trabaja, ¿eso es bueno o es malo?

–Eso es extraordinario, amigo Juan. Al potro le hemos conocido cerrero y sabemos que tiene clase; ver al potro dormido es buena señal, porque está confiado, entregado y tranquilo con nosotros. Además te diré, para que no se te olvide nunca en la vida, que a los potros hay que domarlos dormidos, para que cuando se quieran despertar sea tarde y ya se encuentren domados.

–¿Y si se le doma despierto?

–Mal asunto. Es como si un niño juega a ser hombre antes de tiempo; cuando llegue a hombre, o ya es un viejo o nunca será un hombre, porque su cuerpo no estará físicamente preparado para realizar ciertas labores. Si a los potros en pleno desarrollo les pedimos ejercicios que requieren un esfuerzo físico como pueden ser las paradas a raya o los cambios de pie, aparte de que nunca los realizarán con perfección, les producirán lesiones irreversibles para cuando lleguen a la edad adulta. Repito, los potros, como los niños, deben tener su infancia y como tal deben actuar y comportarse, siempre con una educación acorde a su edad.

—Maestro, en una ocasión vi en una corrida de rejones a un caballo muy joven de cuatro años toreando; la verdad es que el animal se le agarró de la boca al rejoneador y salió a correr sin poder este pararlo agarrado con las dos manos. Lo cierto es que puso un par de banderillas con mucho arte y se le veía torero al animal, ¿qué pudo suceder?

—Los animales son seres vivos y a veces tienen reacciones que uno mismo se pregunta por qué han sucedido, pero en este caso, como bien has dicho, con cuatro años le vieron torero y lo pusieron delante del toro, pero cuando el animal se dio cuenta, y al estar solo montado y no domado, se defendió, y con una vez que se haya escapado habrá seguido probando. Eso, amigo Juan, se llama precipitar el proceso. Si ves que el potro tiene sangre torera, espéralo, dómalo y cuando esté bien maduro, sácalo al ruedo, que si no, lo que puede ser en un futuro una figura acabará siendo un desecho y vendido por imposible. También suele suceder que los propios rejoneadores, al verse sin caballos se ven precipitados a sacar animales jóvenes, pero pienso que siempre es mejor retirarte una temporada y reaparecer cuando estés preparado, porque para hacer el ridículo siempre hay tiempo.

Las charlas con el señor Luis no tenían precio y bien valía estar de balde para trabajar en la yeguada, pero en cambio recibía mi sueldo; qué más podía pedir. No solo era la escuela que estaba recibiendo, sino los valores que estaba adquiriendo como persona.

Tomando un refresco a la sombra del parral que teníamos en la puerta de la casa, el señor Luis me dijo:

—Amigo Juan, la educación del jinete tiene que ir unida a la educación del caballo; no me refiero a tener los conocimientos suficientes para adiestrar al animal, que es indispensable, claro está, sino que me refiero a que si no sabes controlarte, jamás podrás controlarlo a él. Un joven, cuando quiere aprender un oficio o arte, como es el arte de la equitación, se tiene que poner a disposición de su maestro y creer ciegamente en él; de lo contrario, si pone en duda sus conocimientos, jamás llegará a poseer conocimiento alguno sobre la materia. Tú, Juan, estás demostrando tener buena educación y personalidad, y eso es muy importante; yo diría que mucho más que la propia profesionalidad. De nada sirve ser un gran jinete si careces de personalidad. Yo valoro mucho más a aquellas personas que por cualquier motivo no han alcanzado un nivel alto en su trabajo pero son grandes y buenas personas. Con esa cualidad tendrás siempre muchas más puertas abiertas, pero si tienes ambas cualidades, llegarás a ser uno de los elegidos en tu oficio, eso está claro, a pesar de que siempre tendrás detractores.

—Muchas gracias, maestro, pero, ¿estas cualidades se aprenden o se heredan?

—Generalmente se heredan, pero si no las desarrollas y te rodeas de mal ambiente, esas cualidades se vuelven en tu contra. Al contrario, si no has nacido con ellas pero tienes una buena educación, ciertas cualidades se adquieren. La personalidad de una persona, o jinete en este caso, depende de muchos factores, como pueden ser la infancia, el ambiente, el lugar, la época, etc. Pero si heredas cualidades para ser jinete y aparte de eso adquieres el aprendizaje correcto puedes llegar a ser un gran caballista.

—Entonces, digamos que como tengo cualidades y un buen maestro, que es usted, ¿llegaré a ser un gran caballista de doma española?

—No exactamente. También hay otros factores. Sin ellos, cualquier jinete quedará por delante de ti en una competición a pesar de que carezca de la personalidad y la profesionalidad adecuadas.

—¿Qué factores son esos?

—Disciplina: debes tener un orden en el trabajo y adquirir hábito, tanto por tu parte como por la del animal asignado a un fin. Tienes que tener la capacidad suficiente para sentirte motivado por lo que estás haciendo.

—Maestro, ¡yo me siento muy motivado!

—Cierto, pero uno no siempre se encuentra con el mismo estado de ánimo para hacer un trabajo a lo largo de su vida. A veces uno se siente con la moral baja y ahí es cuando tienes que sacar fuerzas para superarte a ti mismo. Los motivos pueden ser varios; por ejemplo, el potro, que ves que no progresa y te comes la cabeza; problemas financieros o familiares; a cada persona le afectan de manera diferente y es entonces cuando entra en juego otro factor: la perseverancia, no tirar la toalla nunca. Te aseguro que a lo largo de la vida lo querrás hacer en muchas ocasiones, pero sin perseverancia jamás conseguirás el objetivo.

—Tiene usted razón; la vida es muy larga y da muchas vueltas. Pero ¿la perseverancia no es como tener paciencia?

—No, la perseverancia es tener dedicación y constancia, pero a veces pedimos más de lo que podemos recibir; es decir, si a un potro le pides que realice un ejercicio constantemente, se puede quedar bloqueado y paralizarse, y es entonces cuando entra en juego la paciencia: saber esperar y darle su tiempo, que él asimile la idea, y cuando lo capte, seguro que lo hará sin querer precipitar tanto las cosas. Esto puede ocurrir pasados unos días, semanas, incluso meses. Si confías en tus conocimientos y en las cualidades del animal no tienes por qué preocuparte.

—Cuando dice «si confías en tus conocimientos», ¿se refiere a tener un método a seguir?

—Sí, si no tienes un método jamás domarás un potro. He conocido a jinetes que hoy hacían una cosa y mañana otra, y así durante toda su vida, y claro, han montado a muchos potros pero domado a muy pocos. No importa cuál sea el método si se consigne la finalidad deseada, pero la vida es muy corta para hacer experimentos cuando la fórmula está escrita y demostrada desde hace siglos.

—Todo esto me parece genial, pero, maestro, tengo una curiosidad: si dos jinetes con las mismas cualidades, enseñanzas y los mismos caballos igualmente adiestrados compitiesen ¿a favor de quién se inclinaría la balanza?

—Del que mejor supiese poner en práctica su inteligencia; seguro que por muy inteligente que sean los dos siempre alguno cometerá un leve error. Aquí tienes otro factor y quizás, si no el más importante, sí el crucial para el desarrollo de los demás. La inteligencia es nata, pero en la doma hay que ponerla en práctica según se van adquiriendo los conocimientos con el trabajo diario. Por eso, no es que yo sea más listo o inteligente que tú; simplemente es que mi experiencia hace que vaya un paso por delante de ti. Pero sobre todo, y muy importante, es cómo me gustaría que fueses: humilde, que respetes tanto al maestro como a tus alumnos, si algún día los tienes. De tu comportamiento dependen tus enseñanzas. Reconozco que a todos nos gusta hablar de nuestros logros, pero siempre desde un punto pedagógico, ya que los maestros estamos para enseñar y corregir, y sobre todo para que nadie caiga en el error que un día cometimos nosotros, porque todos hemos cometidos errores: equivocarse es de humanos y rectificar es de sabios.

Escuché atentamente las sabias palabras de mi maestro. ¡Cuánto hubiese dado para que lo escucharan mis amigos!, todos aficionados a los caballos, que pensaban que porque se agarraban y no se caían eran caballistas.

10. EL POTRO
SIN LA CUERDA

Manuel Cobos, jinete aficionado. Yegua PRE «Caranceja».

Trabajando a ambos potros a la cuerda, con la montura española puesta, perfectamente forrada con una zalea de borreguillo y equipada con pecho pretal, baticola y estribos españoles, estos un poco más anchos en la base que los ingleses pero cómodos y ligeros para el pie, con las riendas en las manos, tal y como me había ordenado mi maestro, tres y una, realizaba giros a una mano y a otra, tanto al paso como al trote. El galope solo lo hacía con los potros cuando no tenían al jinete encima, para que fuesen adquiriendo un equilibrio natural, y cuando fuesen capaces de soportar al jinete sin problema tanto al paso como al trote, entonces se les empezaría al galope.

Estando al trote sobre «Campero», en un trote de trabajo, nada de obligarlo buscando su máxima amplitud, pero tampoco un trote corto o reunido, que aparentara estar realizando un trote «perruno» o «cochinero», como me solía decir el señor Luis, el potro aprendía a fortalecer los cuartos traseros, es decir, la grupa. El movimiento le daba impulsión natural y le producía relajación, a la vez que le afianzaba el cuello y le inducía a buscar apoyo en la embocadura, y por consiguiente, tacto en la mano, fue cuando le dije a mi maestro:

—Noto que a un lado se me resiste un poco más que al otro y cuando le dejo caer del trote al paso, también. ¿A qué se debe esta reacción?

—Tanto el potro como tú vais muy bien, pero es normal que el potro te plantee ese problema; los animales son como las personas: a una mano trabajan mejor que a la otra. Por regla general, los potros van mejor a la izquierda.

—Sí, la derecha es la que tiene más rígida.

—Tenemos que trabajar un poco más a ese lado para igualar la flexión, la ligereza y el equilibrio a ambos lados, y cuando realices una transición, como en el caso del trote al paso, tenemos que trabajar un poco más también las medias paradas.

—Media paradas, ¿eso qué es?, ¿cómo se realizan?

—Te lo explicaré por separado para que no te líes. Primero las flexiones, después las medias paradas, y cuando tengas dominado al potro en estos ejercicios, te puedo asegurar que estará perfectamente preparado para empezar a trabajarlo sin la cuerda.

Girando al potro en el centro del picadero y situándome justo al lado de mi maestro, este me explicó:

—Mira, Juan, como el potro está relajado y cede en los giros, no nos será difícil que flexione a un lado y a otro, ¿ves? Cojo las riendas de la nariz desde el suelo, pero fíjate para cuando lo ejecutes desde arriba. Estando derecho, parado y sin moverse, giro la cara del potro a un lado y otro, no más de cuarenta y cinco grados; es decir, si tenemos como referencia los cuatro puntos cardinales y estás mirando al norte, la flexión sería al este y oeste, pero lentamente, progresando poco a poco y día a día. Mira, al principio solo que mire al noroeste y noreste, y siempre que la cara del potro esté en vertical. Si el potro saca más el pico, es decir, la boca, la flexión sería nula, ya que el potro giraría la nuca y no el cuello, que es de donde suelen ponerse rígidos. Además, y muy importante, cuando le toques con las riendas de la nariz, con el dedo de en medio de tu mano, que es el más largo, cogemos un poco la rienda del bocado del lado que queremos flexionar y nos ayudamos para evitar que el potro saque el pico y conseguir una correcta flexión vertical, y a la vez le estaremos tocando en la boca, para que relaje y ceda la mandíbula, que es de donde realmente está rígido. Si pone resistencia a la flexión de la boca, tocándole suavemente te quedas fijo, y cuando sientas que cede, tú cedes. Lo repites unas cuantas veces hasta que con un simple toque de la rienda responda a la orden, y es cuando el día de mañana lo podrás tener en la mano, al sentir ese tacto ecuestre.

—Perfecto, maestro, lo he entendido. Pero, ¿al paso se lo pido igual?

—Claro, pero con la diferencia de que al estar en movimiento tienes que tener un tacto mucho más fino y saber acompañar al potro. Además, verás mejor y más rápido el resultado.

Posteriormente también lo realizarás al trote. Pero todo cuando hayamos superado las primeras fases, parado y al paso.

Después de la explicación saqué al potro a que diese cuerda al paso, pero me encontré con otro problema:

—Se la estoy aplicando como usted me ha dicho, pero al paso noto que no le veo el ojo. ¿Por qué?

—Porque estás abusando de las riendas del bocado y te has olvidado de las de la nariz; recuerda, la boca floja y contacto en la nariz. Comprendo que en este nivel tuyo las riendas se te deslizan sin darte cuenta, y por eso debes estar muy atento, sosteniendo las riendas como te digo. Levantas el cuello, pero con el pico adelante; de esta forma el potro tiene soltura en el movimiento y sus pasos son amplios, y así obtendremos un buen paso castellano, que es el paso de nuestro caballo de doma española, conocido también como el «tranqueo».

—Maestro, ¡sigo sin ver la cara del potro!

—Porque lo tienes encapotado. El potro está escondiendo la cara; por eso aplícate lo dicho, y si ves que no reacciona, le levantas la nariz con las riendas como si fuese a pulso y le das un pequeño toque con los pies, para que al tener la cara arriba meta un poco los posteriores y así evitarás que vuelva a encapotarse. Si reacciona con brusquedad, al sentirse sometido por delante y por detrás, y se quiera escapar, ante cualquier duda lo paras. Como le tienes las riendas correctamente cogidas a su medida, un leve retroceso de tus codos y las manos fijas bastará para tenerlo controlado. En este proceso de la doma precisamente por eso está en la cuerda todavía: para evitar males mayores y corregir en el momento.

—Ya consigo ver la nuca en el punto más alto, noto que se apoya en las riendas de la nariz y el paso mucho más cómodo al emplear los posteriores. ¿Y por qué se me ha encapotado?

—Este potro es dulce de boca, es decir, no deja tomar el contacto de la embocadura, y como es nuevo en su fase de doma, también le falta decisión de avanzar. Por eso, te repito, la cara suelta, la nuca arriba y el pico adelante, tanto al paso como al trote. Pero cuidado, la nuca que sea su punto más alto, pero no en exageración, de lo contrario estaremos hundiéndole el dorso y entonces impediremos que se exprese con naturalidad, lo que tiene consecuencias graves, ya que un dorso hundido impide la buena actuación de los posteriores y por tanto de todo el cuerpo del animal. Por eso antes de quitarle la cuerda, el potro tiene que saber también acortar y avanzar al trote correctamente, para notar que toma el contacto con soltura, fijeza, cadencia, ritmo, y sobre todo con equilibrio.

–Bien, maestro, pienso que con este trabajo, si está bien realizado durante unos días, alcanzaremos el objetivo deseado, ¿no cree usted?

–Desde luego que sí. Pero nos faltan las medias paradas. Pero te lo explicaré con «Soñador»; a este potro ya le hemos obligado bastante por hoy, vamos a dejarlo.

Cuando ya teníamos a «Soñador» en el picadero, después de darle varias vueltas me monté en él. Cuando llegó el momento de realizar una flexión, con la rienda derecha de la nariz me llevé la cara del potro a la pierna derecha, y fue entonces cuando el señor Luis me contó una vivencia suya.

–Amigo Juan, eso que has realizado no está bien. Eso es una defensa del jinete, ni más ni menos, es decir, si el potro por cualquier motivo sale a correr espantado, puedes impedírselo doblándole el cuello, aunque corres el riesgo de tirarlo al suelo y sufrir graves consecuencias. Para que te hagas una idea, eso es muy frecuente en las películas del oeste; es la forma que tienen de tirarlos al suelo para rodar las escenas. Pero en equitación no tiene sentido, ya que, repito, es una defensa para el jinete. En equitación, si realizas las flexiones adecuadamente y las medias paradas correctamente, no tienes por qué hacer uso de métodos severos que están anticuados que está perfectamente demostrado que no tienen utilidad alguna.

Desde entonces solo realicé las flexiones como me fueron explicadas y jamás puse en duda sus explicaciones, lógicas y de sentido común.

Teniendo en movimiento a «Soñador», mi maestro empezó a explicarme las medias paradas. A simple vista parecía sencillo, pero realizarlas con calidad y perfección no tenía nada de fácil y menos tratándose de un potro joven. Pero era el primer paso para sentir el dominio sobre el animal.

—Amigo Juan —me dijo mi maestro—. Teniendo el potro al paso, le pides una parada, pero despacio, con tacto y, progresivamente, según está avanzando, es decir, teniendo las riendas ajustadas y perfectamente medidas, aprieta sucesivamente las manos y haz un pequeño giro con las muñecas hacia tu ombligo. Según notas que el potro reduce el movimiento, lo alivias descendiendo la mano, es normal que oponga resistencia y se apoye con más firmeza en la cara, pero no como para no obedecer. Además cuenta con que yo lo tengo sujeto con la cuerda. Al pararlo procura que no pierda la rectitud y pare derecho sobre la línea que tienes marcada dando cuerda, porque lo normal es que al no tener estabilidad por su inexperiencia se mueva de un lado a otro, y ese es otro punto a tener en cuenta.

—Sí, maestro, pero no sé si le tiro mucho o poco. ¿Lo paro o dejo que siga al paso?

—Más que tirar es sujetarlo y ceder en el momento justo para que comprenda el ejercicio. Te diré, la media parada no es como muchos piensan tener al caballo parado pero sin llegar a realizarla en seco; es cierto que es la preparación para llegar algún día a efectuar las paradas. Las medias paradas se pueden ejecutar en los tres aires y no son otra cosa que disminuir y volver a recuperar el aire que llevaba. Cuando este movimiento lo realices sin brusquedad, tanto por el potro como por ti, podremos decir que la media parada está correctamente ejecutada.

—Ahora comprendo cuando me dijo que teniendo al potro flexionado y en las medias paradas estaba para quitarle la cuerda, es que ya tiene mucha doma.

—Cierto, acabemos de realizar la media parada al paso y después te cuento más. Empieza a presionar un poco las piernas en los costados del potro, justo detrás de la cincha, no muy atrás ni muy adelante. Con la presión de las piernas el potro comprenderá simultáneamente el toque para realizar las medias paradas, hasta que llegue el momento en que atienda más a las piernas que a las manos y, de esta manera, poder tener más libertad, suavidad y tacto en las manos.

—Ahora ha disminuido el paso hasta quedarse parado, mucho mejor. El potro aprende rápido, pero, ¿cómo se ha parado sin apenas tocarle la cara?

—Muy sencillo. A pesar de ser un potro joven y que desconoce los toques, al tocarlo con los pies lo has activado a la vez que lo sujetabas. Entonces, al tener la impulsión en los posteriores y bajar las caderas, se ha parado, pero no porque haya entendido, sino porque es lo que ha pensado que le estabas pidiendo. Ahora es cuando hay que acariciarlo, hablarle y hacerle entender que eso era precisamente lo que queríamos de él. Se lo repites un par de veces y si lo ejecuta medianamente bien lo dejamos; no podemos pretender que los ejercicios sean de calidad cuando se los pedimos las primeras veces. Lo que se pretende es que el animal entienda lo que deseamos de él; la perfección viene después, con los días y la constancia.

Finalizamos la clase con muy buen sabor de boca. Con el potro en su cuadra y estando los dos en el pasillo, mi maestro continuó con el tema de las medias paradas y me dijo:

—Las medias paradas te dicen mucho de si el potro en un futuro puede ser un buen caballo de escuela, ya que con ellas el animal nos da a entender si escucha y está atento a nosotros, cómo responde y ejecuta el ejercicio, si es calmado o se excita con la presión por parte del jinete. Las medias paradas también las podemos interpretar como transiciones, ya que igualmente se utilizan para pasar de un ejercicio a otro, del trote al paso, del trote corto al largo, del galope al trote, galope corto al reunido, etc., y también a la inversa evidentemente, pero sobre todo es muy importante para poder empezar a tener un caballo más reunido. Todo a su debido tiempo, pero en la cuerda es donde se enseñan las primeras nociones y exigencias dentro de su nivel de adiestramiento.

—Maestro, lo que sí me he dado cuenta es de que con las medias paradas el animal aprende a esperar al jinete y a no escaparse del trabajo. ¿Tengo razón o estoy equivocado?

—Tienes razón; por eso cuando los potros aprenden correctamente estos ejercicios se puede decir que es el momento de quitarles la cuerda, ya que habremos trasladado la atención que tenían puesta en el jinete situado en medio del picadero al que está sobre su lomo, y este último los dominará, teniendo a los potros para comenzar a trabajarlos en un nivel, como se dice en el argot campero, «echados pa'lante». Recuerda que la doma no es correr; para eso ya están los hipódromos.

—Seguro que usted habrá tenido más de algún disgusto, porque, como dice el refrán, «el que cuece y amasa, de todo le pasa».

—Desde luego que sí; ten presente que, como en todos los oficios, pero en este más en concreto, jamás se acaba de aprender. Estamos trabajando con animales, y cada potro es de una manera diferente en cuanto a comportamiento, genética, en la forma de reaccionar y comportarse, etc. Cuando los inicias en la doma, cada maestro tiene una forma diferente de trabajar; por eso la experiencia del domador es muy importante, y el que tiene un método fijo y quiera que todos los potros trabajen como él diga pocos potros domará. El jinete que se adapta a cada animal para sacarle el máximo rendimiento, pero con el enfoque puesto en que al final acabe bebiendo de su mano, será el que obtendrá un porcentaje mucho mayor de éxito en el adiestramiento.

—Me habla usted de un porcentaje. Entonces ¿no todos los caballos se doman?

—Claro que no, eso es lo que muchos hacen ver o creer, pero algunos potros se montan pero no se doman, otros son mansos y van echados para delante pero no realizan doma. Como te he dicho muchas veces, los caballos son como las personas: no todo el mundo tiene cualidades o el conocimiento necesario para realizar ciertas actividades o estudiar una carrera. Pero no por eso serán mejores o peores, sino que simplemente a cada uno hay que darle su sitio. También los hay que son perezosos y maliciosos; muchos dicen que es por el trato que se les da, pero yo no estoy de acuerdo. Si los comparamos con las personas, también las hay perezosas y maliciosas, aunque por suerte en el caballo esto se da mucho menos.

—¿Y qué sucede si alguien tiene un picadero y le llevan a domar un potro en alta escuela y no tiene cualidades?

—Uy, amigo Juan, lo primero que tiene que hacer el del picadero es domar al cliente; te aseguro que es mucho más difícil de domar que el propio potro. Si el cliente no deposita su confianza en el caballista, este no podrá trabajar con relajación y estará bajo la presión de que todos los meses su cliente querrá ver resultados rápidos, y ahí es cuando, con las prisas, aparecerán los defectos en la doma. Lo quieren ver montado en cuatro días, cuando, como te dije en una ocasión, montar no es domar; es solo una parte de las muchas que tiene la doma. De esta forma, con tener al cliente «domado» me refiero a que tenga confianza plena en tu profesionalidad y, siendo honestos, siempre se puede llegar a un entendimiento cuando, analizando el trabajo del animal, entre ambas partes se saque la conclusión de que el potro no da para más y sus cualidades están limitadas.

—¿Y si estando descontento por tu consejo el propietario decide llevarlo a otro picadero y lo doman en alta escuela?

—Para eso está el caballista, para saber cuándo es el momento de decirle al propietario si su caballo tiene cualidades o no. Cuando tú toques un caballo y sientas que te trasmite desgana, esas pocas ganas de trabajar que se perciben y se sienten, si notas que está vacío, sin clase, sin corazón, te puedo asegurar que otro jinete poco podrá hacer con él, porque los jinetes pueden ser buenos pero no hacen milagros.

—Eso me lo demostró usted cuando elegimos a los dos potros para la doma. Recuerdo que me dijo que esto es un arte y que los caballos son las herramientas; sin ellos poco podemos hacer, por muchos conocimientos que uno tenga. Una pegunta, maestro, ¿cuál es la fase más difícil y complicada al adiestramiento de un potro?

—Precisamente la fase en la que tenemos a los potros en estos momentos, porque ni están domados, ni están con la cuerda quitada, ni están cerreros. Digamos que el futuro de su doma depende de estos momentos, donde un buen potrero marca la diferencia. También donde los potros te dicen si el trabajo realizado con ellos hasta ese momento ha sido correcto o no.

—He notado que los potros van mejor sin la cuerda que con ella, ¿eso es normal?

—Claro que es normal; ellos se encuentran mucho más cómodos sin la cuerda y, cuando les das cuerdas, muchas veces se aproximan al centro como pidiendo que se la quites. Si el entrenamiento ha sido correcto y los potros lo han aceptado, la evolución será abismal. Pero si durante ese proceso por las prisas nos saltamos los escalones de dos en dos, los potros no tardarán en acusar los defectos y nos veremos obligados a realizar un reciclaje, o lo acusarán de por vida, como no andar decididos en la cuerda, salir a un trote precipitado, ir torcidos al realizar los círculos, mirar para fuera del picadero y distraerse con todo, estar inquietos a la hora de montarte, cuando se vean con la cuerda quitada hacer caso omiso al jinete y protestan a las órdenes que les da este con las riendas, y sobre todo el tener que darles siempre cuerda antes de montarte.

—Nosotros también les damos cuerda para montarnos, ¿por qué?

—Por la fase en la que están, es un proceso. A veces porque los has montado en frío recién sacados de la cuadra, y también para probar que comprenden la labor diaria, y otras veces alternamos con el darles un poco de cuerda para que hagan un poco de calentamiento. Con este proceso, con el tiempo los potros aprenderán, y te puedo asegurar que los podrías soltar un año y al cogerlos no darían problema alguno; te podrás montar en frío y que no ocasionen problema alguno; eso se llama confianza.

Sin embargo los que se comportan como los que he citado anteriormente se morirán de viejos y seguirán necesitando cuerda para montarse en ellos, y además con la desconfianza que esos animales transmiten por una mala educación.

Todo lo que mi maestro me decía sucedía: los potros trabajaban en el picadero circular sueltos de la cuerda, realizaban las medias paradas y cedían a ambos lados con toda naturalidad, sus movimientos eran fluidos y cómodos, siempre al paso y al trote, y últimamente también les había pedido unos trancos al galope a ambas manos, pero poco, ya que al ser en círculo las espaldas sufrían más y, como me decía el señor Luis, el galope es el aire que por su comodidad todos los jinetes queremos realizar y estar en él más tiempo, pero puede ser físicamente inadecuado para los potros, ya que estos tienden a volcarse en las espaldas para poder obtener equilibrio y soportar al jinete en su lomo.

Los dos potros realizaban este aire perfectamente gracias a sus lecciones en la cuerda, con el cinchuelo y las riendas de atar, pero con un jinete en sus lomos la cosa cambiaba, y todo era por su juventud. Cuando les pedía el galope siempre era desde el trote. Tenían voluntad y se hacían poco de rogar; quizás el español un poco más: había que activarlo y motivarlo para que no rompiera el aire del galope y regresase al trote, aunque al final iba bien. La salida al galope del cruzado era algo más precipitada, pero pasada una vuelta y dominándolo captaba el concepto de galopar con seguridad y tranquilidad.

El galope era un trabajo de pocas vueltas, ya que era muy fatigante para los potros y de lo que se trataba era de que tanto ellos como yo fuésemos captando el concepto de ese aire, pero nada más.

11. EL PICADERO
Y SUS FIGURAS

Manuel Cobos, jinete aficionado.

Intercalando el picadero circular con la pista grande, una de sesenta metros de larga por veinte metros de ancha y con arena perfectamente compactada y nivelada, los potros progresaban, al principio con dudas al pisar por primera vez la pista y encontrarse solos conmigo y fuera del circular, pero mi maestro siempre estaba cerca y pendiente de todo.

Las primeras veces fueron con el serretón puesto, por si surgía algún imprevisto poder ponerles la cuerda y no ir a males mayores. Lo cierto es que nunca hizo falta, pero el señor Luis era muy cuidadoso con estos detalles. Siempre me decía, «más vale prevenir que curar». El saber que él estaba a mi lado por lo que pudiese suceder evidentemente también me daba seguridad a mí. Hay que tener presente que estábamos trabajando con animales que estaban en proceso de doma y que cualquier movimiento en falso podía provocar que se defendieran dando botes. No hace falta ser un mal jinete para caerse; a veces la confianza o simplemente el que te descoloques y pierdas el equilibrio puede ocasionarte un fuerte golpe contra el suelo, aunque eso es mejor no pensarlo. Si el animal percibe inseguridad en ti, esa sensación de temor se le transmite.

Las primeras veces dentro de la pista mi maestro se colocaba en el centro y solo girábamos a su alrededor. Los potros, al conocer perfectamente la labor del jinete que estaba en el centro, se adaptaron al nuevo lugar con mucha más facilidad.

En unas pocas sesiones más me encontré con que tenía a los dos potros andando y trotando por toda la pista. Desde que empezamos a trabajarlos hasta ese momento habían transcurrido ocho meses aproximadamente. Por curiosidad le dije a mi maestro si ese tiempo era lo normal y esto fue lo que me contestó:

—Claro que es lo normal. Tratándose de dos potros que se han portado correctamente es la media del tiempo que se suele tardar, algunos incluso menos. Si tu experiencia hubiese sido como la mía, estos dos potros seguramente los hubiésemos adelantado un par de meses, pero lo que importa es que la doma siga su proceso y verás cómo, en cuatro meses más, la evolución será enorme. Estamos hablando de prácticamente un año de doma; ten presente que los animales para entonces tendrán cuatro años y seguirán siendo unos potros, por lo que no se les puede forzar en el aprendizaje, pero sí trabajarlos para que empiecen a conocer las directrices de la doma a la vez que se van poniendo fuertes y elásticos como atletas.

—¿Quiere usted decir que lo que en apariencia es un atraso en los próximos cuatro meses aparecerá como resultado del trabajo a la cuerda?

—Efectivamente, digo cuatro meses pero puede ser alguno más o menos. Para que un potro empiece a conocer el trabajo de un picadero tienen que pasar como mínimo las cuatro estaciones del año en él, es decir, tiene que pasar frío, calor, barro, polvo, sudor, aires bruscos, etc., para que cuando empiece su segundo año de aprendizaje, al haber pasado por estas inclemencias, lo acepte con mucha más naturalidad, tanto el aprendizaje del picadero, como para cuando salga al campo, que es donde se plantean nuevos problemas.

—¿Y si le quitas la cuerda antes de tiempo para que aprenda a estar suelto con el jinete?

—Eso es un grave error. ¿Te has dado cuenta de que son los mismos potros los que te piden que se la quites cuando un trabajo está bien hecho? Nadie te va a decir el tiempo que has echado, sino lo bien realizado que está, y es lo que se pretende con la doma de estos potros. A mí me han llegado a decir cuando tenía un potro en la cuerda seis meses que ellos en dos ya lo tenían con la cuerda quitada y en el campo incluso. Antes daba explicaciones; ahora espero que el tiempo hable por mí.

—¿Y qué es lo que dice el tiempo?

—Pasado un año, mi potro estaba andando por el campo, sano, limpio de las extremidades, manso, confiado, flexible, y en conjunto «bonito». Cuando les preguntaba a los de las prisas por sus potros me respondían, «lo vendí porque me lo pagaron bien», o «lo he soltado porque no tengo tiempo». Todo mentira, amigo Juan; lo vendieron porque no podían con él y tenía algún vicio o resabio y se lo quitaron de en medio en cuanto tuvieron oportunidad, o lo soltaron al campo porque tendría alguna lesión producida por las prisas al tratarse de un potro joven en pleno proceso de desarrollo.

—Ahora entiendo por qué muchos de mis amigos aficionados a los caballos vendían sus potros y me decían lo que usted me ha explicado. ¿Cuántos potros buenos se habrán estropeado por caer en malas manos, verdad, maestro?

—Muchos, lamentablemente, pero recuerda una cosa muy importante: el tiempo no lo marcas tú; es el propio potro: él te va diciendo si está preparado para avanzar o seguir perfeccionando los últimos conocimientos adquiridos. Por eso nunca pongas fechas en la doma, y hasta donde se llegue se llegó. Hay potros que avanzan mucho al principio y después se estancan y no avanzan, y también los hay que tardan mucho y cuando se espabilan avanzan a pasos agigantados; los potros siempre son una caja de sorpresas.

Como de costumbre, cenando teníamos nuestras típicas charlas sobre caballos, doma, cría y todo lo relacionado con el mundo ecuestre. Como estábamos en el momento de la doma en el que los potros estaban empezando a trabajar en el picadero rectangular y ya empleábamos toda la pista con ellos, mi maestro me comentó:

—Tienes que aprender a utilizar la pista con los potros, de lo contrario no harás más que correr de una punta a otra sin ningún punto de referencia. ¿Sabes a qué me refiero?

—Ni idea, señor Luis. ¿A qué se refiere usted?

—Dentro del picadero se realizan una serie de ejercicios muy básicos y otros más avanzados según el nivel de doma en el que se encuentre el animal. Para empezar tienes que aprender a llevar al potro derecho, tanto al paso como al trote, que es quizás de lo más difícil de todo. Sí, sí, estarás pensando que es fácil, pero muchos van atravesados y eso es una falta grave para el proceso de doma; si no se corrige al principio, más adelante nos planteará problemas irreversibles.

–¿Me está usted diciendo que los potros no van derechos?

–Claro que no. ¿No has notado que cuando giras para un lado u otro ellos no hacen un giro uniforme de nuca a cola? Giran de un lado y se adelantan o atrasan del otro, y eso es porque al no estar obedientes a tus piernas y no tener un punto de referencia de a dónde los quieres llevar se giran a destiempo, bien adelantándose, que es lo normal, o torciéndose por no querer llegar a donde tú deseas que vayan. Por eso, si no los tenemos derechos no podremos realizar las figuras del picadero con corrección.

–Ahora que usted lo dice, es cierto; realizando zigzag con los potros utilizo toda la pista. Y en consecuencia me veo obligado a ir alternando unas riendas y otras.

–Es precisamente por eso, porque los potros no van derechos. ¿Lo has entendido ahora?

–Claro que lo he entendido; sí, eso es lo que me sucede con los potros.

–En equitación hay unos principios inalterables: lo primero que se tiene que conseguir es tener al potro relajado, y eso ya lo tenemos prácticamente conseguido. Si está relajado se moverá con soltura y por tanto el jinete tendrá contacto en la mano. Entonces es cuando se tienen que empezar a utilizar las cinco ayudas.

–¿Las cinco ayudas? –dije cortando la conversación–. Pero si pensé que solo existían tres: las piernas, las manos y la voz del jinete.

–Te equivocas; existen otras dos y cada una tiene su importancia y su función. Son el asiento y la vara. El asiento tiene un centro de gravedad, y este tiene que acompañar el movimiento del caballo para obtener un correcto equilibrio del conjunto caballo-jinete; digo acompañar, no tirar de él como suelen hacer muchos, eso está feo y además desequilibras al animal. Cuando se consigne un asiento correcto y adiestras al caballo en él, las ayudas de las manos y las piernas se vuelven casi inapreciables. En nuestra doma es muy importante, ya que sus orígenes eran la monta «a la jineta», y aquí es donde se aprecia una de sus virtudes. Y, la vara, un fino palo de membrillo o de olivo, de una medida de un metro veinte centímetros aproximadamente, que no debe usarse más que para corregir el movimiento del animal, y si se hiciese necesario, para castigarlo dándole un toque seco detrás de tus piernas con la mano derecha, que es la mano en la que debe llevarse, y cuando no se utiliza debe estar con la punta hacia arriba e inclinada hacia el lado izquierdo, pero no tendida. También se aplica para avivar al potro y ponerle atento a tus ayudas dejándola caer levemente sobre sus espaldas.

–Sí que es verdad; cuando echo el peso a un lado u otro, los potros se giran con mejor libertad o mayor dificultad, dependiendo de mi asiento. Y una cosa, maestro, ¿cuándo utilizaré la vara?

–Una vez utilizadas las ayudas correspondientes aparecerá la rectitud y será entonces cuando empezarás a realizar las distintas figuras del picadero para poder seguir progresando en el equilibrio, la impulsión y la incurvación, hasta finalizar en la reunión. Entonces la vara te será de gran ayuda desde el instante en que sepas utilizarla en el momento oportuno, que ya te iré indicando cuando nos encontremos en el picadero.

–Maestro, ¿y cuáles son esas figuras del picadero?

–Te diré algunas de ellas, para que cuando estemos trabajando a los potros te sean algo familiares. En un principio las más básicas son «los círculos», que suelen ser de entre diez, quince y veinte metros de diámetro; «el ocho», que es trazar este número en la pista; si se efectúa a lo ancho puede ser realizando un círculo de diez metros y enlazándolo con otro a la otra mano finalizando por donde se inició, y completando así la figura; «las serpentinas», que como dice la palabra es trazar como una serpiente en la pista: se inicia en el lado ancho de la pista y realizando medio círculo se dirige uno al otro extremo y posteriormente se inicia otro medio círculo a la otra mano y así sucesivamente hasta alcanzar el otro extremo de la pista. Según se tenga más dominio del ejercicio se pueden aumentar los bucles, que es como se denomina a cada pasada por el ancho de la pista. También está el «cambiar dentro del círculo»: cuando realizas uno de veinte metros, lo diriges al interior y cuando estés en el centro cambias de sentido con la misma regularidad. Aquí ya estamos preparando al potro para realizar «las medias vueltas», que son círculos más cerrados; a partir de seis metros dejan de ser círculos y se denominan vueltas. Pero todo esto debe ser progresivo, ya que primero se empieza por «cruzar por la diagonal del picadero» para cambiarlo de mano, llegando a una distancia de unos seis u ocho metros antes de alcanzar la esquina, para una vez derecho realizar un cuarto de círculo en la esquina.

Le dije a mi maestro que estaba deseando que llegase el día siguiente para poder realizar las figuras que me acababa de comentar, ya que como él me decía, eran la base para poder llegar a tener a un buen potro iniciado correctamente en la doma.

Dicho esto me fui a la cama pensando si algún día llegaría a ser un caballista como el señor Luis. Pensaba en esos grandes jinetes de fama y renombre, aunque mi maestro era diferente a muchos de ellos. Apartado de toda la sociedad ecuestre, no quería saber nada de lo que sucedía, y mucho menos de las competiciones. Quería preguntarle por qué cada vez que surgía el tema de los concursos lo evitaba, pero no me atrevía; lo cierto es que cuando por fin se lo pregunté ya había pasado mucho tiempo, tanto que tenía a los potros prácticamente a las puertas de la competición, pero eso os lo contaré cuando llegue el momento.

12. EMPIEZA LA BAJA ESCUELA

José Antonio Asensio, jinete profesional y juez de monta española. Caballo PRE «Jade AP V».

Encontrándome con «Soñador» en medio de la pista y mi maestro a pie comenzó indicándome que lo primero que tenía que hacer era hacerle un buen calentamiento al potro, ya que al montarlo en frío y tener los músculos y tendones contraídos podía tener alguna lesión al realizar algún movimiento brusco, aparte de no estar preparado para realizar ciertos ejercicios.

Teniendo al potro relajado y confiado, cediendo a las riendas pero sin perder el contacto para que andase con soltura y amplitud, lo caminé a lo largo de toda la pista. Cuando di unas vueltas, mi maestro me ordenó atravesar la pista girando a lo largo de punta a punta en diagonal para acabar andando a la otra mano. Pasados unos minutos el señor Luis me mandó hacer lo mismo pero al trote. Le pedí una media parada y le dejé caer al paso, y fue entonces cuando empezó la clase.

—Bien, amigo Juan, en el centro quiero que realices un círculo de veinte metros de diámetro al paso a la mano derecha. Este ejercicio no debe extrañarle nada al potro, ya que está familiarizado por el trabajo realizado a la cuerda. Tienes que procurar que el círculo sea homogéneo, es decir, que no parezca un huevo, que es lo más frecuente al comienzo. La mano derecha, la de dentro, induce al potro a que realice la marcha según tienes trazado el círculo en tu mente, y la pierna derecha puesta en la cincha le ayuda a adoptar la incurvación deseada, a la vez que impide que la grupa se salga del círculo introduciéndose en el interior. La rienda exterior, o sea la izquierda, marca la curvatura del cuello, impidiendo que la rienda de dentro sea abusada y que a la vez le coarte el deseo de ir hacia delante. La pierna izquierda puesta detrás de la cincha impide que la grupa derrape, que se salga del círculo hacia fuera y a la vez le da impulsión para que no pierda el deseo de avanzar, pues ese deseo jamás debe ser impedido. Cuando aprendas a realizar correctamente los círculos de veinte metros puedes irlos cerrando y disminuyendo, haciendo círculos de quince y de diez, como si de una espiral se tratase.

—Maestro, parece que estamos haciendo equilibrio sobre una cuerda para trazar el círculo correctamente —le dije, al verme obligado a tener que mantener una atención continua para que el círculo se realizara correctamente.

—En eso consiste, en que los dos estéis pendientes para realizar el ejercicio como marcan las directrices, porque, si desde un principio se cometen errores, en un futuro costará mucho mejorarlos, ya que se volverán hábitos.

»Ahora lo cambiarás como cuando estabas en la cuerda: una vuelta algo cerrada y realizas el mismo ejercicio a la otra mano. Cuando lo vuelvas, recuerda: la mano derecha lo incurva, como en una flexión, pero al estar en movimiento y relajado, la pierna interior puesta para que se enrosque en ella y con la pierna externa le tocas para que no pierda la actividad y a la vez impida que la grupa se escape y le obligues a que gire sobre ella. Y para finalizar, y muy importante, la rienda de fuera sobre el cuello, para que asimile ambas riendas en el giro. En un principio los giros son de apertura, también conocidos como de mando directo, pero el ir llevando la rienda exterior al cuello es para que el potro se vaya familiarizando con el mando de oposición, que será realmente donde está el mando en la doma española.

—A mano izquierda me cuesta un poco más. ¿A qué se debe, maestro?

—No te cuesta más, es que a la derecha, al tener en la mano derecha solo una rienda te era fácil y la mano izquierda actuaba menos. En este caso es igual, pero con la diferencia de que al tener las tres riendas en esa mano, las del bocado te impiden actuar como si tuvieses una sola. El movimiento es el mismo en todo el recorrido, como cuando te lo expliqué a la cuerda: la izquierda la levantas un poco y giras la muñeca; de este modo se acorta la rienda de la nariz y el potro se incurva para realizar el giro o marcar la circunferencia, y así no tiras de la rienda exterior del bocado, que es de donde tirarías si abrieras la mano, y es cuando se aprecia que el potro saca la cara hacia afuera cuando lo giras hacia dentro, siendo un gesto feo e incorrecto.

—Perdone por no haberlo entendido desde un principio; es que parece que son problemas distintos, cuando en realidad van todos ligados entre sí.

—Cierto. Bien, ahora sal del círculo y lo relajas cediendo riendas como premio a su buena realización; nunca se debe cansar o aburrir al potro. Cuando le pides un ejercicio lo sueltas y lo recoges de nuevo; esos cambios le permiten coger aire y bajar el estrés. Cuando vuelvas a realizar el círculo de nuevo se lo pides, pero al trote, y lo harás igualmente en el centro de la pista, para que el potro no tenga intención de apoyarse en las paredes o laterales de la pista, pero con la diferencia de que cuando le cambies de mano le dejas caer al paso antes y lo giras igualmente, como cuando estaba al paso; de esta forma nunca cogerá miedo y el trabajo acabará gustándole. Recuerda, los toques siempre de piernas y manos, y sobre todo nunca dejes caer tu cuerpo al lado contrario como para ayudarlo, porque lo que estarás haciendo será romperle el equilibrio. Tu cuerpo siempre deberá estar acompañando el movimiento del potro y adelantando la cadera hacia el interior.

Terminados los círculos y andando al potro por el ancho de la pista, le pedí un cambio de mano por la diagonal. Según me indicó mi maestro, debía empezar pasada la esquina y, encontrándome en el lado largo, como a unos seis metros, girar el potro y, poniendo la vista en una línea imaginaria, hacer que fuese por toda la diagonal de la pista lo más derecho posible, intentando llegar justo a otros seis metros de distancia antes de alcanzar la esquina del ancho de la pista del otro extremo. Este ejercicio ayuda mucho a los potros jóvenes, ya que les aburre menos que estar dando vueltas y haciendo círculos; de esta forma cambian de mano y a la vez adquieren cadencia y rectitud, pero sobre todo, mucho deseo de ir hacia delante.

Todos los ejercicios y figuras que realizaba al paso los repetía al trote; evidentemente costaba más, pero con el trabajo diario íbamos adquiriendo calidad en los aires y en las figuras.

Las serpentinas empecé a hacerlas una vez que los potros entendieron los círculos; me resultó más sencillo, ya que ellos conocían la pista por los cambios en las diagonales. Al paso y al trote, pero en este aire siempre más reunidos. Las serpentinas fueron de una gran ayuda para que pudiéramos entender, tanto el potro como yo, las ayudas correspondientes en cada momento, ya que estas eran simultáneas y rápidas, tanto las interiores como las exteriores, y aprender a utilizar el peso de mi cuerpo. Cuando efectuaba tres bucles, los giros eran como de medio círculo, y al aumentarlos acababan siendo como medias vueltas por su estrechez al realizarlas.

«Soñador» realizaba bien estos ejercicios, pero los de más reunión le costaban un poco más. Sin embargo a «Campero» se le veían unas cualidades de reunión natural extraordinarias.

–Bien, amigo Juan –me dijo mi maestro–, las medias vueltas son lo mismo que los medios círculos, pero con la diferencia de que son más cerradas y por tanto necesitan más reunión. Partiendo del lado largo de la pista te imaginas que estás en la cuerda y cambias de mano al potro, la cara siempre por delante, las ayudas en su sitio, la pierna exterior presionando para que realice el cambio más cerrado, intentando sentir que el potro se enrosca en tu pierna interior, con la rienda exterior echada en el cuello y la interior aplicándole la incurvación correspondiente, pero más enfocada en sujetar al potro de la cara para impedir que se abra buscando amplitud en el movimiento. Para la vuelta entera es igual, pero cambia el recorrido. No debe ser mayor de seis metros de diámetro y el peso del cuerpo con las caderas tiende a pesar un poco más en el interior durante el giro. Y muy importante: las patas deben pisar las huellas de las manos del animal, ¿entendido?

–Entendido, maestro. Parece que «Campero» no tiene dificultad en llevar a cabo estos ejercicios.

–Elegimos bien cuando lo adquirimos para la vaquera, ya que esta doma requiere de un animal con una reunión natural para realizar los ejercicios que le son característicos. No quiero decir con esto que para la alta escuela no sea necesario, simplemente es diferente, pero todas las domas necesitan una reunión del caballo acorde a la ejecución de ciertos ejercicios.

»Ahora realizarás un círculo más pequeño con el potro. Como la pista tiene veinte metros de ancho, harás un círculo de diez, pero pegado a un lado de la pista. Cuando te encuentres con el centro de ella, como debes tener otros diez metros al otro lado, cambias de sentido y realizas otro círculo de diez metros. Esto me lo repites simultáneamente al paso y al trote varias veces hasta que os enteréis los dos de lo que estáis haciendo.

—Maestro, ¿cómo quiere que nos enteremos los dos?

—El potro, al realizarlo correctamente y enterándose de lo que le pides; es como la serpentina pero completando los círculos y entrelazándolos. Y tú que sepas cómo se llama el ejercicio.

—Maestro, ya lo he pillado; este es «el ocho», está claro.

—Cierto, bien, sácalo al paso y con las riendas sueltas lo paseas por toda la pista. Hemos acabado la lección por hoy.

De esta forma acabé de realizar los ejercicios y figuras de la pista con los potros. Evidentemente no eran las únicas figuras, como bien me dijo posteriormente mi maestro, pero las otras les serían enseñadas según fuesen adquiriendo más nivel de doma. Les estuve haciendo hacer estos trabajos durante dos meses más hasta que tanto ellos como yo los tuvimos bien asimilados y los ejecutamos con cierta calidad.

En ese período de tiempo también seguíamos intercalando las sesiones a la cuerda y sueltos en el picadero circular, sobre todo el galope montado en ellos; ya mismo empezaría a galopar a los potros en el picadero grande.

Hasta este momento todo había sido trabajarlos en sus tres aires naturales, paso, trote y galope, realizar figuras y ejercicios en los dos primeros aires y algún giro y cambio de dirección.

Acabábamos de finalizar el primer año de adiestramiento; los potros se encontraban cumpliendo los cuatro años cada uno. El señor Luis me dijo que ya mismo, pasados unos meses, sería el momento de empezar a realizar los trabajos en dos pistas.

—En dos pistas, ¿qué quiere decir eso? ¿Tenemos que trabajarlos en dos pistas diferentes? –le dije con cara de desconcierto.

—No –me dijo sonriendo por mi ignorancia–, son unos movimientos laterales que realiza el animal. Cuando el potro camina derecho, marca la pata en la misma línea donde pasó la mano del mismo lado; eso es una pista. Al moverse de forma lateral marca dos pistas, ya que las manos marcan una pista y las patas otra.

—¿Es cuando los caballos andan de lado?

—Sí y no. Es eso más o menos, pero esa no es su función propiamente dicha. Es cierto que van de lado, pero su realización es para tener un animal más flexible, equilibrado y sobre todo para fortalecer los cuartos traseros para poder obtener una buena puesta en mano.

—¿Y los potros están preparados para realizar esos ejercicios?

—No por su edad. Para que puedan ejecutar estos ejercicios correctamente tienen que estar más reunidos y tenerlos mejor colocados en cara y cuello, es decir, tener mejor contacto en la mano, pero cuando tengan cuatro años y medio ya se les podrán ir pidiendo un poco estos ejercicios, aunque de forma suave, sin presionar, para que ellos vayan cogiendo la idea, y cuando tengan cinco años ya podremos ir pidiéndoselos con un poco más de exigencia.

Capté la idea rápidamente, bueno no tan rápido. Tuvieron que pasar más de seis meses realizando las figuras del picadero, siempre aparentemente lo mismo; digo aparentemente, porque los potros evolucionaban y mejoraban en ritmo, fijeza, soltura, equilibrio, contacto, y sobre todo en reunión, una reunión acorde a sus edades y nivel de doma, claro está. Pero de forma gradual; en el día a día no lo veía, pero echando la vista atrás sí que me daba cuenta del gran progreso, y evolución, no solo de los potros, sino de mí mismo.

Entonces también comprendí que para ser un buen caballista se tiene que ser antes un buen potrero. ¿Cuántos jinetes han pasado por esta fase?, ¿cuántos caballistas potrean correctamente? Y, lo más importante, ¿cuántos competidores conocen el proceso de adiestramiento que un caballo necesita para llegar a poder competir satisfactoriamente?

En una ocasión un joven aficionado adquirió un caballo domado por un amigo de mi maestro. Entonces aprendí que ser caballista es una cosa y jinete competidor otra. Se pueden ser ambas cosas a la vez, pero normalmente muchos compran un caballo para concursar, y cuando la suerte o los resultados les sonríen se autoproclaman conocedores de la materia y montan un picadero. Pero lo más triste es cuando se ponen a dar clases; podrán informar de cómo se realizan los ejercicios en la pista, pero pocas veces solucionar un problema cuando este se presenta, ya que lo desconocen al no haberlo vivido. Eso sí, con el tiempo todo se acaba aprendiendo, pero la ausencia de base siempre estará presente.

Estábamos entrando en el otoño y los potros ya habían cumplido los cuatro años y medio de edad, y pasado el ecuador del segundo año de adiestramiento. Montado sobre «Soñador», el señor Luis me dijo:

—Amigo Juan, los trabajos en dos pistas se empiezan enseñando al potro a ceder a la pierna; de esta forma tú también aprenderás a emplear las ayudas correctamente para cuando llegue el momento de utilizar la espalda adentro, la grupa adentro y los apoyos.

—¿Qué hago para que realice la cesión a la pierna?

—Se puede realizar de varias maneras. Una es en círculo. Pones al potro mirando ligeramente al centro y con la pierna interior le desplazas la grupa hacia fuera; gradualmente y con los días debes conseguir que mire al centro y teniendo el cuerpo paralelo gire en torno a él. Se lo pides al principio en trayectos cortos y lo repites varias veces a ambas manos.

»Otra manera es a lo largo de la pista. Colocas la cara hacia fuera y con la pierna externa lo induces a que desplace la grupa hacia dentro de la pista, pero sin dejar de avanzar por el largo de la pista. Cuando aprecies que el potro cede a la pierna, le pones derecho y lo acaricias. En estos casos la rienda que está en el lado por donde marcha el potro actúa poco.

—Ufff, maestro, se me para, o cuando anda se separa de la pared. ¿Le giro más el cuello?

—No, al contrario, si lo giras más le imposibilitas el avance. No te enfoques en que ceda a la pierna el primer día; lo importante es que no pierda nunca el deseo de avanzar, y ese movimiento es el que hará que aprenda a ceder. Al darle más soltura a la cara, presiona un poco más con la pierna interna para obligarlo a seguir por el tramo largo del picadero y de esta forma evitas que se separe de la pared. De lo que se trata es de que el joven potro aprenda a obedecer a las piernas; en este punto la colocación de la cara no es primordial.

—Está muy pesado, lo presiono con las piernas y me cuesta que obedezca. ¿Le doy un taconazo con el pie?

—No, lo que haremos será que el próximo día te pondrás unas espuelas de contacto para que se le sensibilice el costado y ceda con más soltura. Repite el ejercicio a las dos manos y tras dar unas vueltas al paso te colocas en una esquina del ancho de la pista mirando al frente y como si hicieses una diagonal llevas al potro en la misma línea, pero aplicándole la ayuda de la pierna exterior para que ceda a lo largo de la pista. Recuerda que el potro en este ejercicio camina lateralmente cediendo a la pierna pero que su cuerpo está derecho; es la cara la que gira ligeramente al lado contrario de la marcha, y a diferencia de una diagonal, donde lo que realiza es una pista, en este caso realiza dos porque no deja de tener el cuerpo paralelo al ancho de la pista según avanza hacia la otra esquina.

El potro ejecutaba el ejercicio con dificultad, pero yo insistía en hacerlo por todo el picadero. Estaba tan pendiente de utilizar las ayudas correctamente que me olvidé de que el potro entraba y salía de la cesión a la pierna.

–Bien, Juan, pero no quieras utilizar toda la pista el primer día; deja algo para mañana y pasado mañana y para dentro de unos meses. Si lo que estamos pidiendo, el potro nos lo da y solo han sido dos, tres o cuatro pasos, sobra; mañana será otro día. Utiliza la pista solo como punto de referencia; no es necesario llegar al final o al principio.

Tocándole el trabajo de cesión a la pierna a «Campero», noté que este era todo lo contrario a «Soñador», más sensible a las ayudas, por lo que me encontré con el problema de que al aplicarle la pierna para que cediera se me desplazaba demasiado.

–Presiona más leve y a la vez le pones la pierna de dentro para evitar que se escape al verse libre por ese lado; el potro debe desplazarse lateralmente pero teniendo el cuerpo recto y sin dejar de avanzar, que nunca adelante la grupa, la flexión del cuello que sea ligera, nunca excesiva, y para evitar que se encapote utiliza las riendas de la nariz, las de la boca solo en contacto. Eso es; este potro, al ser más precoz responde con madurez a las ayudas, pero por eso precisamente no podemos caer en el error de pedirle ejercicios como si fuese un caballo adulto. Ya llegará el día en que los realice; de momento aprovecharemos sus cualidades para ampliar el repertorio, pero solo exigiéndole lo justo.

–Mire, maestro, ahora me lo está haciendo correctamente –le dije con cara de alegría, pero esa alegría duró poco cuando el señor Luis me rectificó diciéndome lo siguiente:

–No, el potro te está engañando; tiene el cuello flexionado y está avanzando, pero en línea recta. Eso es muy común; si te fijas bien en un punto de referencia, realmente vas derecho, no lateralizado. Esto sucede porque el animal ignora tus ayudas, no tiene un término medio al no saber lo que le pides, antes de más y ahora de menos. Cuando controles las cesiones a las piernas, los siguientes ejercicios en dos pistas te resultarán mucho más fáciles, ya que controlarás mejor el cuerpo del animal y, sobre todo, no se te olvide, porque la doma es cesión-presión: tú presionas y él cede; mientras haya resistencia o no espere a que le apliques la ayuda no habrá coordinación y por tanto será difícil realizar correctamente el ejercicio, este o cualquier otro que le vayamos enseñando.

Después de hacer con los potros el ejercicio de cesión a la pierna tanto al paso como al trote llegó el momento de empezar con la espalda adentro. En realidad era como mi maestro me decía: todo era presión-cesión; teniendo dominado el cuerpo y la cara del potro a ambas manos el resultado era más fluido y sencillo. Era cuestión de trabajo constante a diario, y cómo no, bajo la atenta mirada y explicaciones del señor Luis; sin él jamás hubiese conseguido realizar el progreso y el proceso tal y como estaba resultando.

Los potros, a pesar de ser distintos el uno del otro, en cuanto a aprendizaje estaban muy igualados. Quizás «Campero» si se hubiese apretado un poco más hubiese estado más avanzado. Como mi maestro me decía, a uno había que apretarlo y presionarlo más con las ayudas que al otro; por lo visto eso era bueno, ya que era porque este te esperaba y escuchaba en el aprendizaje. Sin embargo, con el otro, al tener que enseñarle a esperar las ayudas llevó más tiempo el utilizar menos las piernas y hubo que aplicarle más las medias paradas. Nos enfocamos un tiempo en ello y al final los equilibramos a los dos.

A «Soñador» lo montaba con unas espuelas de contacto, por lo que las aceptó muy bien. Con «Campero», al ser más sensible, mi maestro me decía que le diera con el tacón sucesivamente y restregando el pie por el costado cuando estaba al paso, para que se volviese «sordo de pierna», queriéndome decir que se pusiera de tal manera que me ignorara y de esa forma acabaría pidiendo las espuelas, y de ese modo podría aceptarlas con agrado.

—Amigo Juan, coge a «Soñador» por el lado largo del picadero y, como si fuese una cesión, vamos a pedirle una espalda adentro, pero en este caso la cara flexiona hacia dentro de la pista; la diferencia es que aquí el potro obtiene una ligera incurvación de todo su cuerpo, de nuca a cola. La pierna interior puesta sobre la cincha lo impulsa a que avance y a la vez mantenga la incurvación, y la pierna externa puesta para evitar que la grupa se desplace hacia fuera o precipite el ritmo. Para empezar a realizar este ejercicio es mejor que lo enlaces con una salida de un círculo de diez metros; de esta forma, con aplicarle la pierna interior el desplazamiento será mucho más fluido y a la vez conservas la incurvación que llevaba cuando realizabas el círculo.

—Bien, maestro, ¿al acabar el ejercicio le pongo derecho?

—Puedes acabar de dos formas diferentes: o bien le pones derecho a lo largo de la pista, o puedes, según lleva la incurvación, seguir por el centro y acabar poniéndole derecho, pero no esperes a que se te acabe la línea que llevas cuando ejecute la espalda adentro.

—Comprendo, como me dice usted siempre, que todo mando es desde las dos riendas de la nariz y las del bocado con un contacto leve y para que el potro tenga una colocación acorde a su reunión, es decir, con el perfil un poco adelantado. ¿Pero las ayudas de las riendas cómo son en este caso?

—Con la rienda interna marca la incurvación pero sin que sea exagerada; de lo contrario haría caer al potro sobre la espalda de fuera. Y de lo que se trata es de que el posterior interno lo dirija hacia debajo de la cincha; de esta forma, al remeter lo posteriores también se adquiere reunión. Si lateralizamos al potro demasiado acabaremos realizando una cesión, y por lo tanto la espalda adentro sería inexistente, ya que la incurvación de nuca a cola desaparecería. Cuando se aplica la pierna interna, al mismo tiempo la rienda externa actúa dándole a entender que avance y a la vez controle la flexión; aquí ya estamos hablando de mando de oposición, aunque eso de momento no lo tengas en cuenta. Como es un potro que está empezando, lo que tiene que aprender es a obtener las directrices para que, cuando tenga el entrenamiento y la edad adecuados, pueda realizar una correcta espalda adentro.

«Soñador» realizaba estos ejercicios con dulzura. Al ser un potro de pura raza española, sus movimientos eran muy cómodos, por lo que hacía que mi asiento, colocación y empleo de las ayudas fuesen discretos y agradables. «Campero», al ser cruzado, tenía otra ligereza en los movimientos, más vivos. En las ayudas tendía a ser mucho más fino, pero apoyándose un poco en la nariz, lo que, según mi maestro, era bueno para cuando llegase el momento de realizar los ejercicios de vaquera, ya que su colocación de cabeza y cuello era ideal.

—Amigo Juan, igual que en la espalda adentro, colócate por el largo de la pista con «Campero»; vamos a intentar realizar la grupa adentro o cara al muro, como dice la palabra. Es un ejercicio teniendo la grupa adentro, pero en este caso al potro se le flexiona la cara hacia el exterior de la pista. La mejor forma de enseñárselo es pidiéndole una espalda adentro y obligando con la pierna externa a que los cuartos traseros cambien de dirección colocándose dentro de la pista, y sin modificar el tercio anterior te encontrarás con la incurvación deseada y realizando la grupa adentro, siempre sin perder el largo de la pista y el deseo de ir adelante.

Rápidamente capté la idea de las ayudas. Para la buena ejecución del ejercicio eso era muy importante, ya que de lo contrario, si le ponía la cara mirando al muro y lo guiaba a lo largo del picadero y dejándolo ir de lado, aprendería por costumbre y cuando quisiera realizar el ejercicio en cualquier otro lugar me encontraría con el problema de que al no tener la pared como referencia andaría desconcertado. Sin embargo, aplicándole las ayudas correctamente, el potro ejecutaría el ejercicio donde se lo pidiese. Tanto este, como cualquier otro ejercicio, y como estábamos en la primera fase de la baja escuela, era primordial tener estos detalles en cuenta.

—Aquí, amigo Juan —continuó el señor Luis—, lo mismo que en la espalda adentro, es el pie interior del potro el que se mete debajo de la masa; en la grupa adentro o cara al muro es el pie externo, es decir, el de fuera, el que hace lo mismo.

—Maestro, noto que al potro a veces le cuesta pasar, ¿es porque no sabe o porque no tiene cualidades?

—Porque no sabe; aunque los hay también que no tienen cualidades. No todos los animales pueden realizar estos ejercicios con cierta calidad. Antiguamente se buscaban los potros con muchos pechos, pero de estos he sacado la conclusión de que al ser anchos les cuesta más pasar la mano por delante de la otra. Los mejores son los que tienen los pechos en forma de «v», los estrechos, no, porque son débiles. Los de forma de «v» son elásticos, sus movimientos son fluidos y a la vez tienen espaldas fuertes y musculosas. Ese problema en general lo tienen mucho los españoles, pero en este caso a «Campero» lo que le sucede es que al pasar se da con la mano exterior en la caña de la mano por la que tiene que pasar; tienes que dejarle más amplitud y que sea él el que te pida el momento de forzarlo a más reunión y calidad en el ejercicio. De todos modos en la próxima sesión le pondremos unos protectores en las cañas.

—Protectores, ¿y por qué no se los hemos puesto antes?

—Porque si dan y saben que los protectores les protegen, se siguen dando. Hay que observarlos mucho y con delicadeza. Por eso al principio les dejo que se den. Los golpes son leves y sin problema; si ellos se dan cuenta de que realizando mal esos movimientos les duele dejan de darse, pero si continúan entonces es cuando rápidamente se les ponen los protectores, ya que de lo contrario los golpes les podrían producir sobrehuesos y lesiones en el futuro.

—Entonces, si un potro no los necesita, ¿nunca se los pone?

—Me refiero a este nivel de doma. Más adelante, cuando se les exijan esfuerzos más grandes, entonces sí es aconsejable ponérselos siempre; esto no es sino una observación más dentro del estudio diario del animal.

Las primeras sesiones de cesión a la pierna, espalda adentro y grupa adentro las realicé sin más ayudas que mi cuerpo sentado en el centro y dejando caer el peso ligeramente al interior, las manos y las piernas bien posicionadas y, cómo no, la voz. Pero llegó el día de tener la vara en la mano.

–¿Recuerdas cuando me preguntaste que cuándo tendrías la vara en la mano? Pues bien, ya vas a empezar a tenerla. No se te olvide que es una ayuda más; como castigo solo si lo requiere y en el momento justo. Una cosa más: la vara también se coge potreando, pero contigo no lo vi oportuno. Al estar aprendiendo a la vez que aprendían los potros podía haber sido un inconveniente más que una ventaja. Ahora que los potros están más dominados la puedes utilizar y a la vez que sea aceptada por ellos. Cuando te la dé procura que no se asusten de ella, que la vean como algo normal y natural.

Montado en los potros y con la vara en la mano derecha todo resultó diferente, por un lado, por tener que utilizar la rienda derecha y la vara a la vez. Cuando «Soñador» la vio por primera vez se encogió y puso las orejas mirando para atrás con atención, pero mi voz lo tranquilizó, a la vez que lo acariciaba. Con «Campero» fue diferente; de más carácter, dio una pequeña lanzada, pero rápidamente me quedé con él y lo paré. Mi maestro me dijo en ese momento que le diese un taconazo con los dos pies a la vez y lo sujetase impidiendo que se moviese del sitio. Así lo hice y noté que el animal se metía debajo de mis piernas, nunca había sentido esa sensación. Le moví la vara de tal manera que la viese por un lado y otro, hablándole con buen tono de voz, y acariciándolo le dejé que anduviese.

13. UN PASEO POR EL CAMPO

Paco Pastelero, jinete aficionado y ganadero.

Pasaron unos días hasta que se familiarizaron con la vara, moviendo la mano como si de un sable se tratase, hasta que sus reacciones fueron nulas. Entonces el señor Luis me dijo:

–Ahora estáis preparados para empezar a utilizar la vara en el momento y lugar justos en cada ejercicio. Vamos a realizar un apoyo al paso, esto es, mirando ligeramente hacia donde va, moviéndose diagonalmente y de lado, que es como cuando hacías la cesión a la pierna en la diagonal de la pista pero con las directrices de la grupa adentro. Al principio no te enfoques en el terreno que recorre lateralizándose, eso aparecerá con la experiencia; lo que importa es que el potro no pierda el deseo de ir hacia delante. Si a lo largo de los sesenta metros de largo que tiene la pista solo se desplaza una línea de unos cinco metros, no importa; cuando pase un tiempo realizará los apoyos desplazándose los veinte metros de ancho que tiene la pista, y para entonces el animal habrá aprendido a pasar las extremidades con fluidez. Para ayudarte usando la vara, la colocas al lado contrario de la marcha; esto ayuda a que se desplace con decisión y favorece el alivio de una fuerte presión de tus piernas. La vara se coloca en los distintos ejercicios de dos pistas, dejándola caer en las espaldas del animal según sea su dirección; si este camina a la derecha, se le pondrá en la espalda izquierda. Si detectamos que atrasa la grupa y no la emplea, entonces la vara se le colocará en el lateral de las nalgas, a la altura de la babilla. Es de las pocas veces en que te puedes cambiar de mano la vara, ya que si el apoyo fuera a la mano derecha, si dejaras caer la vara en la espalda izquierda lo tendrías que hacer desde la misma mano, pero para tocar en la grupa si fuese necesario la cogerás con la mano izquierda y solo en ese momento dado.

–Creo que he captado la idea, al igual que en los otros trabajos en dos pistas: las espaldas deben ir por delante y nunca atravesar la grupa, dejando libertad de movimiento, pero siempre estando el potro incurvado de nuca a cola. Las ayudas iguales, pierna interior puesta en la cincha marca la curvatura e impide que se desplace más de lo deseado, la exterior detrás de la cincha desplaza y hace avanzar, la rienda externa marca la dirección y mantiene el tercio anterior con un suave roce en el cuello, y la rienda interna lo dirige al punto deseado en el apoyo. ¿Me he explicado bien, maestro?

–Perfecto, lo has explicado correctamente, teniendo en cuenta que es más fácil hacerlo sobre el potro que decir cómo se efectúa sin tener al animal presente. Pero en realidad no deja de ser un juego de piernas y manos perfectamente coordinados unos con otros, aplicándolos según el momento o la situación. El asiento también es un factor importante, ya que si te dejas caer, como les veo hacer a muchos jinetes, del lado contrario a la marcha, como empujando, y la pierna interior separada, creyendo que con eso facilitan el desplazamiento, en realidad lo que están haciendo es perjudicando el movimiento lateral. El asiento en el centro de gravedad y un poco de peso en la nalga interior según la dirección que lleves, tus hombros paralelos a las espaldas del potro y la mirada siempre hacia la dirección de la marcha del ejercicio.

Realicé estos ejercicios con los dos potros; en realidad fue muy gratificante ver cómo se desplazaban. Siempre se lo pedía después de calentar con cesiones a las piernas y posteriormente con espaldas adentro y grupas adentro. Al principio les pedía un tranco en espalda adentro y después continuaba en apoyo. Para finalizar los colocaba en línea recta y cedía rienda para que estos ejercicios no les fuesen agotadores. Cuando los tenían casi confirmados al paso se los pedía al trote.

Después de casi dos años de adiestramiento con los dos potros llegó, no sé si decir, el gran día o la gran sorpresa. Mi maestro, el señor Luis, después de tener trabajado a «Campero» lo ató en la argolla del lavadero y me mandó trabajar a «Soñador». Una vez acabado igualmente de trabajarlo, me dijo:

–Espérame aquí. Sigue andando al potro con la cara suelta; ahora vengo –y se dirigió al lavadero donde se encontraba el otro potro. Seguidamente lo colocó poniéndole derecho y aplomado de las extremidades, cogió las riendas, puso el pie en el estribo y se subió encima de «Campero». Era la primera vez en dos años que estando en la finca le veía montado; su figura no tenía explicación alguna, era la figura más perfecta que jamás se haya visto.

Tal como se montó, el potro se quedó inmóvil. Cuando le indicó salir al paso, este avanzó hasta donde yo me encontraba. Mi potro se puso un poco descarado ante la presencia de otro potro en la pista, pero después de varias vueltas al paso por el picadero a una distancia prudente, ambos animales se adaptaron rápidamente a estar uno al lado del otro.

—Bien, amigo Juan, me he montado en el otro potro para que podamos salir los dos al campo y acompañarte; es hora de intercalar el trabajo de pista con el de campo.

—Esto es genial, maestro. Pero, ¿se necesitan dos años de doma para sacarlos al campo?

—Como casi siempre te digo, sí y no, porque todo depende. En este caso sí por varias razones. El primero, tu inexperiencia me hacía ser prudente y tenerte mejor preparado, y la segunda, la finalidad de estos potros es llevarlos al máximo nivel dentro de sus especialidades, y por tanto no tenemos prisa. Recuerda que cuando les tengamos bien domados nadie te va a preguntar el tiempo que has echado, sino que hablarán de lo bien domados que están. Evidentemente, también te digo que si la misión para el potro es echarlo «pa'lante», entonces, si el animal colabora, entre ocho meses y un año es suficiente para sacarlo al campo. No dejándolo de montar asiduamente, con el tiempo se doma; no hará ejercicios de doma pero estará domado para lo que se desea de él, como pueden ser romerías, rutas, marchas, paseos, etc.

—Ya entiendo, claro, es lógico. Pero una pregunta, señor Luis, ¿por qué cuando se ha montado usted en el potro se ha quedado parado un buen rato antes de salir a andar?

—Me alegro de que me hagas esa pregunta. Como sabrás, siempre te digo que cuando te montes nunca salgas andando al poner el pie derecho en el estribo porque se acostumbran y después cuesta que se queden quietos en el sitio. Como tú estabas con «Soñador» en el picadero, este tenía ganas de acompañarlo; los potros jóvenes se alegran entre ellos. Por ello le dejé parado. La inmovilidad es un ejercicio que muy pocos practican y, sin embargo, está en todas las pruebas de doma del mundo. La parada se puntúa con una nota como otro ejercicio cualquiera y sin embargo se trabaja muy poco. Ya te explicaré cómo se ejecuta para que la realices correctamente; ahora vamos a dejarlos y mañana será otro día.

–Pensé que saldríamos al campo hoy.

–No, hoy era para ver cómo reaccionaban los dos potros juntos, y ya que he visto que responden bien, lo dejamos para mañana, así ya saben ellos qué es estar juntos en el picadero. No sé si seré precavido o cuidadoso, pero así nos curamos en salud. Ahora a ducharlos y a las cuadras.

Al día siguiente, estando los dos montados en los potros, mi maestro dijo de salir al campo con ellos. Lo cierto es que solo fue un paseo por los caminos, y andando en paralelo el uno al otro, el señor Luis me dijo:

–Procura ir a mi lado, pero teniendo cuidado ya que uno se puede espantar y provocar que se espante también el otro al ver la reacción del primero. Si eso ocurre, procura quedarte con él sujetándolo con las dos riendas y las piernas puestas y procura que se quede parado, lo que llamamos tenerlo metido debajo del aparejo; de esta forma cada vez que se espante de algo extraño, lo más que hará será dar un salto de asombro, pero quedándose inmóvil a la espera de lo que tú le ordenes y respetando inmediatamente al jinete.

–Entiendo, maestro; la base que les hemos dado en el picadero está dando su fruto pues se ven tranquilos y calmados. Lo que sí noto es un paso más enérgico. ¿A qué se debe?

–El paso que notas es el paso castellano, conocido también como «tranqueo»; es el paso de nuestra doma española, fruto del buen trote de escuela y el mando de la nariz. El sentir el tacto de tus manos en la nariz a través de las riendas hace que el animal adquiera un ritmo, provocando una impulsión natural de los cuartos traseros. De esta forma, entre la impulsión de atrás y el control que tienes en la cara del potro, el deseo que tiene de andar le produce «el tranqueo», siempre que controles su paso. Si dejas que se precipite, sí acabará colándose en el paso y andará mucho, pero no será un paso bueno, sino que será un paso de andadura o ambladura.

—Paso de andadura. ¿Cómo es ese paso?

—Es un paso donde el potro, por falta de fuerzas, busca el equilibrio en ese movimiento, que es precipitado y ligero, lo que decimos paso colado; al final lo adquieren por comodidad y hábito. El paso tiene cuatro tiempos, pero este se caracteriza por tener solo dos. Es un paso muy común en los caballos de raza árabe, que suelen amblar mucho, por eso en las pistas de competición se ven pocos pasos castellanos buenos, porque el animal elegido no es el ideal. Evidentemente, los animales aprenden si se les enseña, pero algunos nunca alcanzarán la calidad deseada ya que no es para lo que han sido creados. De ahí viene el nombre de ese paso, «paso castellano», que era como andaban los caballos de las tropas castellanas en época de invasión musulmanas, y los mejores caballos eran los españoles.

—Maestro, ¿«Campero» tiene algo de árabe?

—«Campero» tiene de árabe muy poco, escasamente un veinticinco por ciento. De ese porcentaje, el potro ha cogido el movimiento de suspensión del galope, tan necesario para los ejercicios en este aire, y también la resistencia, necesaria para poder trabajar. De inglés tiene otro tanto. De esa sangre tenemos la ligereza y la velocidad, y sobre todo el corazón atlético y deportivo que esos caballos tienen. Y del español, el cincuenta por ciento, del que ha heredado la bondad, la nobleza, la entrega al trabajo, su rusticidad en los huesos y tendones, los aplomos en las extremidades, pero sobre todo la sombra, es decir, la reunión de cuello, su colocación para tener la nuca en el punto más alto y los corvejones duros para aguantar el peso en los cuartos traseros.

–Pero no todos los tres-sangres son como usted los ha descrito. ¿Por qué este es diferente?

–Lo es porque tiene una genética contrastada; su madre tiene sangre de caballos vaqueros y su padre tiene hijos probados en varias disciplinas. Siempre se tienen muchos puntos a favor aunque eso no garantiza nada, pero sí más que si sus padres no hubieran hecho nada en la vida. Este que montas tú ha sido criado en la yeguada; es un pura raza española, pero toda su familia ha sido contrastada en la doma, tanto las madres como los sementales. Recuerda que el caballo se cría para el ocio o el deporte.

El paseo por el campo fue muy confortable. Como me dijo el señor Luis, cambiar de aires era como un tratamiento anti estrés, no solo para los potros, sino también para el jinete. Se refería a sustituir el trabajo del picadero por largos paseos por el campo.

–Amigo Juan, estos paseos les vienen muy bien a los potros porque los fortalecen físicamente y crean fondo y resistencia. La mente se les aploma y hace que escuchen mucho más al jinete. Pero, sobre todo, para pedirles ciertos ejercicios y ver que no están mecanizados, es decir, que los ejecutan con la misma calidad que cuando estaban en el picadero, ya que, como todo en la vida, por muy preparados que estén necesitan un periodo de adaptación.

–¿Y qué ejercicios se les pueden pedir?

–Todos. Andando por el camino, imagínate que es el largo del picadero; puedes realizar espalda adentro y grupa adentro. También de una cuneta a otra puedes hacer cesión a la pierna o apoyos a ambas manos.

Según me lo dijo se lo pedí al potro y, como bien me había dicho, era gratificante ver que lo realizaba. Pero tenía razón: el potro necesitaba adaptación, era normal. Pero más gratificante fue ver al maestro pedirle esos ejercicios a «Campero».

Si su finura me impactó cuando le vi montar por primera vez, mucho más fue verlo en acción. Presenciar la frescura con que trabajaba el animal me hacía pensar si conmigo era igual, ya que yo nunca me veía desde abajo. Pero ver cómo se movía el potro sin apreciar lo más mínimo las ayudas, tanto de piernas como de asiento, me puso los pelos de punta. Ver al potro trabajar fuera de la pista con esa ligereza y brillantez es lo que se podía resumir como doma, nada de mecanización. ¡Qué arte en movimiento estaban contemplando mis retinas! No tenía necesidad de ver ejercicios de alto nivel; solo con verlo andar y realizar los ejercicios en dos pistas era más que suficiente para comprender que lo que mi gran maestro estaba ejecutando era posible por tenerlo predispuesto para que lo hiciese. Tenerlo predispuesto, eso era lo que durante tanto tiempo había estado haciendo mi maestro con el potro. Nada de enseñarlo por la fuerza, nada de enseñarlo por imposición y, mucho menos, nada de enseñarlo por temor y a palos.

—Bien, Juan, regresemos a las cuadras por este otro camino; de este modo daremos un rodeo y los animales no cogerán querencia cuando se sepan los caminos. Eso hay que cuidarlo; ellos se orientan muy bien y muchos ignoran al jinete pensando en la cuadra.

De regreso a las cuadras, «Soñador» se espantó de una liebre que se cruzó por el camino. Ante la sorpresa se me volvió por el lado izquierdo. Abriéndole la mano lo puse de nuevo mirando a la marcha que llevábamos tras finalizar la vuelta. Entonces el señor Luis sentenció:

—Eso no lo vuelvas a hacer nunca más. Si un potro se te vuelve a la izquierda, lo normal es que dé un giro de ciento ochenta grados. Pero tú sujétalo con la mano derecha y lo regresas de nuevo a su situación inicial; de esta forma, lo dominarás y no adquirirá vicio ni resabio. Y para cuando pueda surgir otra vez una situación similar no esperará a acabar el giro dando una vuelta entera. Ese es uno de los motivos de los entablamentos en los potros, es decir, poner resistencia a un lado viendo libertad por el otro.

–Perdone, maestro, lo que quería era que no se me fuese.

–Entiendo; es lo normal que suele hacerse cuando no se sabe. En estos casos lo que hay que hacer es hacerle ver al potro que eso es una cosa normal y que no sucede nada, conseguir que el temor desaparezca. Estas cosas son las que tiene el campo, la naturaleza; siempre tienes que estar prevenido ante cualquier imprevisto.

Seguimos andando y a menos de quinientos metros de las cuadras cruzaba un arroyo. El potro de mi maestro se negó a pasar en cuanto vio el agua. Me indicó que le dejase a él intentar pasar primero. Dejó que el potro viese el agua, y hablándole con buen tono de voz lo calmaba y le daba confianza, siempre arropándolo en las piernas y evitando que hiciese lo que momentos antes me había sucedido a mí con «Soñador».

El potro temblaba un poco, pero se sentía protegido por su jinete. Él dejaba que oliese el agua, pero impidiendo que reculase. Fue entonces cuando me indicó que pasara yo con mi potro. Este pasó decidido; eso sí, mirando un poco, agazapado, pero decidido a cruzar el arroyo.

Justo cuando cruzaba el arroyo, mi maestro azuzó más con las piernas a su potro y este decidió pasarlo arropado por el mío. Una vez que los dos lo cruzamos (un arroyo no suele llevar mucha agua, pero eso ellos no lo saben y el temor es el mismo), mi maestro dijo de pasarlo de nuevo los dos.

Repetimos la misma operación y, encontrándonos donde empezamos, mi maestro me dijo:

–Fíjate, Juan, verás cómo lo cruza ahora.

Como si llevase toda la vida pasando por el arroyo, el potro lo cruzó sin mostrar el más mínimo temor.

–¿Ves, Juan? Un aficionado sin experiencia se habría enfadado con el potro, ocasionando una lucha, y a pesar de que al final hubiese pasado, siempre que el potro hubiera pasado por un arroyo recordaría la paliza recibida. Yo he llegado en alguna ocasión a bajarme para pasar por el agua con el potro de reata y después de que hubiera pasado el agua lo he vuelto a pasar montado; el potro no pasa la primera vez no porque no quiera, sino porque no sabe y desconoce lo que tiene delante.

—Lo que usted dice siempre, método; sin él todo sería un caos. Menos mal también que estos potros son mansos y confiados, si no también nos hubiese costado mucho más.

—¿Entiendes ahora por qué no se debe correr para llegar a ningún sitio? Si este potro me hace esto en el campo hace un año, sin tener la tranquilidad y la confianza que tiene hoy en el jinete, y sin tenerlo entre las piernas y las manos como lo tenemos en estos momentos, hubiese sido una lucha.

Todo tenía su lógica y su porqué; eso me lo dejó bien claro mi maestro. La equitación, como otras artes, tiene su propia filosofía; es un oficio de años y experiencia donde nunca se acaba de aprender por mucho que uno se empeñe.

Llegamos a las cuadras y una vez finalizada la tarea rutinaria, yendo en dirección a la casa para cenar, ya que se nos hizo de noche porque el paseo se había alargado más de lo esperado, le dije a mi maestro:

—Señor Luis, ¿cuántos potros ha trabajado usted a lo largo de su vida?

—Muchos, pero el número no es lo importante. Lo que realmente importa es la experiencia que has adquirido con cada uno de ellos. Evidentemente trabajar uno, dos o tres potros no te hace ser un profesional. A muchos, cuando doman un solo caballo y concursan con él obteniendo buenos resultados, les dicen: «Eres un artista», «eres un maestro», «eres un profesional que sabe mucho». En fin; en realidad lo que están haciendo es conseguir que se lo crean y al final acaben sin tener ni idea de nada.

—Pero si llega a tener buenos resultados es porque sabrá algo de doma, digo yo.

—Claro que sabe: «concursar con un caballo que le permite hacer lo que le pide». Cuando le falte ese animal y se encuentre con otro que sea todo lo opuesto al que tenía es cuando surgirán los problemas con los que no contaba y se encontrará totalmente perdido. Como te dije, va en la persona; si se lo cree, malo, pero si es humilde y reconoce lo que sucede acabará aprendiendo; si da los pasos correctamente y busca los profesionales adecuados, claro está.

—Eso quiere decir que después de aprender a domar a estos dos potros, ¿me queda mucho más que aprender?

—No te quepa la menor duda; será cuando realmente empieces a aprender a domar, pero con la gran ventaja de que tendrás unos conocimientos adquiridos que pondrás en marcha según surja el momento. En este oficio, ya te lo he dicho muchas veces, nunca se acaba de aprender. Cada animal tiene un comportamiento distinto, no hay dos iguales, y por tanto cada uno te hará obrar de diferente manera, para poder sacarle el máximo rendimiento posible. La experiencia de los años es con lo que cuenta uno, pero siempre habrá alguna vez que te equivoques o no encuentres la tecla adecuada para que el potro progrese. Un caballista puede ser bueno, pero no hace milagros. Se trabaja con animales; no son máquinas.

Pasaron unos días y el trabajo fue como siempre, intercalando unos días con otros; el descanso, la cuerda con cinchuelo, caminador, libertad, y sobre todo montados en el picadero.

Una mañana noté que «Soñador», al sacarlo de la cuadra, se dejaba caer de una mano. Preocupado, se lo comuniqué al señor Luis. Tras una leve revisión, me dijo:

—No es nada preocupante; lo único que sucede es que está aspeado, es decir, que el casco lo tiene desgastado y le llega un poco a lo vivo por dentro y eso le produce molestias. Llamaremos al herrador para que los hierre ya de paso a los dos.

—¿Por qué hemos tardado tanto en ponerles herraduras a los potros?

—Todo tiene su tiempo; las cosas deben hacerse según las vayan pidiendo. Los potros tenían los cascos sanos y duros. Al trabajar en un piso de arena estaban aplomados y corregidos periódicamente y con una tapa dura que los protegía. Al sacarlos al campo se les han desgastado, produciéndoles dolor. Si se hubiesen herrado cuando iniciamos la doma, los cascos se habrían ablandado, y si por un alcance de la pata trasera se hubiera quedado descalzo, habría habido que inmovilizarlo al tener la palma del casco cerca de lo vivo, osea, de la sangre que circula por el interior del casco.

—¿Por qué iba a alcanzarse la herradura con las patas?

—Los potros en sus comienzos son muy irregulares en los movimientos, y al no medir correctamente las distancias puede suceder que se quiten las herraduras de las manos al alcanzarse con las patas. Pero estos potros ya saben moverse, digamos que decentemente bien, y por tanto los herraremos de las manos primero a los dos, y en el próximo herraje de las cuatro patas.

—¿Podríamos aprovechar y herrar a los potros de las cuatro extremidades?

—No, por lo que te he contado anteriormente, y de todos modos los potros necesitan adaptarse a las herraduras; recuerda que es algo extraño para ellos y al andar lo notarán. Las herraduras de las patas no son tan necesarias en un principio, ya que el trabajo no lo requiere de momento, pero al salir al campo se volverán a desgastar y por tanto dentro de unos cuarenta días habrá que llamar al herrador de nuevo.

Así fue. Teniendo a los dos potros herrados de las manos, a la semana siguiente salimos de nuevo a dar otro paseo por el campo.

El día era algo desagradable; se levantó un aire que incomodaba a los potros. Según me contó mi maestro, era una de las peores condiciones de tiempo para montar un potro, porque el frío, el calor, el agua o la oscuridad los suelen llevar bien comparados con el aire, que les pone nerviosos, desconcertados y los incomoda de tal manera que reaccionan con alegrías inesperadas.

El potro que yo montaba, «Soñador», se me puso un poco excitado por las molestias del aire que recibía en la cara, lo que ocasionó que perdiera el buen paso castellano que llevaba.

–Amigo Juan, no debes continuar teniendo al potro en ese estado; se te está retrotando. Si le dejas se habituará y te será difícil regresar al paso castellano. Es un movimiento que muchos acusan notoriamente, pero otros se retrotan elevando ligeramente el paso, dando la sensación de avanzar mucho, cuando en realidad lo que está sucediendo es que pierden terreno, aparte de que es un paso que al jinete le parte la cintura, al ser incómodo, al contrario que un buen paso castellano, donde el animal te va dando masaje en la cintura.

–¿Qué hago para solucionar el problema?

–En este caso es fácil porque nunca lo ha hecho y estamos a tiempo de corregirlo. Pero si cae en tus manos un animal con este movimiento inculcado es muy difícil de corregir y arreglar, aunque no estoy diciendo que no se arregle, sino simplemente que el trabajo es enorme, porque es cuestión de muchas horas de campo y paseo; el aburrimiento los aploma. Relaja las piernas; si lo presionas le provocas a seguir con el movimiento. Con ambas riendas a la vez tensa y relaja, las manos bajas; disminuye el movimiento como si fuese un paso corto, lo paras y cuando esté relajado y parado lo andas de nuevo. Muchas transiciones y cambios de sentido; aquí la querencia juega en contra. Por eso, siempre de espalda a las cuadras.

–Es el dichoso día de aire. ¿Ya va algo mejor?, ¿por qué el suyo no se ha retrotado?

–Va mejor, pero «algo mejor» no me vale; tiene que recuperar la calidad del paso con el que salió de las cuadras. Y respecto al mío, no se ha retrotado simplemente porque a cada animal le afecta el aire de una manera distinta. Lo mismo otro día salen con otra tontería y le toca al mío. Los potros jóvenes son así, como niños. De todos modos, el aire solano es muy desagradable para los animales, y más en concreto para los potros jóvenes.

»También tiene una labor muy importante el que te acompaña. Si cuando se te ha retrotado el potro yo continúo para adelante, el tuyo se habría calentado cada vez más al ver al compañero alejarse, y entonces es cuando tienes un problema. Pero le he pedido al mío que realice un paso corto para poder acompañarte y estar a tu lado, y de esta forma el tuyo se ha podido relajar y coger de nuevo el paso castellano. Una vez que lo hemos conseguido, se le alivia la cara cediéndole riendas con las manos bajas y de este modo avanza el paso con amplitud y soltando las espaldas. Es un buen remedio jugar con las riendas, el tacto y la colocación de la cara y el cuello; de esta forma se alivian y descansan esos músculos. En cambio al tuyo, al retenerlo, le has oprimido el cuello.

Continuábamos al paso por los caminos de la preciosa dehesa del señor Gregorio Pérez cuando vimos acercándose a nosotros un todoterreno. Era uno de los que trabajaban en el molino de pienso. Al vernos redujo la velocidad, pero sin pararse nos saludó a los dos con la mano. Nosotros igualmente le saludamos, mi maestro con la mano derecha, pasando la rienda de esta por la mano izquierda y teniendo las cuatro en esa mano. Yo al contrario; al no estar muy confiado con el manejo de mi potro solo le hice un ligero gesto con la cabeza. Hasta entonces habíamos ido los dos en paralelo, pero para que el vehículo pudiese pasar me situé detrás del señor Luis.

Fue entonces cuando me surgió un gran problema hasta entonces desconocido para mí. A ambos potros era la primera vez que les pasaba un vehículo por el lado. Al pasar el todoterreno a la altura de mi maestro, este colocó la cara del potro hacia dentro del camino; yo, sin embargo, dejé que el potro mirase hacia fuera y en ese momento él desplazó la grupa hacia el interior del camino. La habilidad del conductor evitó un desastre al girar el coche en el momento justo, pues de lo contrario hubiese chocado con la grupa del potro. Todo sucedió muy rápido. Seguidamente me quedé parado y blanco en medio del camino.

–Tranquilo, amigo Juan; todo ha quedado en un susto. Para la próxima vez, fíjate en mí y recuerda lo siguiente: yo le he puesto la cara mirando al vehículo porque supuestamente ese es el peligro que el potro ve venir. Entonces, al mirarlo, ante la duda se queda quieto o bien se desplaza como en una espalda adentro dominado por el jinete y de esta forma lo alejas del peligro si lo hubiese.

–¡Pero es que a mí no me ha dado tiempo a reaccionar!

–Has tenido el mismo tiempo que he tenido yo, lo que sucede es que te tienes que anticipar a los acontecimientos. Eso reconozco que lo hace la experiencia, pero ya has aprendido la lección. La próxima vez recuerda: la cara puesta al peligro, de lo contrario te sucederá lo mismo que hace un momento. Los animales corren el peligro escondiendo la cara y poniendo la grupa. Con ese gesto, al poner la grupa, prácticamente invaden la mitad del camino y es entonces cuando puedes tener un percance.

Durante el resto del trayecto de vuelta a las cuadras no comenté nada más; me sentía culpable por mi ignorancia y no saber captar esas cosas tan simples pero de gran importancia, y lo más relevante: no haber imitado en esos gestos a mi maestro teniéndolo delante, siendo un claro ejemplo a seguir.

–Tranquilo, amigo Juan, no te culpes y pongas esa cara. El que yo sepa lo que tengo que hacer no me libra de que un día esté con un potro por una carretera y no me responda a las ayudas en el momento preciso, provocando un accidente. Por eso siempre tienes que tener al potro medio dominado de la cara y las piernas, y este se tiene que ir adaptando a las adversidades y aprendiendo.

Sus palabras eran siempre consoladoras y a la vez daban ánimo. La experiencia lo es todo; nunca se sabe cómo va a reaccionar un potro. Pero si has montado poco, es normal que pagues la novatada durante el transcurso del adiestramiento y el aprendizaje.

14. EL TROTE DE ESCUELA, EL PASO CASTELLANO Y EL GALOPE DE CAMPO

Guillermo García Palma, veterinario y jinete aficionado. Yegua PRE «Borraja IV».

Nos encontrábamos acabando el segundo año de adiestramiento. Los potros, a punto de cumplir los cinco años, sabían dar cuerda perfectamente, estaban muy mansos, tranquilos y obedientes, y realizaban las medias paradas y los trabajos en dos pistas con una calidad decente dentro del nivel de exigencia que se les pedían. Mi maestro nunca me dejaba apretarlos más de lo que ellos podían dar; siempre le gustaba que se quedaran con ganas y con el ejercicio realizado con mayor calidad.

Su intención era tenerlos físicamente atléticos, ya que las mentes se las habíamos amueblado de tal manera que de cada movimiento que nosotros hacíamos, ellos no perdían detalle, atentos y prestos, consecuencia de que estaban psicológicamente preparados para escuchar nuestras demandas.

–Bien, amigo Juan, ya mismo estamos entrando en el tercer año de adiestramiento de los potros y tenemos todo un año para exigirles que adquieran calidad en los tres aires naturales, es decir, en el paso, el trote y el galope.

Sorprendido por el comentario, me quedé mirándolo como diciendo que los potros sabían ejecutar los tres aires y que a veces les hacía romper el aire avanzando más, y con medias paradas me los traía de nuevo al mismo ritmo. Otra sorpresa más que me estaba llevando; esto de la doma estaba resultando tener demasiadas cajas de sorpresas. Empezó la clase por el trote y me dijo:

–Sí, amigo Juan, no me mires con esa cara. Lo que has estado haciendo hasta ahora no ha sido más que trabajar a los potros en los tres aires naturales, pero sin más, es decir, en línea recta y en círculo, y a veces alargabas un poco los aires y poco más. Eso era necesario para poder empezar a que estos aires fueran de calidad. Si estos tres aires naturales no son de calidad, los demás ejercicios no sirven para nada, es decir, no podrás tener calidad por ejemplo en una pirueta al galope si ya de antemano el galope es deficiente, y así en cada uno de los ejercicios a realizar.

–Dígame usted qué es lo que debo hacer, porque en estos momentos estoy perdido.

–Empezaremos por el trote. Sin trote no hay paso. El buen paso no solo aparece haciendo andar al animal, sino también de un buen trabajo al trote. Del trote sale todo; y por eso muchas veces vemos carencia en ciertos ejercicios del galope y del paso por falta de trote en la base del adiestramiento del potro. El trote no es tan incómodo como muchos hacen ver o piensan si se ejecuta como mandan las directrices de la doma española.

–Dígame usted esas directrices y yo las seguiré al pie de la letra. Tanto «Soñador» como yo estamos preparados.

–El trote es un movimiento donde el potro avanza suspendido en sus extremidades en dos tiempos a la vez, es decir, la mano derecha con la pata izquierda y sucesivamente la mano izquierda con la pata derecha. Estos potros, aunque no te hayas dado cuenta, están muy trotados, por eso te es cómodo y tu asiento te permite un correcto equilibrio; de lo contrario bailarías encima e irías pegando culatazos en la montura. El trabajo de trote sentado os ha venido muy bien a los dos; ya mismo empezarás a trotar levantado.

–¿Y cuál es el levantado?

–Es un trote donde el jinete se eleva, apoyando los pies en los estribos y elevándose del asiento simultáneamente cada vez que una misma mano del animal pisa en el suelo. El trote levantado, conocido también como «a la inglesa», es muy bueno realizarlo de vez en cuando para aliviar el dorso del caballo y tu asiento. Sin levantarte demasiado de la montura, acortando un poco más las riendas y acompañando al potro en el movimiento, tu cuerpo se inclina un poco ligeramente hacia delante, pero con discreción. Donde realmente tiene eficacia este trote es en el campo. Cuando salgamos al exterior y estemos trotando es el asiento ideal para la comodidad de ambos. El trote a la española es más practicado en el picadero y en la equitación académica.

–Entonces seguiremos con el trote de escuela. ¿Qué otro trote tenemos más?

–Con una buena cadencia en el mismo trote de trabajo, ampliando la longitud de las pisadas puedes variar de trote de trabajo a trote medio sin alterar el ritmo.

–¿Cuál es el trote medio?

—Es un trote que está entre el trote de trabajo y el largo; este trote se lo pediremos durante un buen periodo de tiempo antes de pasar al trote largo, ya que los potros jóvenes no están lo suficientemente cuajados para realizar este ejercicio, y si los obligamos también les estaremos obligando a forzar los tendones en su máxima extensión y ahí es donde se producen lesiones que tendríamos que lamentar con el tiempo. Por eso de momento solo haremos trote medio; el largo ya lo iremos viendo más adelante. Ten en cuenta que aunque el caballo español tiene muchas facultades para los ejercicios de reunión, los niveles bajos, donde se utiliza mucho el trote largo, no son su fuerte, y es precisamente ahí donde la mayoría de ellos se rompen, ya que son pruebas creadas para los potros centroeuropeos, y forzándolos, al querer estar a la altura de estos, nos encontramos que cuando llegan a la edad adulta la mayoría de los potros españoles están lesionados. Por eso el trote largo se les pedirá cuando hayan alcanzado la edad adulta y tengan una buena base en el trote medio.

—¡Supongo que otro trote será uno más corto!

—Supones bien; en realidad en la doma española se le llama trote reunido y es el ideal para llegar a conseguir el trote de escuela, el que necesitaremos para realizar el *piaffé*. Este trote reunido es muy eficaz para dar reunión al potro y corregir ejercicios con ciertos defectos.

—En el trote reunido, el potro o me cae al paso o me tira de la cara, ¿por qué?

—Es porque el trote lo efectúas por la retención de tus manos, y el trote reunido debe surgir de una constante impulsión de los posteriores y soltura del tercio anterior sin que te pese en la mano. Las piernas activan el deseo de avanzar y a la vez tus manos suavemente impiden que se encapote y tu asiento que sea un poco más profundo en la montura para activarlo a la vez. Con una colocación de nuca alta y cuello en posición de recogido, le pedirás giros y círculos, pero con el cuidado de no hundirle el dorso pues, de lo contrario, todo lo realizado sería nulo.

–Bien, maestro, eso era lo que me sucedía –le dije–. Noto el contacto más suave y un aire en el potro más cadenciado. Supongo que con «Campero» el trabajo será similar.

–Tú lo has dicho: similar, pero no igual. Ten en cuenta que para este potro, «Soñador», su equitación será la alta escuela, y en esta doma se utiliza el trote en las pruebas de doma en todas sus variantes. Por tanto hay que trabajarlo y perfeccionarlo como si de otro ejercicio cualquiera se tratara, sobre todo el trote de escuela, que es de donde más adelante obtendremos el *passage* y el *piaffé*. Sin embargo, «Campero» será adiestrado en la doma vaquera, y en esta doma no existe el trote en las pruebas de pista, aunque ese es el gran error que cometen muchos jinetes vaqueros, que se olvidan de este aire, cuando en realidad es de donde sale toda la doma. Ya te darás cuenta cuando empecemos a pedirle ciertos ejercicios de vaquera. Eso sí, el trote largo no será necesario realizarlo a la perfección, ya que no le será de utilidad, pero el trote reunido, el de trabajo y el medio, no es que sean necesarios; es que son de suma necesidad si queremos llegar al objetivo.

–¿Supongo que las transiciones al trote dentro del mismo aire es lo que le harán tener mejor equilibrio y ritmo?

–Supones bien: acortar y alargar es lo que enseña al potro a reunirse, pero deben ser progresivas y siempre pasando por el trote de trabajo, y que el aire en el que se está quede bien reflejado. Ten en cuenta que no todos tienen la calidad deseada en el trote. Por ejemplo, «Soñador» se mueve muy bien, pero tenemos que tener mucho cuidado a la hora de realizar el trote de escuela, porque se nos queda «pasageado»: tiene un movimiento que cuando trota bracea con las manos, pero sin perder el avance de estas, y los posteriores los remete muy bien, con impulsión y mucho equilibrio, dirigiéndolos debajo de la cincha. Las elevaciones que tiene son dignas de un buen futuro caballo de alta escuela. Sin embargo «Campero» es todo lo contrario, y por suerte. El caballo de campo tiene que avanzar y si braceara eso nos perjudicaría en un futuro para realizar ciertos ejercicios característicos de la doma de campo. Sus movimientos tienen que ser suaves, con calma y ligereza dentro de un equilibrio natural y por abajo.

–Siento que el potro se me apoya en las manos. ¿Eso es bueno?

-Sí, siempre que sea apoyado. Si tirase tendrías que permanecer con las manos más fijas y jugando con los dedos hasta que cediera, y en ese momento sería cuando le cederías las manos como recompensa para que él buscase el contacto pero sin resistencia. También es consecuencia muchas veces de exigirle los ejercicios más tiempo del que ellos soportan y entonces es cuando por cansancio buscan mantenerse en tus manos. Por eso, antes de que llegue a ese punto, muchas transiciones, paso, trote y riendas sueltas para que se refresque o dar por finalizado el trabajo por ese día.

–Bien, lo dejaré al paso. He notado que se daba con las patas en las manos cuando trotaba, ¿a qué se debe?

–Es a tener su primer herraje puesto en las manos y a que no tiene aún la distancia medida en los trancos, y sobre todo por falta de fuerza; por eso, según se vaya poniendo fuerte y dejando de alcanzarse con la herradura, la impulsión en el trote irá también aumentando, porque de lo contrario al alcanzarse con la herradura se la puede arrancar. Es importante observar el motivo real; lo mismo puede ser por el herraje o por la conformación del casco.

Me quedaron claros los trabajos al trote, donde comprendí que el potro tiene que realizar el trote relajado y hacia delante, nunca forzando la nuca y cuello por la tracción de mis manos. En el trote reunido se conseguía una colocación de nuca y cuello más altos y la grupa más remetida, y en el trote medio el cuello se alargaba para dar soltura a las espaldas y amplitud al movimiento, siendo el trote de trabajo una posición intermedia, y el trote de escuela ir progresivamente intentando que lo realizase con movimientos lentos y pausados, ya que era el trote base para alcanzar la alta escuela en un futuro.

Sobre todo, en lo que más énfasis ponía mi maestro era en la posición de mis manos a la hora de realizar los distintos aires del trote, pero aplicable a todo el proceso del adiestramiento. Si el potro tendía a poner la cara arriba, mis manos bajas, y por lo contrario, si tendía a poner la cara baja, mis manos arriba. Pero sobre todo no debía hacerse de forma dictatorial.

Le tocó el turno a «Campero» y con él realicé la clase para adquirir calidad en el paso.

—Bien Juan, después de la clase del trote tenemos que tener en cuenta que esto evitará que el animal ande con pasos desiguales, defectuosos y arrastrando las manos. Como te dije, no hay buen paso sin trote. También al principio se les inicia el paso con la cara suelta, teniendo la nuca en el punto más alto, pero sin exageración; para el punto más alto nos bastan tan solo cinco centímetros por encima de la cruz del animal, no es necesario que la tenga a un metro. El pico, es decir, la nariz del potro, lo más adelantada posible; de esta forma se crea una línea vertical imaginaria que será hasta donde alcanzará la mano al andar. Con el tiempo que llevamos trabajando a los potros han aprendido a emplear los posteriores para tener impulsión, y por consiguiente cierta reunión en cara y cuello, y la vertical se va acentuando, pero no la amplitud del paso. Eso les crea una actividad donde podremos empezar a jugar con los distintos tipos de paso.

—¿Cuántos tipos de paso hay?

—Tenemos al paso libre, que es cuando cedemos las riendas hasta tal punto de que anda en libertad. Se suele hacer cuando ha finalizado un ejercicio y como recompensa al esfuerzo. Lo ponemos en paso libre y lo acariciamos como premio. Tenemos al paso corto, que es un paso reunido; es donde el jinete tiene más contacto con el animal y hace que el cuello se eleve. Aquí ya el perfil de la cara se encuentra en la vertical. Tenemos que tener en cuenta que esta colocación les cansa mucho y por tanto debemos hacer que se relajen de vez en cuando, de lo contrario el tenerlos en esa posición un largo periodo de tiempo les provocaría incomodidad y es cuando protestan de la cara o la boca y las riendas empiezan a pesar en la mano del jinete. El paso castellano es otro tipo de paso; es el paso por excelencia de nuestra doma española, un paso que no tiene ninguna otra doma del mundo.

–Perdone, maestro, ¿no tenemos paso de trabajo y paso largo como en el trote?

–Claro que los hay, pero te diré, aunque respecto a lo que te diga hoy puedas algún día contradecirme, que el paso largo y el paso de trabajo que se conocen en otras disciplinas no son otros que «el tranqueo», el paso castellano que te iba a explicar cuando me has interrumpido, con la diferencia de que este es más rítmico y decidido, lo que hace que el mosquero se mueva de oreja a oreja del animal, pero al compás. Este paso castellano y tranqueando lo podemos tener más enérgico y activo, como queriendo dejar kilómetros atrás, pero siempre realizando los cuatro tiempos del paso, y también lo tenemos más pausado y tranquilo, para dar un paseo o revisar el ganado. Las pisadas de los posteriores pisan donde la huella de las manos, aunque lo más normal es que la sobrepasen, pasando la pata unos quince o veinte centímetros por delante de la huella de la mano. Ambos son pasos característicos de nuestra doma española.

–En conclusión, maestro, ¿me define por separados los tres pasos?

–El paso corto debe realizarse como te he explicado, pero con la actividad y el ritmo del paso castellano. El paso castellano es el paso de trabajo, pero se diferencia del paso clásico en que este tiene una cadencia y un equilibrio natural con deseo de ir hacia delante y acompañado del movimiento del mosquero de oreja a oreja. Se aprecia perfectamente cuando pones el oído y oyes el batir de las pisadas. El que escucha por primera vez ese ruido sabrá apreciarlo y comprender si el paso es correcto sin necesidad de mirar al animal solo con que el sonido le resuene en los oídos. El tranqueo es el mismo paso castellano pero más largo, donde el animal recorre más terreno en un mismo espacio de tiempo pero sin alterar la acción de la calidad del buen paso. En este punto, amigo Juan, te quiero aclarar que durante siglos, en los mejores picaderos de Europa, al paso como tal se le conocía como paso castellano; es una lástima que ni en la propia España se le conozca por su verdadero nombre.

–Tiene usted razón, pero aquí estoy yo para hacer lo que se pueda para transmitir estas costumbres y tradiciones en un futuro, con su ayuda claro está.

–Muchas gracias, y yo para poder transmitirte mis conocimientos, sean o no acertados, pero sí con resultados probados y contrastados. ¿Tienes alguna duda más?

–Sí. Entonces, a un caballo adiestrado en otras domas, si le damos más actividad y ritmo, ¿realizará igualmente el paso castellano y tranqueará?

–No exactamente. Ten en cuenta que para que un potro realice este paso necesita un potreo específico, como el tener las cuatro riendas: las dos de la nariz hacen la función de que en un futuro ese animal coja buen paso castellano. Si se doma con filete andará, pero difícilmente tranqueará. Ese es uno de los secretos del porqué no se ven últimamente buenos pasos en las pistas, por haberse modificado los principios de nuestra doma.

–Entiendo ahora su exigencia de las riendas de la nariz y su utilidad; es que estoy viendo que es algo primordial para el futuro de la buena doma española. ¿El tipo de caballo también influye en el paso castellano?

–Claro, y mucho, pero espera a que acabe. Como te he dicho la nariz es importante, pero el uso de las riendas tres y una también influye mucho, pero sobre todo en el hierro del animal. Un bocado vaquero colabora en la fijeza y colocación del caballo y esto provocará que se apoye en él. Ojo, apoyarse no es dejarse caer, todo hay que hacerlo con ligereza en la manos de jinete, con contacto suave. El asiento provoca actitud y las piernas actividad, y todo eso en conjunto da como resultado la calidad del paso del caballo vaquero, que no se debería diferenciar del caballo de alta escuela, ya que ambas domas son españolas y es nuestro paso. Me preguntaste por el tipo de caballo, que si influía. Te recuerdo que las razas actuales están creadas para un deporte en concreto; de la misma manera que hay personas con habilidades extremas, igualmente hay caballos que funcionan donde los pongan, pero no es lo normal. Los caballos hacen lo que les enseñen; el problema es que muchos disimulan bien y los jinetes saben tapar las faltas.

—Pero yo he visto a caballos alemanes y americanos mover el mosquero, ¿estaban tranqueando?

—A los ojos de muchos sí, ¡y lo mismo estaban tranqueando! Pero en general no son caballos creados para este paso. Los caballos alemanes planean, obtienen buenas puntuaciones cuando compiten, pero en su reglamento. Muchos mueven el mosquero pero porque los jinetes se lo hacen mover moviendo ellos las manos, pero el jinete no puede sentir el movimiento pasando por el dorso para obtener el paso, porque en esos caballos creados para el salto su impulsión es de potencia, y en el nuestro es de ligereza. Ese que tú viste seguramente era un paso falso. También algunos caballos americanos, como los llamados cuarto de milla, a pesar de ser caballos vaqueros tampoco son útiles en nuestra doma, ya que su construcción es cuesta abajo, es decir la cruz baja, y nuestra doma es de una reunión y colocación constantes donde el tercio anterior está cuesta arriba, para poder estar libre al tener los posteriores metidos debajo de la masa. En resumidas cuentas, un buen paso castellano lo aprecias rápidamente cuando estando montado en un caballo este se pone a andar y te va dando masaje en la cintura; es un placer que muy pocos pueden sentir porque es una sensación única y exclusiva de nuestra doma española.

Pasaron unos días y estuve asimilando los ejercicios de trote y paso con ambos potros.

Estando con «Campero», el señor Luis me inició tanto en los distintos galopes que tenía que realizar, como en los dos aires anteriores.

—Hoy vamos a trabajar en los distintos aires del galope Como a los potros ya los tenemos trabajados en este aire, tienen equilibrio y fijeza, y tú controlas el galope con tu asiento y con las ayudas de piernas y manos lo alargas y lo acortas: realizando lo que llamamos el acordeón, nos será fácil hacer el galope que te indique.

—¿Qué galopes tenemos en nuestra doma española?

—Tenemos unos galopes con ligereza y soltura en las espaldas, donde la grupa es la que mantiene el cuerpo en movimiento; de lo contrario se volcaría sobre las espaldas. Este galope, a diferencia del que se practica en la doma clásica, es más cuesta arriba, con otro ritmo, pero sin precipitación. Igualmente, en el galope de trabajo, que yo llamo galope de campo, el caballo con su compás mueve el mosquero de oreja a oreja como al paso y en las pisadas se oye un sonido parecido al tacatá, tacatá.

—¿Por qué lo llamas de campo?

—Por la sencilla razón de que este galope se empezó a utilizar en el campo y no era para el trabajo, sino por necesidad: la necesidad de estar horas y horas sobre el caballo, a veces teniendo que recorrer largas distancias, y para ello no se ponía al caballo a galope tendido, porque aguantaría poco, y tampoco a galope corto, porque no avanzarías y por tanto no llegarías nunca.

—Entiendo, pero supongo que también harían transiciones sin saber exactamente qué era una transición.

—Claro, dependiendo de para qué estaban realizando el galope, lo mismo le dejaban caer al paso para que se refrescara un poco como lo apretaban un poco más o lo reunían, dependiendo del terreno y la necesidad. Ten en cuenta que esta doma, la española, tiene una raíz militar, y tras la desaparición del caballo en la guerra fueron los vaqueros de reses bravas los que continuaron con ella por las necesidades de andar con el ganado bravo. Por tanto, el jinete tenía que tener un caballo que galopase perfectamente y poder tenerlo en la mano.

—¿Cómo se adquiere calidad en este galope de campo?

—Como bien dice su nombre, en el campo, aunque se inicia en el picadero; recuerda que es un aire que se le pide al animal después de un largo proceso de aprendizaje que incluye salidas al campo. Aquí, en el campo, es donde se adquiere ese aire natural, fresco, con ligereza, y sobre todo con un equilibrio que solo el campo puede dar, ya que proviene de la actitud que adquiere el animal por la impulsión del movimiento a campo abierto.

—¿Este galope de campo es apropiado para los dos potros, es decir, para los dos tipos de doma española?

—Sí, claro, pero lo mismo que cuando te expliqué el trote te dije que el trote largo era más importante para el de alta escuela que para el de vaquera, el galope de campo es, como el galope corto, igual para los dos. El galope corto es un galope donde estando el animal reunido gana menos terreno; pero ojo, este ejercicio no se le debe pedir hasta haber conseguido un buen equilibrio en el galope de campo. El galope corto se adquiere de delante a atrás, es decir, acortando el galope paulatinamente, no reteniéndolo con las riendas; de lo contrario podríamos encontrarnos con un galope corto defectuoso donde el animal perdería los tres tiempos del galope, y por tanto la calidad del aire, llegándose a asemejar más a un galope de tierra a tierra, y eso es lo más feo del mundo en nuestra doma.

—Ya tenemos el galope corto y el galope de campo, ¿qué otro galope hay?

—Como cuando te hablé del trote largo, tenemos el galope largo. Sus trancos son más largos y recorren más espacio de terreno, pero sin precipitación; aquí el animal se alarga en todo su cuerpo. Los potros tienen que aprenderlo los dos, aunque el de alta escuela con más motivo, ya que es un ejercicio de picadero. Pero en la doma de campo tenemos un galope que solo lo tiene nuestra doma vaquera, que es el arrear. Es un galope largo, pero con la diferencia de que el animal alcanza toda su velocidad, está activo, vivo y a todo lo que da. Este ejercicio era fundamental para el caballo de campo en la antigüedad; a galope tendido tenían que templarlo a galope de campo para cambiar de dirección, volverse o simplemente dejarle caer al paso. En batalla se utilizaba para perseguir al enemigo o escapar de él. Pero de momento este galope lo realizaremos con «Campero» cuando llegue el momento; por ahora solo haremos galope de campo, corto y largo como el de «Soñador».

–Noto que el potro en el galope me tira la cara abajo y cuando se la subo da pequeñas lanzadas dentro del galope, ¿por qué?

–Es sencillo. Quieres poner en práctica todo lo que te estoy comentando y el animal no está preparado. Sabe galopar, pero cuando lo alargas y lo reúnes se te apoya en la boca porque se quiere aliviar del esfuerzo y la solución que encuentra es tirándote de la mano con la boca. Aquí es donde aparecen de nuevo las dos riendas de la nariz: le elevas la cara pero hacia delante, para que no hunda el dorso, y lo mantienes para que libere las espaldas y la soltura de estas hace que el tercio posterior se emplee, y ahí es cuando no opone resistencia: siempre para adelante, sin carreras y con transiciones galope, trote, paso y de nuevo paso, trote, galope. Dentro de poco empezaremos a sacarlo al galope desde el paso.

Tras finalizar las clases de los distintos ejercicios dentro de los tres aires naturales de los potros estuve un tiempo realizando dichos trabajos consiguiendo una calidad aceptable. En primavera, el señor Luis, teniendo los potros cinco años recién cumplidos, estando herrados de las cuatro patas y entrando en su tercer año de adiestramiento, me dijo que el siguiente paso era enseñarles las piruetas directas, las piruetas inversas, el paso atrás, el galope en trocado y los apoyos al galope.

15. UN AÑO POR DELANTE

Miguel Ángel Mellado, jinete profesional.

Era una tarde primaveral excelente, de esos días que notas que las tardes van aumentando con la luz del sol. El ambiente, agradable por su temperatura, nos beneficiaba tanto a los caballos como a nosotros. La pista se encontraba húmeda por la lluvia caída días antes.

Montado en «Soñador», y después de finalizar el trabajo rutinario de calentamiento, ejercicios en sus tres aires naturales, realizar las diferentes figuras del picadero y los trabajos en dos pistas, el señor Luis me dijo:

—Bien, amigo Juan, ha llegado el momento de empezar a hacer piruetas directas e inversas, pero para ello antes debemos realizar la pasada. Este ejercicio es muy importante para el control del animal y para poder ejecutar con más exactitud las piruetas.

—¡La pasada! Nunca había escuchado ese ejercicio en la doma. ¿Cómo se hace?

—En realidad es una media vuelta muy cerrada. Realizando una grupa al muro cambias de dirección, pero los cuartos traseros permanecen en marcha y describen como un abanico, siendo las espaldas del animal las que van por delante. Se puede ejecutar al paso, al trote y al galope, pero te lo explicaré al paso y después la ejecución es relativamente la misma en los otros aires. Es como varios ejercicios a la vez, ya que se inicia en una línea recta, con un tranco de una espalda adentro y se continúa en una grupa adentro, avanzas como en un apoyo, desplazando la grupa y finalizas realizando un efecto de abanico para encontrarte en dirección contraria y a espaldas de donde iniciaste el ejercicio. Al principio se realiza con más apertura y según el potro va adquiriendo experiencia se le obliga a que se desplace menos y de esta forma obtenemos más reunión y mayor toma de contacto, ya que lo desplazaremos hasta donde queramos llevarlo realmente.

—¿Y dice usted que teniendo este ejercicio dominado tendremos al potro preparado para realizar otros ejercicios?

—Dominando este ejercicio, la cesión a la pierna y la espalda adentro, tienes prácticamente al potro en tus piernas y en tus manos sin duda alguna; lo demás aparecerá por sí solo. Este ejercicio mejora la flexibilidad y el manejo de todo su cuerpo. Los toques son como en la grupa adentro, la espalda adentro y los apoyos; es decir, un juego de piernas y manos; según presiones más unas y cedas otras conseguirás que el potro se desplace hacia donde desees.

Estaba intentando poner en práctica el ejercicio, pero no era capaz de llevar al potro en el lado opuesto de la pista; la grupa se me adelantaba a la vez que los anteriores.

—No, Juan, más despacio, templado; controla cada tranco del potro. Si notas que se adelanta la grupa, para eso está la pierna interior, para retenerlo y a la vez que no cese el movimiento. La rienda exterior provoca el desplazamiento y que la espalda siempre esté por delante, antes y durante el desarrollo del ejercicio, la incurvación ligeramente mirando en el sentido de la marcha.

—¿Y no era mejor haber empezado por este ejercicio antes que los trabajos en dos pistas?

—Los trabajos en dos pistas los potros los tienen dominados, y por tanto no te será difícil realizar este. También es cierto que podías haber empezado por este ejercicio y te hubiese sido mucho más fácil, pero como estás aprendiendo debes controlar y dominar los ejercicios por separado, o de lo contrario confundirías al animal. Sin embargo, sí que te lo enseño antes que las piruetas, porque de este ejercicio te saldrán prácticamente sin necesidad de enseñárselas.

En eso tenía razón mi maestro, bueno, en eso y en todo, porque los resultados eran evidentes. Tras unas semanas realizando la pasada, un ejercicio que tengo que decir que me divertía porque sentía que podía hacer con los potros lo que quisiera, pasamos a la pirueta directa. Cada potro era distinto al principio de cada aprendizaje. A «Soñador» le salía la pasada a la perfección y sin embargo a «Campero» se le dieron mejor las piruetas; al iniciarse en estos ejercicios los captó rápidamente.

—Continuamos con las piruetas directas. Estas, como todos los ejercicios de equitación, se deben realizar en línea recta. Para empezar, solo se le pedirá un cuarto de pirueta; hay que tener en cuenta que para que el potro realice una pirueta completa, es decir de trescientos sesenta grados, antes tiene que saber realizar media pirueta, ciento ochenta grados, y la mejor forma es enseñarle a realizar los cuartos. Por eso, cuando lo tengamos confirmado se le aumenta el recorrido, hasta completarla entera. Como lo tenemos confirmado en la pasada, haremos un cuarto de pirueta reteniéndolo con las riendas, con más contacto en las de la nariz, es decir, impidiendo que avance durante el proceso de giro que realiza el cuarto delantero. La incurvación siempre mirando al sentido de la marcha, las ayudas exactamente igual que en la pasada, pero teniendo en cuenta que en esta ocasión gira sobre los posteriores.

—Mire, maestro, siento cómo gira sobre el tercio posterior. ¿Está realizándolo correctamente?

—Fatal, amigo Juan. El potro no debe en ningún momento dejar de batir las patas y el tercio posterior debe estar activo, mientras gira sobre sí mismo. Para eso ha sido entrenado en la pasada, para que aprenda a mover las extremidades y progresivamente poder ir cerrándolo cada vez más. ¡Ábrelo un poco más!, eso es. ¿Ves ahora? No importa que se abra un poco, es normal, está aprendiendo, pero nunca provoques que los pies se queden quietos al girar, y mucho menos que retroceda, ¿de acuerdo?

—De acuerdo, maestro. ¿Le pido un cuarto de pirueta directa, lo saco para adelante y repito el ejercicio varias veces como llegando a una esquina, realizando un cuadrado?

—Genial, es la mejor forma de que el potro aprenda a asimilar el ejercicio.

Después de trabajarlo en las piruetas directas, mi maestro dijo de trabajarlo en la pirueta a la inversa a la par, porque son unos ejercicios muy beneficiosos si se trabajan en conjunto. Teniendo la base que los potros tenían, no había inconveniente en pedírselas, ya que cada ejercicio era iniciado con independencia el uno del otro.

—La pirueta inversa, amigo Juan, se la iniciaremos desde una vuelta y le pediremos una espalda adentro; entonces con la pierna interior obligamos a que el animal desplace la grupa y gire sobre el tercio anterior. En realidad es solo para que el potro aprenda a mover su cuerpo, ya que debes tener en cuenta que la incurvación es al lado hacia donde la grupa gira, es decir, si la grupa la desplazamos hacia la derecha, la incurvación es a ese lado. Una vez educada la grupa en el giro, la mejor forma de incurvar la cara es hacer una grupa fuera en círculo y cerrándolo cada vez más en forma de espiral nos encontraremos con el ejercicio.

—Es cierto, de momento lo realiza con dificultad, pero porque no sabe qué es lo que le estoy pidiendo, aunque en realidad, con la base que le tenemos hecha, las piruetas aparecen con facilidad. ¿Le pido igualmente un cuarto de pirueta inversa como con las directas?

—Sí, pídesela; los ejercicios en realidad no se diferencian mucho los unos de los otros. Como te habrás dado cuenta, las ayudas son todas similares; todo es cesión y presión, tú presionas y el potro cede, y cede porque lo tenemos preparado para que responda a las ayudas. Estos dos años de trabajo empiezan a dar sus frutos. Lo mismo que para la pirueta directa, la pierna exterior es la que manda el giro con la dirección de las riendas y la pierna interior mantiene la grupa e impide que se desplace. En la pirueta inversa, como dice la palabra, es a la inversa: las riendas mantienen al caballo, impidiendo que se salga del giro y la pierna externa provoca que el cuarto trasero gire sobre el tercio delantero y la pierna interna igualmente mantiene el ritmo y la ligereza.

—Es curioso, las ayudas son como usted dice: es un juego de piernas y manos; según ceda una y presione otra, el caballo ejecuta un ejercicio u otro.

—Pero no se te olvide nunca que para realizar estos ejercicios es muy útil la vara, y si se les pide las primeras veces pie a tierra es de gran ayuda y ventaja. Esta se pone en la grupa para que el animal gire al lado contrario de donde se toca; de este modo las piruetas inversas te serán más naturales. Para la directas se pone en las espaldas; este ejercicio es más fácil montado y que alguien te ayude desde el suelo, pero todo depende del animal, de su nivel de doma, carácter, temperamento, si es linfático o nervioso; no hay un mismo método para todos los animales. Lo que sí es importante es que cuando se realicen estos ejercicios, como otros cualquiera, el animal desde el principio, durante y al final de él, no pierda el ritmo, la cadencia y el deseo de realizarlo sin dudar o de lo contrario el ejercicio perdería calidad. No se puede empezar dando pasos largos y acabar con pasos cortos durante el giro y mucho menos correr a una mano o ir demasiado despacio a la otra; todo debe ser controlado y al unísono.

—Supongo que como en la pirueta directa, en esta a la inversa, las manos no deben dejar de batir sobre el terreno.

—Efectivamente; ten presente que el animal realiza estos ejercicios con una cierta reunión y siempre desde una línea recta y al paso. Justo antes de entrar a ejecutar los ejercicios se le pide una pequeña media parada, una pierna puesta en la cincha y la que actúa ligeramente detrás de ella, pero suavemente y con disimulo. Cuando el ejercicio finaliza, las ayudas se reparten al cincuenta por ciento y eso hace que el animal salga del ejercicio al paso y derecho.

En realidad estos ejercicios eran más complejos de lo que se apreciaba en un momento. Ahora era cuando realmente me estaba dando cuenta de que el tiempo, que parecía haber tardado tanto, estaba dando sus frutos. La doma estaba apareciendo por sí sola, teniendo en cuenta que ambos potros tenían cinco años cada uno y que eran relativamente jóvenes para pedirles más esfuerzo. Pero como todo estaba siendo tan progresivo y pedido en su justa medida, parecía que no se estaban enterando del adiestramiento, gracias al método tan racional y psicológico del señor Luis.

Pasados unos días y montado sobre «Campero», acabando de trabajarlo mi maestro me pidió que me colocase frente a él en medio de la pista y me dijo:

–Vamos a pedirle un paso de costado. Este ejercicio es una variante de los trabajos en dos pistas, pero por su dificultad lo he dejado para este momento; me refiero a que ya tiene más nivel de doma y las piruetas las tiene asimiladas.

–Entonces no nos será difícil de realizar.

–No te equivoques; este ejercicio en la antigüedad se enseñaba al final de todos por su dificultad. Se le llamaba «apoyo sin avanzar». Si lo piensas bien, es eso realmente. Se inicia y acaba desde la parada. Este ejercicio se realiza en la vaquera y, como casi todos los ejercicios de esta modalidad de doma, su origen es militar. Cuando la caballería estaba en formación, la única manera de ponerlo correctamente en fila era aplicándole los pasos de costado.

»El caballo se desplaza lateralmente, pero siempre con un leve adelanto de las espaldas; de lo contrario se daría en las cañas al desplazarse. Las extremidades exteriores se cruzan por delante de las interiores para realizar el desplazamiento. El jinete solo ve el rabillo del ojo del potro y la rienda exterior impide que avance y provoca el desplazamiento junto con la pierna externa, empujando al animal hacia dentro. El asiento del jinete en el centro, no empujando con el cuerpo pues de lo contrario entorpecería el movimiento.

–Es como controlar los dos tercios del cuerpo del potro a la vez, como si realizase la directa y la inversa a la vez.

–Bueno, más o menos, pero sin actuar ahora una y después otra; el desplazamiento debe ser uniforme. Mejor hazte a la idea de que es un apoyo al paso, pero sin avanzar terreno, nada más.

Después de realizar este ejercicio, el señor Luis me dijo que era el momento de ponerme las espuelas con los potros para trabajarlos diariamente. Con «Soñador» ya me las había puesto alguna vez, pero desde entonces ya me las puse a diario. Aprendí a utilizarlas y a sentir que cada uno de los potros me exigía una presión diferente en los costados.

Un dato curioso y en el que no había caído hasta ese momento fue cuando el señor Luis me dijo de pedirles el paso atrás a los potros; no sabía el porqué de esa tardanza.

–El paso atrás, amigo Juan, se les debe pedir a los potros cuando han aprendido la parada correctamente, no antes. La parada es tener al animal cuadrado de sus extremidades, derecho, en rectitud e inmóvil. Para ello se inicia desde un paso reunido pero impulsado por las piernas y la cintura del jinete para remeter los posteriores. Con suavidad, se reúne con las manos, cediendo y tensando simultáneamente los dedos; es igual que la media parada, pero en este caso hasta conseguir que pare del todo.

–Parece fácil. ¿No cree usted, maestro?

–Te parece fácil porque a los potros les tenemos enseñados desde el principio a estarse quietos y parados; es lo primero que yo les enseño, a no moverse. Pero la parada como ejercicio tiene sus complicaciones. Por ejemplo, hay que procurar que no pare de golpe, que no juegue con el hierro en la boca, que no retroceda por propia voluntad, que no tire de tu mano, que los posteriores no estén demasiados remetidos como las cabras, ni tendidos fuera de la masa.

–Uff, maestro; pare usted ya que me he dado cuenta de que una buena parada requiere su atención.

–Sí, pero no una atención cualquiera; una buena parada es fácil de pedir y también realizar un buen paso atrás, de lo contrario tendremos complicaciones. Precisamente no le hemos pedido el paso atrás antes durante el proceso de doma porque lo primero que tiene que aprender un potro es a caminar para adelante. Si se les pide el paso atrás sin tener ese deseo, suelen protestar y defenderse, acularse y retroceder utilizando dicho ejercicio en su propia defensa y podemos encontrarnos con un posible resabio difícil de corregir y peligroso para el jinete.

–Lo tengo parado y creo que dispuesto para realizar el paso atrás; usted dirá.

–Bien, procura, por la atracción de tus manos, apretando y aflojando los dedos en las riendas, hacer que presione un poco en la nariz hasta el punto de que el animal ceda un paso atrás. Si obedece, lo paras y acaricias.

–Me ha cedido un paso y lo he parado con calma y tranquilidad, y después lo he acariciado como usted bien me ha dicho. ¿Pero no daría el potro los pasos atrás tirando de las riendas?

–Amigo Juan, para que realice un buen paso atrás, lo primero que tiene que aprender el potro es a ceder; cuando ceda estará preparado para aprender a dar los pasos, porque estará predispuesto a ello. Lo tocarás de las cuatro riendas, pero teniendo más enfoque en las de la nariz, para que no baje la cara; de este modo podrá liberar la tensión del dorso y tener libertad suficiente en la grupa para moverse, y al hacer que desaparezca la posible rigidez de la grupa podrá diagonalizar los posteriores. Repítelo de nuevo.

Le pedí otro paso atrás, que cediera, pero esta vez «Campero» se resistió y hundió el dorso. Yo presioné más las riendas con las manos, y terminamos los dos tirando el uno del otro como a ver quién tenía más aguante. Entonces mi maestro me mandó que cediera y le diera un paso hacia delante y lo parase de nuevo. Acto seguido me dijo:

–Te has dado cuenta de que por la fuerza te gana el potro, y mira que lo tenemos preparado para que ceda en el paso atrás, pero tu inexperiencia ha ocasionado que opusiera resistencia. Bien, pídele que ceda uno o dos pasos atrás, y después seguidamente le pides que regrese de nuevo al sitio inicial. No importa los pasos que dé para atrás, sino la calidad de los mismos; de nada sirve que dé veinte pasos atrás si lo hace arrastrando las manos, volcado en las espaldas, desplazando la grupa a un lado y perdiendo la rectitud, o mucho peor, sin contacto; si no está en la mano y en las piernas jamás podrá salir al paso controlando cada uno de sus trancos.

–Pero maestro, ¿cómo se puede controlar cada tranco yendo el potro en paso atrás?

—Ten en cuenta que el movimiento del paso atrás es en dos tiempos, no en cuatro como el paso normal. Las manos avisan al potro del inicio del ejercicio y lo controlan a la vez, pero en realidad son las piernas las que hacen que obedezca.

—Las piernas; ahora sí que no comprendo. ¿Pero cómo se consigue?

—Las piernas se ponen justo detrás de la cincha y cuando le indiques con las riendas y retroceda, lo presionas con las piernas. Presiona y cede a cada tranco y de esta forma el potro relacionará el toque y aprenderá a andar para atrás sin resistencia, con soltura, y sobre todo lo tendrás siempre presto cada vez que le pidas la salida al paso. Las manos, el potro no las arrastrará y además, al estar en las piernas, controlarás la grupa para que no se pierda la rectitud.

»La salida al paso después del paso atrás es teniendo las piernas presionadas, es decir, las espuelas puestas, fijas. En el momento de querer que inicie la salida al paso cede un poco la presión de las espuelas y presiona con las pantorrillas pero con relajación, nada de brusquedades. Justo en ese momento, en las manos cede riendas, pero sin perder el contacto, para que el potro entienda que le estás pidiendo andar para adelante.

—Entiendo, pero, ¿cómo se consigue que el potro dé tantos trancos atrás como uno desee?

—Para eso se realizan unos ejercicios gimnásticos de mucha utilidad. Una vez que el animal ceda a las ayudas, se empieza pidiéndole los pasos atrás; es como un juego, uno para atrás y otro para adelante, después dos, después le pides tres, y así sucesivamente, pero sin aburrir. Lo sacas del ejercicio y das unas vueltas, te colocas de nuevo en el mismo sitio y se lo pides de nuevo. Pasado un tiempo el potro estará preparado para dar tantos trancos como desees hacia atrás. Y, lo más importante, al tenerlo de las piernas, las manos no te será necesario emplearlas, y ahí es donde aparecerán esas ayudas discretas que pocos jinetes tienen. Pero recuerda, la ayuda de la voz en estos comienzos es de máxima utilidad; ellos escuchan, están atentos a nuestra voz y a nuestro tono a la hora de hablarles. Cuando le pidas el paso atrás, le dices «tras, tras» y la relación de la palabra con el toque de piernas y manos hará que todo sea más fluido y cómodo para los dos.

Pasaron unos días y la verdad es que el paso atrás de «Campero» era una delicia. Aceptando el consejo de mi maestro, no quería abusar, ya que, como él decía, «los ejercicios que se les den bien a los potros, solo se les piden un par de veces y hasta mañana», porque a veces de tanto querer repetir los ejercicios acabamos estropeándolos por abusar de ellos en los comienzos.

Dando cuerda con el cinchuelo y el filete a «Soñador», el señor Luis le puso paralelo a la pared y con el serretón le pidió unos pasos atrás con unos leves toques en la nariz, pero presionándolo y cediendo a la vez, según el animal cedía con su cuerpo retrocediendo. Al cabo de un rato, el potro estaba dando pasos atrás mejor de los que estaba dando «Campero» conmigo montado encima. Le pregunté por qué y me dijo lo siguiente:

—Amigo Juan, al no tener que soportar el peso del jinete encima le es más fácil entender y realizar lo que le he pedido. Con mi mano le he pedido que cediera para atrás presionándolo en la nariz, y como ya la tenía dulce por el proceso de adiestramiento que posee, cede de antemano. No nos ha resultado nada difícil que ejecutara el ejercicio, y además, tengo la vara en esta otra mano para corregir el leve desplazamiento de la grupa y de esta forma también, si se queda inmóvil oponiendo resistencia y no quiere dar pasos atrás, al moverle la grupa con la vara consigo que libere toda tensión acumulada en los posteriores y así le hago entender lo que le estoy pidiendo y a la vez consigo hacerle bajar la grupa para mejorar la ejecución del ejercicio.

—Entonces, ¿por qué no se lo hemos pedido a «Campero» de esta forma?

—Esto lo he hecho para que veas y aprendas que un mismo ejercicio a los potros se les puede enseñar de varias maneras. Si tienes un ayudante se pueden unificar ambos métodos y también intercalar varias veces la forma de pedírselo, unas veces montado y otras a pie.

Estas clases sobre el paso atrás no supe lo importantes que eran hasta pasado un tiempo, no por el aprendizaje, sino por lo necesarias y curiosas que resultaron ser más adelante en la doma española; curiosas, por darme cuenta de que no todos los jinetes utilizaban las ayudas correctamente y era la cara de muchas carencias en la calidad de los ejercicios. Sobre todo aprendí a no precipitarme a la hora de pedirles este ejercicio a los potros jóvenes antes de tiempo.

Durante estas fechas empezamos a trabajar a los potros en el galope en trocado. Teniendo a «Soñador» en galope de campo, derecho y firme a lo largo de la pista, el señor Luis me explicó lo siguiente:

—El galope en trocado es cuando realizando un círculo a la derecha, el caballo galopa a la mano izquierda.

—¿Entonces es un galope al revés?

—No, al revés es cuando lo realiza sin que el jinete lo sepa o por decisión propia; en trocado es cuando se lo pide el jinete.

—Entonces, ¿las ayudas serán también al contrario de cómo se pide en un galope en círculo?

—Exactamente. La rienda interior en este caso es la de fuera del círculo y hace que coloquemos el cuello del potro ligeramente en esa dirección. La rienda de fuera, que es la que se encuentra por dentro del círculo, controla la dirección. La pierna interior corresponde igualmente a la de fuera, y evita que la grupa salga de la línea que marca el tercio anterior. La pierna externa es la que puesta en el costado impide que se cambie de mano y mantenga el galope. El jinete debe colocar su peso en el lado en que galopa el animal, en este caso hacia fuera del círculo; de esta forma evita que se incline como una moto.

—Pedirle el galope en trocado al potro con las ayudas que usted me está indicando me recuerda a las de las piruetas inversas.

–Correcto. Las ayudas son exactamente las mismas, con la diferencia de que en este caso estás realizando un círculo al galope y en las inversas es al paso. Pero como para un potro nuevo es difícil realizar correctamente este ejercicio, se lo pediremos en medios círculos abiertos de veinte metros. También se puede iniciar a lo largo de la pista separándolo unos metros e incorporándolo de nuevo; cada vez te vas separando más según vayas adquiriendo más maestría, hasta llegar al centro de la pista, y de nuevo recuperas la pista que llevabas cuando empezaste; igual que en los bucles cuando realizabas las serpentinas, pero utilizando la pista galopando a la misma mano.

–A lo largo de la pista al potro le resulta más fácil; además, noto que lo controlo mejor.

–En los comienzos se prueba de varias maneras, y la que veas que es con la que mejor capta la idea, esa es en la que insistes. Como el potro también sabe salir al galope a ambas manos correctamente, puedes sacarlo a galopar por el lado de fuera a lo largo de la pista y lo continuas galopando llegando al ancho de la pista, y cuando finalice el ancho le dejas caer al paso en una media parada y de esta forma el animal memorizará el ejercicio y se ejercitará físicamente para poder realizarlo correctamente. Nunca abuses; muchas transiciones y vuelta a empezar. Cuando notes que ha ejecutado decentemente bien el ejercicio que le estás pidiendo, dentro de su nivel de aprendizaje, lo acaricias dando por terminado el trabajo hasta el día siguiente.

Finalizamos el trabajo del potro y mientras lo duchábamos el señor Luis me estuvo contando que todo tiene un orden; si no se tiene al animal confirmado en un galope de trabajo, firme, derecho y en la mano, es absurdo pedirle un galope en trocado, como también es importante tenerlo en un buen galope en trocado para pedir después los cambios de pie, ya que este ejercicio, el galope en trocado, le da al potro mucha flexibilidad y soltura en las espaldas.

También evita que cuando se le enseñen los cambios de pie cambie de mano mientras esté realizando el galope en trocado, por confundirse o porque al saber cambiar de mano aproveche para aliviarse las espaldas, dando un trabajo al jinete que este podría evitar si siguiese un orden.

Es cierto, me siguió contando mi maestro, que a veces, queremos enseñar muchos ejercicios a la vez a los potros, y estos por su juventud no tienen la capacidad suficiente de asimilarlo todo; entonces es cuando surgen los problemas al confundir las ayudas y un ejercicio con otro. Muchos jinetes, desde el desconocimiento y el poco dominio de sí mismos, tienden a discutir y pelear con los potros, cuando realmente son ellos, los jinetes aficionados, los primeros que tienen que bajarse, poner los pies en el suelo y recapacitar, pensar y entender dónde radica el problema. Entonces se darían cuenta de que son ellos mismos los que carecen de los ingredientes para hacer un buen guiso. Equivocarse es de humanos y rectificar de sabios, pero lo malo no es equivocarse sino no reconocerlo.

16. FINALIZANDO LA BAJA ESCUELA EN EL CAMPO

Hermanos Pardo Soto, ganaderos, jinetes y garrochistas.

Una vez a la semana solíamos salir al campo con los potros, yo en «Soñador» y el señor Luis en «Campero». Los paseos eran muy agradables tanto para los potros como para mí; salir al campo era algo que nos recargaba las pilas a todos. Nos hacía estar frescos para seguir trabajando en la pista al día siguiente y con más deseo de seguir progresando, ya que mucha pista un día y otro suele quemar física y mentalmente. Por ello un poco de aire fresco siempre viene bien.

Las marchas eran cada vez más largas. Sentía a los potros fuertes y atléticos. La mayor parte del tiempo íbamos al paso, pero también realizábamos algún que otro trote, sobre todo en caminos rectos y en cuestas arriba, para que los potros hiciesen pulmones y los posteriores crearan masa muscular. Cuesta abajo nunca, para que los tendones y la circulación de las manos no sufrieran al tener que echar todo el peso sobre ellas.

Pero lo que más me agradaba de todo eran las conversaciones que teníamos sobre el mundo del caballo y las aplicaciones de los ejercicios enseñados en el picadero. Al acercarnos a una cancela mi maestro me dijo que la abriese, pero dándome las siguientes indicaciones:

—Amigo Juan, acércate a la cancela, sitúate frente a ella y le pides al potro un cuarto de pirueta inversa a la derecha, y con ello te sitúas en paralelo para poder abrirla. Abres el cerrojo y como la hoja de la cancela se abre hacia dentro, una vez abierta pasas y realizas otra media pirueta inversa a la otra mano sin soltarla, y con un poco de paso de costado te aproximas un poco más y cierras la cancela y, en media pirueta directa te encontrarás de nuevo en posición para seguir el camino.

—Anda, ¡no sabía que estos ejercicios eran tan prácticos!

—La pirueta inversa se utiliza mucho para abrir y cerrar cancelas; también cuando estás cerca de una pared y quieres coger algo pero tu ángulo no te da para hacerlo con un paso de costado; haces girar la grupa del animal y te colocas en el sitio deseado con un simple movimiento. También en la antigüedad, para la guerra, el soldado que realizaba la pirueta inversa alrededor del enemigo siempre estaba de cara para defenderse y atacar, sobre todo si este se encontraba a pie.

Paseando paralelos por un camino realizamos los trabajos en dos pistas como de costumbre, y también las medias piruetas directas al paso para volver en dirección opuesta. En un terreno plano hacíamos los ejercicios en sus tres aires naturales y con sus distintos cambios de ritmo.

De regreso a las cuadras, mi maestro me pidió que hiciese un apoyo al galope. Yo le dije:

—¿Cómo se lo voy a pedir si nunca lo hemos hecho?

–Amigo Juan, eso es lo que tú te crees, pero hay ejercicios que se realizan sin enseñarles, precisamente porque están preparados con anterioridad para que cuando llegue el momento no den complicaciones.

–No entiendo, maestro, cómo puede ser. Explíquemelo usted.

–Es muy sencillo. ¿Recuerdas cuando te dije, «un potro bien potreado es el futuro de un caballo bien domado»? Pues bien, aquí tienes un ejemplo. El animal sabe hacer los apoyos al paso y al trote con mucha naturalidad, comprende las ayudas y el mecanismo del ejercicio, y también sabe galopar derecho con cadencia y ritmo, ¿lo pillas?

–Creo que sí; cuando le tenga galopando por esta cuneta le aplico las ayudas como realizando un apoyo al trote, pero en este aire y de esta forma se desplazará al otro extremo de la cuneta sin dejar de galopar.

–Así es; la calidad aparecerá con la práctica, pero la ejecución el potro la hará sin darse cuenta. Recuerda, las directrices son iguales que al trote: la espalda ligeramente por delante, evitar que la grupa se cruce. En la incurvación, viendo el rabillo del ojo, el asiento del jinete en el centro pero con un poco de peso en el interior, nunca empujando con el cuerpo para que este se desplace. Al principio que se desplace lateralmente pero sin acortar el terreno; que sea el animal el que aprenda sin perder la calidad del galope y entonces es cuando podremos aumentar el desplazamiento.

Era increíble cómo realizaba los apoyos al galope mi potro, pero es que el de mi maestro parecía que llevaba toda la vida haciéndolo, ver a «Campero» practicar los apoyos con aquella naturalidad y calidad, pero sobre todo intentando fijarme en las ayudas del señor Luis, ya que eran inapreciables.

Mi maestro no solo sabía y me explicaba; además me lo demostraba, siendo sus demostraciones mucho más fáciles de captar que sus explicaciones, porque al verle entendía perfectamente qué era lo que me quería decir.

Nunca puse en duda sus consejos, pero reconocía que cuanto más tiempo llevaba a su lado más me daba cuenta de que lo que decía sucedía. Como por ejemplo que la doma aparecía sola, pero solo con una buena base; sin ella era imposible, y esa base es la que muchos según él se saltaban por la precipitación de querer llegar a ningún sitio.

Aprendí a realizar los apoyos al galope sin habérselos enseñado previamente a los potros. «Así va a ser toda la doma de ahora en adelante», me decía. No me atreví a preguntarle cómo realizarían los potros los ejercicios de vaquera y alta escuela, pero si él lo decía su razón tendría. Después de lo demostrado con los apoyos a galope, ya no me extrañaba nada. Eso sí, me decía que la doma aparecería sola con las cualidades de los potros y sabiendo esperarlos, es decir, dejando que madurasen y llegasen a adultos, para que pudiesen realizar los esfuerzos exigidos sin molestia ni incomodidad alguna.

—Bien, amigo Juan, ahora de regreso a las cuadras haremos un ejercicio que nunca te he enseñado y que haces por tu cuenta siempre. Sabes realizar transiciones de paso a trote y del trote al galope y viceversa, pero no has aprendido a salir a galope desde el paso.

—¿Qué me dice usted?, pero si a los potros los saco muchas veces a galopar desde el paso.

—Sí, pero a veces les cedes riendas en la cara y los presionas enérgicamente con las piernas, y los potros, al verse libres, echan a correr más que a galopar. Nunca te he dicho nada porque lo haces disimuladamente, pero hay veces que parecen los de las películas del Oeste, que para pararlos igualmente tiran de ellos fuertemente, cuando es todo lo contrario.

—¿Entonces qué debo hacer para sacarlo a galopar correctamente? —le dije pensativo y dudoso de mí mismo.

—Siempre te he corregido la rectitud en el galope, eso es de suma importancia, y uno de los mayores defectos que tienen la mayoría de los jinetes es que galopan atravesados. Otros consiguen tener a sus monturas completamente derechas, pero cuando salen a galopar, los caballos siempre tienden a dar uno o dos trancos atravesados y eso es una falta de rectitud y puesta en mano. Para sacarlo a galopar siempre hay que tener contacto en las riendas, que el potro las perciba y, como está puesto en las medias paradas, lo reúnes un poco y en ese momento, teniéndolo con las dos piernas arropado, presionas la contraria a la mano a la que quieres salir. Una vez que sale a galopar del paso, mantienes el aire, con las manos acompañas el movimiento y con las piernas la presión; todo depende del nivel de sensibilidad del animal.

—La verdad que al tener las transiciones consolidadas en los distintos aires, al pedírselo del paso al galope no ha dudado; es más, hasta parece que me lee el pensamiento: justo cuando estaba realizando las ayudas que usted me ha ordenado, el potro ya estaba presto para salir al galope. Una pregunta: ¿ha salido derecho?

—En el primer tranco la grupa un poco a la derecha, por abusar de la presión de la pierna a la vez que lo retenías. Recuerda que todo debe ir en su justa medida. La próxima vez presiona menos la pierna para que no meta la grupa y presiona con la pantorrilla de la pierna interna para que no pierda la rectitud, mientras que con las riendas le das la libertad suficiente para que salga a esa mano, pero, si notas que se te tuerce, levanta un poco la espalda externa y eso evitará que meta la grupa, ya que esa rienda se lo impedirá; digo levantada, no realizando una flexión ni incurvación.

—¿Pero si levanto la rienda de fuera me puede salir a esa mano?

—No, porque si el animal está puesto en las piernas debería saber salir a la mano que le estás pidiendo; en este caso son ayudas independientes: se puede estar galopando a una mano y realizar contraespaldas y espaldas adentro sin dejar de galopar a la misma mano. Eso se ve muy frecuentemente en el rejoneo y en el acoso y derribo.

Tras repetir varias veces las salidas a ambas manos y comprobar que salía derecho, le pregunté al señor Luis que por qué le pedíamos estos ejercicios en el campo y no en el picadero.

—Me alegro de que me hagas esa pregunta. Te diré que en el campo, lo primero es que el animal no pierde el deseo de ir hacia delante, y adquiere un aire natural de ligereza y ritmo, y lo segundo es que en el campo adoptan una mayor rectitud, sobre todo al no precipitarse, como puede o suele ocurrir en el picadero, ya que en el campo no tienen puntos de referencia y están más centrados en el aprendizaje y las ayudas de su jinete, pues no saben dónde empiezan y dónde acaban los ejercicios.

Durante este período de tiempo trabajábamos a los potros intercalando la doma en el picadero con la de campo. No había nada nuevo; todo era adquirir mayor calidad en los ejercicios mientras dejaban de ser potros de cinco años y entraban en los seis años, edad ideal para exigirles una doma superior.

En una ocasión, estando en el campo pasamos por un arroyo y al salir del agua los potros empezaron a sacudir las colas mojadas, salpicándonos de tal manera que acabamos mojados.

—Amigo Juan, los potros nos han mojado con las colas más que cuando hemos atravesado el arroyo —me dijo sonriendo—. El próximo día les haremos un nudo a las colas y de esta forma no se les mojarán y tampoco nos salpicarán a nosotros.

—Maestro, ¿de dónde viene el tener la cola cortada los caballos de vaquera?

—Si te has dado cuenta nosotros hemos trabajado a los potros con las colas sueltas, pero en el campo se recogen porque al tenerlas sueltas se les ensucian de barro, se les enredan en ellas ramas y matorrales que están sueltos y a veces, aparte de que es difícil quitárselos y limpiarlas sin tirarles de la cola, algunos pueden cocear o sacudirse al sentir lo que tienen enredado entre las patas. También depende del tiempo; es mejor dejarlos con la cola larga en verano, ya que con la cola se sacuden las moscas, que son muy molestas con el calor. En pista es reglamentaria la cola cortada o con el nudo echado. Lo de la cola cortada creo que es una moda inglesa, ya que ellos sí tenían por costumbre tener a sus jacas con la cola cortada, pero solo por el maslo, es decir, justo por la penca, para las cacerías del zorro. Aquí en España les llamamos escobados o a la jerezana, moda impuesta por los ganaderos y cazadores de liebres de esa zona. Con los años se empezó a abusar del corte de la cola cortando unos centímetros para que fuesen más cortas. La medida ideal es una cuarta y cuatro dedos, aunque todo depende del físico del animal. A algunos le favorece la cola cortada y a otros el nudo. Por ejemplo, los altos de sangre española me gustan escobados, mientras que a los que tienen la cola fina y despegada de la grupa como los anglo-árabes les favorece más el nudo.

—«Campero», al ser un tres-sangres, podía haber tenido la cola más española, pero es fina y despegada; el nudo le favorece. Además, como bien ha comentado usted antes, es su defensa para las moscas en verano. Una pregunta, ¿cuándo les entresacaremos las crines?

—Ya mismo, ahora que está finalizando el aprendizaje de baja escuela. Aquí sí quiero aclararte un detalle: cuando le pelemos las orejas, los bigotes y las cernejas de las extremidades, o sea los pelos que le sobresalen del menudillo, junto con el nudo echado y las crines entresacadas, verás que el animal sufre una transformación como de niño a hombre. Últimamente veo que a muchos potros, estando en los niveles de cerreros o simplemente montados «echados pa'lante», los atusan como si estuviesen domados, y eso es un crimen y un gran error, y sobre todo una falta de respeto a la doma vaquera.

—¿Y a «Soñador» no se le quita nada de pelo?

—¡Noo! Al ser un caballo de alta escuela y español, su físico forma parte de su belleza, una belleza unida a su equitación, claro está. Su cola larga y ondulada le da belleza a su grupa, y su tupé y sus crines realzarán la grandeza de sus ejercicios cuando los realice; lo único que se le pela es la testera, justo por donde pasa el montante de la cabezada en la nuca para que no le moleste y se asegure mucho mejor a la cabeza del animal.

—Perdone, maestro si hoy estoy siendo muy pesado con las preguntas, pero estos paseos por el campo y realizar a su lado los ejercicios en plena naturaleza hace que me sienta afortunado. ¿Cuándo se acaba la baja escuela y comienza la alta escuela?

—Muy buena pregunta. En realidad no sabría decírtelo con exactitud, pero ni yo, ni muchos grandes jinetes, porque no se ponen de acuerdo. Para ello se debería hacer otro nivel intermedio donde tendrían cabida ejercicios de ambas escuelas. Antiguamente en los picaderos se realizaba una doma ordinaria, que era tener a un potro en sus tres aires naturales perfectamente, realizando las figuras del picadero, que te subieras y bajaras de él sin problema, saliendo al campo, que anduviese y galopase, no se asustase de nada y poco más; eso era ya una doma de baja escuela. Los trabajos en dos pistas ya eran incluidos en la alta escuela. Los tiempos cambian y la equitación tiende a evolucionar con ellos; es decir, tener un potro como te he citado anteriormente sabe a poco. Hoy en día un potro tiene que estar como están estos dos: con equilibrio, cadencia, ritmo, fijeza, soltura, en los tres aires naturales, realizar apoyos, espaldas adentro, piruetas directas e indirectas, pasos de costado, pasos atrás, galope en trocado y apoyos al galope. Para muchos no estarán domados si no ven que hacen ejercicios de vaquera o alta escuela, pero en realidad están domados. Muchos confunden a un potro manso con uno montado, o montado con «echado pa' lante». Igualmente confunden a un caballo domado con otro haciendo doma. No es lo mismo la baja escuela que os he inculcado tanto a ti como a los potros como la que se realizaba siglos atrás. Pero estar preparado para manejar los ejercicios en pista conforme a la edad de los potros es el trampolín para poder conseguir el verdadero arte de la equitación.

—Maestro, usted ha dicho «manejar los ejercicios en pista». En los reglamentos de doma he visto la palabra «reprise», ¿por qué usted no la nombra?

—Ayyy, amigo Juan, esto es doma española y yo, a mi edad, jamás escuché esa palabra; antes se decía «hoja de ejercicios».

De joven, cuando alguien quería ver trabajar a un caballo me decían, «mueve ese caballo; quiero ver cómo lo manejas» o «cómo maneja el niño ese al caballo», «lo manejas como quieres», o «no eres capaz de manejar al potro». La palabra «manejo» estaba siempre presente. Años después, leyendo tratados antiguos de equitación descubrí que con «manejo» se referían a los ejercicios que realizaba el caballo en el picadero.

—Es una pena que muchos de nuestros términos hayan sido eliminados para introducir vocablos extranjeros y adoptarlos como algo habitual. A todo esto, maestro, ¿por qué se le llama picadero al lugar donde se trabaja a los potros?

—Como bien te he comentado anteriormente, somos muy amigos de adoptar términos extranjeros. La palabra «picadero» en francés significa «manège», que es el lugar donde se adiestra a caballos y jinetes. Realmente es «manejo» en castellano, pero la traducción se hizo a la palabra picadero; también proviene de la palabra francesa «tiovivo» lo que actualmente solemos ver en las ferias de caballitos de madera dando vueltas para el disfrute de los niños. También, aunque es menos frecuente, significa «carrusel». Pero de todas estas traducciones se implantó la de «picadero», llamando picador a la persona encargada del adiestramiento del potro en esa época; aquí en España se dejó como «picador» al encargado de picar al toro en el tercio de varas en una corrida de toros. A estos se les llamaba «varilargueros» o «lanceros» porque en la antigüedad llevaban lanzas. Después se cambió por una vara larga, similar a la garrocha. En aquella época eran los protagonistas de la lidia, siendo grandes jinetes a caballo, auténticos maestros de la monta a la jineta, pero el toreo de a pie acabó dejándolos en un segundo plano. Por seguridad ahora los caballos entran en el ruedo totalmente cubiertos por un peto que los protege de la acometida del toro cuando el picador le mete la puya, que es la punta de la vara larga. Al tener que picar al toro en todo lo alto se le denominó «picador», que en la actualidad son expertos de «monta a la brida». Como ves, amigo Juan, son palabras que tienen similitudes y que tienen que ver las unas con las otras. Pero en España, al que se dedica a la enseñanza del caballo se le conoce como caballista, que quiere decir la persona que sabe y entiende de caballos, y aparte de eso monta bien. Porque si se les llamara domadores o adiestradores podríamos englobar a varios oficios más, como el domador de leones o el adiestrador de perros.

–Uff, lo interesante que me está resultando el saber de historia ecuestre. Como usted me dijo en una ocasión, para saber a dónde queremos llegar es importante saber de dónde venimos.

–Efectivamente. La tradición significa mantener y mejorar, nunca cambiar, pero teniendo la mente lo suficientemente abierta como para incorporar conceptos nuevos que te puedan ser útiles en ciertos momentos de la enseñanza.

–¿Quiere usted decir que puedo incorporar conceptos nuevos a los conocimientos que he adquirido? ¿Pero entonces no estaré modificando el método?

–No, porque estarás adaptándote a los nuevos tiempos sin perder la esencia y las raíces de la doma española. No estarás modificando, sino mejorando por otros procedimientos tus conocimientos, y adaptándolos. Eso se ha venido haciendo siempre a lo largo de la vida, aunque los conceptos son inamovibles.

El año avanzaba, y junto con el año mis conocimientos sobre la doma, la equitación y el trato con los animales. Los potros se estaban convirtiendo en caballos sin darme cuenta. El señor Luis me dijo que, a diferencia de otros casos donde muchos aficionados trataban a los potros como caballos, a él le gustaba tratar a los caballos jóvenes como potros.

Una tarde, teniendo a los potros atados para ponerles las monturas españolas como de costumbre, estando en el guadarnés mi maestro me indicó que cogiese una montura vaquera. Era el momento de empezar a ponérsela de vez en cuando a «Campero» para que se fuese familiarizando con ella y acostumbrándose a su peso y volumen, pero sobre todo a los estribos vaqueros, ya que estos eran más grandes que los habituales vaqueros que utilizaba con la montura española. Cuando le pregunté por el peso de estos estribos me dijo que era porque al pesar, si pierdes el estribo en una cabalgada te será mucho más fácil recuperar e introducir el pie de nuevo en él. Si pesaran poco bailarían y tendrías más dificultad. Los estribos de la montura española de «Soñador» sí eran los típicos estribos españoles. Mi maestro me los puso de esa forma para diferenciar entre ambas domas y que me acostumbrase a manejar los pies, ya que los diferentes estribos te hacen tener diferente forma de aplicar las ayudas. Mirando las monturas vaqueras me explicó:

–En los estribos españoles, al tener el tacón de la bota bajo y libre, las ayudas son más cercanas al costado del potro. Sin embargo en los estribos vaqueros, el pie está plano y descansando dentro de la base. De esta forma te obligas a usar unas espuelas un poco más largas para tener contacto, aunque con los potros al inicio, si eres habilidoso y montas sin espuelas, la punta del estribo la puedes utilizar para el contacto.

Les pusimos las monturas vaqueras a los dos potros. Después pregunté por qué se la ponía a «Soñador» y me dijo que era bueno que se acostumbrase a distintas monturas y, por si un día tenía que ir de romería, la montura vaquera le daría otro toque de hermosura. Me recordó, y así me lo hizo ver, que no había imagen más bonita que un caballo español enjaezado a la vaquera. Y no le faltaba razón: con el nudo y la montura vaquera daba la impresión de estar más reunido.

–Maestro, ¿cuál es el origen de la montura vaquera?

–Su origen ha sido una evolución constante que ha tenido sus modificaciones acorde con los tiempos. Se podría decir por su similitud que su procedencia es árabe, concretamente del Magreb de Marruecos. Los estribos de esas monturas están en un término medio entre el vaquero y el español, pero si observamos bien, la perilla y la concha son semejantes; eso sí, las nuestras no tienen tantos adornos. También tiene cierta similitud con las antiguas albardas o aparejos utilizados en la labranza para la carga de las bestias, que con el tiempo se adaptaron para trabajar con el ganado, lo que provocó que surgieran las primeras monturas vaqueras muy despegadas del dorso del caballo, pesadas y con unos bastes muy gruesos. De la unión de la albarda y la montura árabe surgió la actual montura vaquera, pero evolucionada para poder realizar los ejercicios de vaquera de tal manera que no perjudicara al animal en sus movimientos y le fuese igualmente cómoda al jinete para desarrollar sus labores. De la árabe se adoptó el pechopetral y de la albarda la baticola. Los bastos de la albarda estaban rellenos de paja de centeno y se sustituyó la manta sudadera de la árabe. También al ser una montura de trabajo diario, donde el jinete tenía que pasar muchas horas, se le añadió una piel de borrego curtida para mayor comodidad que a la vez sirviera de almohada si se tenía que hacer noche bajo las estrellas.

Salimos al campo después de comprobar que los dos potros aceptaban las monturas con total normalidad, ya que lo que más suelen extrañar son los bastos y sobre todo los estribos, pero a esas alturas de la doma, con la confianza que tenían en nosotros, podían aceptar cualquier cosa extraña como algo normal y natural.

Llevábamos más de dos horas por el campo cuando el tiempo empezó a cambiar, la temperatura bajó y unas nubes oscuras amenazaron a lo lejos. Sentí frío y recordé algo que me solía pasar muchas veces, y era que estás buscando algo y lo tienes delante y no lo ves. Mi maestro desabrochaba las agujetas de su manta estribera de la montura a la vez que me decía:

—Amigo Juan, todo lo que tiene la montura vaquera no es por capricho; es absurdo tener frío y no utilizar la manta estribera. Anda, cógela; la abres y te la echas por encima. Con cuidado, que es la primera vez que los potros te ven con la manta encima. Recuerda que siempre que haya una primera vez toda precaución es poca. Como su nombre indica, es manta estribera porque llega a los estribos de cada lado; de esta forma, por su longitud puede cubrir tu cuerpo tanto montado como si tienes que hacer noche al raso.

—Maestro, ha dicho usted que todo lo que tiene la montura no es por capricho. ¿Para qué sirven estas porritas que están atadas a cada lado de la montura justo detrás de mis piernas?

—Si te fijas bien no son iguales; la de tu izquierda es una porrita para agarrarte cuando te subes, ya que en el campo te subes y te bajas del caballo muchas veces, y siempre es mejor un poco de ayuda. La de tu derecha es una reatilla; está para el caso de que se te rompa una rienda. Puedas utilizar esta, o bien, como su nombre indica, tener de reata con esta rienda al caballo sin necesidad de utilizar las del bocado; digamos que es una rienda de repuesto.

Llegamos a las cuadras calentitos por las mantas y con algunos conceptos aprendidos, pero todavía no había acabado la lección. Desmonté la cabezada vaquera para limpiarla y cuando la tenía limpia la monté de nuevo. El señor Luis la miró detenidamente y me dijo:

—Desabrocha las riendas y colócalas bien.

—Pero ¿cómo que las coloque bien? ¿Acaso no lo están?

—No, mira. Si te fijas bien, las riendas de vaquera son desiguales; el motivo es el hecho de tener el mando solo en la mano izquierda. Al tener la tendencia de tirar más de este lado, el izquierdo, y que al pasar la rienda izquierda por el canto de la mano debe realizar más recorrido mientras la rienda de la derecha pasa por el meñique, ¿cuál es el lado que le corresponde a cada rienda?

—Como usted bien ha dicho, supongo que la rienda derecha debe ser más corta y la rienda izquierda más larga, ¿no es así?

—Correcto, supones bien. Iguala las riendas y observarás que la derecha es uno o dos centímetros más corta. Ya puedes montar la cabezada correctamente.

Teniendo el bocado en la mano le pregunté a mi maestro que si esos hierros eran los que llevarían siempre los potros, recordando a mis amigos aficionados del pueblo que a menudo estaban cambiándole el hierro a sus caballos, porque según ellos iban mejor con unos que con otros.

–Esto de los hierros es un tema de importancia, pero en realidad no tanta como se le suele dar. Me explico. Si te fijas bien, los dos potros han trabajado desde un principio con los mismos hierros en la boca, unos sencillos y simples: «Soñador» con un hierro español y «Campero» con un hierro vaquero. En realidad ellos han llevado el hierro en la boca un tiempo. Posteriormente, según les enseñábamos ejercicios, se les tocaba un poco pero sin darle importancia, porque todo era desde la nariz. Hasta este nivel, digamos de baja escuela, si damos por finalizado su aprendizaje se les pueden dejar esos hierros y también tocarlos con más frecuencia para acabar teniéndolos en dos riendas y llegados a este punto los tendremos domados para toda la vida si no los dejamos de montar. Cuando aparece el problema de los hierros es cuando tenemos que superar la fase de baja escuela para alcanzar la de doma vaquera. Los caballos entonces te piden el hierro que necesitan, ya que los ejercicios de vaquera tienen unas exigencias que otras domas no poseen y, por tanto, la proporción de la medida entre el portamozos y las patas es muy importante, unida a la cadenilla en el momento de realizar la presión de la palanca. La cadenilla la prefiero gruesa, para que sea más suave, ya que la presión de la palanca el caballo la recibe en la cadenilla, y los cañones que sean gruesos, para suavizar más la boca; si el animal tiene los asientos finos le vendrán bien. Si por el contrario el animal tiene buenos asientos y vemos que no responde al bocado, entonces se les pone un bocado con los cañones más finos. Todo es cuestión de estudio continuo.

–Maestro, ¿cómo sabremos cuándo necesita otro bocado?

–Lo sabrás perfectamente, ya que notarás que el potro pierde equilibrio, te pesa más en la mano, no responde a las ayudas, te ignora; entonces es cuando tienes que probar qué hierro le viene bien para que realice los ejercicios con calidad y a la vez no le moleste. También es importante la embocadura que se elige. Las hay de asa caldera, boca sapo y cuello pichón; estas son las más comunes. Hacen efecto en el pasalengua, como se le suele llamar, con más o menos castigo según la curvatura. A veces pensamos que poco hierro no le hace daño, cuando realmente si necesita o pide más hierro lo que está es peleando, de tal manera que no atiende al trabajo y por consiguiente coge temor a la embocadura.

—Maestro, ¿con los caballos de alta escuela también tendremos estos problemas?

—Naturalmente, pero en la vaquera los ejercicios suelen ser más complicados y a tener en cuenta. En alta escuela, claro que los hay difíciles de boca igualmente, pero al ser una doma gimnástica, los problemas se reducen. También a «Soñador» más adelante le quitaremos las dos riendas de la nariz y serán sustituidas por el filete y bocado, pero eso ya te lo explicaré a su debido tiempo. De momento durante los seis años de jóvenes caballos, sus enseñanzas serán igualmente desde la nariz hasta que asimilen los ejercicios; después se les intercalará alguna que otra vez, a uno el filete y bocado y al otro las cuatro riendas, pero las de la media caña en los farolillos hasta completar el aprendizaje, que será cuando se queden en dos riendas. Pero hasta entonces tienen un largo camino que recorrer.

Por la noche en la cama me dispuse a asimilar todo lo aprendido y recordar las conversaciones que había tenido durante el día. Llevaba tres años aprendiendo doma española, me sentía afortunado de tener a un gran maestro como el señor Luis, y al ser su único alumno era mucho el tiempo que tenía para inculcarme sus conocimientos. No quería defraudarlo y por ello me exigía a mí mismo más de lo que podía dar.

En esos tres años había aprendido mucho, pero nunca imaginé que aprender un arte fuese tan difícil y largo. Un día mi maestro me dijo que me faltaban otros tres años de aprendizaje, tanto a mí como a los potros. Pero no acabando la conversación dijo también que terminaría el aprendizaje de esos seis años para empezar a aprender el arte de la equitación realmente, porque este oficio no se acababa de aprender nunca. Cada animal es diferente, y por tanto no existen reglas fijas que determinen realmente cómo se tiene que trabajar un potro.

Efectivamente, estaba aprendiendo un oficio, el de caballista. No obtendría titulación, pero sí experiencia. Me sentía con vocación y con el deber de aprender para poder transmitir nuestra doma española tal y como me estaba siendo transmitida a mí.

Durante el tercer año les realicé todo el trabajo a los potros tal y como me fue indicado, hasta que entraron en la primavera siguiente con los seis años cumplidos listos para ser iniciados cada uno en su variante de doma española, es decir, a «Soñador» en alta escuela y a «Campero» en vaquera. Pero también sacamos tiempo para ver algunas exhibiciones y concursos de doma, donde los consejos y apreciaciones sobre lo correcto y los errores que se observaban en las pistas me fueron de gran ayuda, ya que el señor Luis, con buen ojo crítico, me comentaba todo lo que sucedía en cada momento. Pero esto os lo contaré en el próximo capítulo.

17. OBSERVANDO A LOS CABALLOS EN LAS PISTAS

Alejandro y Cándido Pina, jinetes profesionales.

Nunca falté a mis tareas diarias, el horario lo cumplía debidamente y don Gregorio Pérez se sentía satisfecho con mis labores en la finca. El trabajo con los dos jóvenes caballos lo realizábamos fuera del horario de trabajo.

También empezamos a trabajar nuevos potros en la yeguada. El señor Luis se sentía orgulloso de ver cómo aplicaba con ellos los conocimientos adquiridos, con resultados muy aceptables. Evidentemente siempre tenía que corregirme algunos detalles; aprender a montar a caballo es como aprender a montar en bicicleta: nunca se olvida, pero al tratar con un ser vivo muchas veces surgen dudas donde solo los conocimientos no valen, pues también se necesita una gran dosis de experiencia.

Una tarde el señor Luis me dijo que dejaríamos a los animales descansar e iríamos a ver una exhibición ecuestre que se iba a realizar en un pueblo cercano. Cuando llegamos, lo primero que sucedió fueron los saludos interminables de mi maestro a antiguos compañeros del oficio, jinetes de edades similares. Recordaban tiempos pasados. Estaban para presenciar la exhibición igual que nosotros y, como era lógico, todos le preguntaban que dónde se había metido, que llevaban mucho tiempo sin saber de él. Modestamente a cada uno le respondía de la mejor forma que podía; conociéndolo parecía no querer decir la verdad. De pronto me vino a la mente la pregunta que me había surgido hacía tiempo: «¿por qué se retiró del mundo de la competición?». Un jinete como él y con sus conocimientos. Decidí callarme y esperar, ya que lo mismo algún día él me lo diría sin preguntar. Los más jóvenes lo ignoraban por no conocerlo, sobre todo los que se estaban preparando para actuar.

Nos acomodamos en unos asientos desde donde se podía apreciar toda la actuación del jinete que estuviese en pista, pero apartados del resto del público para que cuando hablásemos nadie pudiese escuchar lo que decíamos. El primero en salir fue un jinete joven con un caballo español en alta escuela. El señor Luis comenzó a comentarme todo lo que se estaba desarrollando en la pista.

–Bien, amigo Juan, como puedes observar, el caballo tiene un paso de andadura, precipitado, en dos tiempos; nada que ver con un buen paso castellano. Desde ese paso difícilmente podrá realizar el resto de ejercicios al paso con calidad. Eso es por falta de base, consecuencia de las prisas.

Ciertamente el animal no realizó nada a destacar, a pesar de estar en alta escuela. Solo ejecutó varios ejercicios de circo con los que consiguió arrancar algunos aplausos del público aficionado pero poco entendido.

El siguiente en pista fue otro de alta escuela, supuestamente, claro.

–Este ya no sé qué decirte, amigo Juan. El animal trabaja con el dorso hundido; así es imposible que pueda trabajar. Toda su parte superior está en tensión y los posteriores fuera de la masa, y para colmo el jinete está agarrado de las riendas; no utiliza nada las piernas, un desastre.

–De momento, de los dos primeros poco tengo que aprender, ¿no es así? –le dije mirándole a la cara y con gesto de aprobación.

–Te equivocas; al contrario. Aquí es donde más se aprende; se aprende a saber qué es lo que no se debe hacer y por qué. ¿A que te estás dando cuenta ahora de la importancia de una buena base? Aquí es donde se ve reflejada su ausencia.

–Perdone, maestro, siempre estoy metiendo la pata.

–La pata la metes si no me preguntas. Todas las dudas que tengas, dímelas. Mira este otro caballo; parece que tiene los deberes mejor hechos, pero en el galope está detrás de la vertical, encapotado y falto de impulsión; es como conducir un coche sin volante. Esto es consecuencia de abusar del galope corto; muchos no se enteran de que el galope corto viene del acortamiento de un buen galope de trabajo y en la mano, nunca por la tracción de las riendas.

–Perfecto; estaré pendiente de todo lo malo y lo bueno para hacer comparaciones conmigo mismo.

–Mira este paso español: saca y eleva mucho las manos, es espectacular, todo el mundo aplaude, pero si te fijas en los posteriores, las patas no entran debajo de la masa de modo acorde con las manos, se desequilibra. Al jinete se le aprecian las ayudas muy exageradas, esas piernas deben estar quietas; parece que es él el que está haciendo el paso español y no el caballo. Con esos gestos, aparte de no ser correctos, le quita protagonismo al caballo. Y ahora el *passage*; fíjate bien para cuando tengamos que aprenderlo con «Soñador». Las manos las saca demasiado y los posteriores los arrastra; es más bien un trote español que un *passage*, pero aunque fuese un trote español igualmente estaría mal realizado, ya que va dando manotazos y no son nada homogéneos; es decir, cada mano la mueve por libre.

—¿Veremos algún ejercicio que me pueda usted decir que está bien para saber cómo es correctamente?

—Tranquilo, faltan unos pocos por salir, y al ser una exhibición normalmente salen por delante los menos preparados y dejan para el final los que suelen ser mejores, que es lo que espera el público.

»Ahora tenemos en pista a un caballo ejecutando una alta escuela con mucha técnica, demasiado clásica, intentando hacer los ejercicios correctamente, aunque sin gracia; le falta arte.

—¿Pero, es alta escuela lo que estamos viendo?

—Lo intenta. Me da la sensación de que es un caballo que han querido domar en clásica y al ver que no ha dado la talla lo han metido en alta escuela. En este caso es un error, ya que en alta escuela se premia la composición artística por encima de la técnica. No quiero decir que no se tenga técnica; simplemente que si carece de arte, la alta escuela no se reflejará y por tanto lo que se haga será una mala imitación, como en este caso.

—Entiendo. Naturalmente que habrá caballos que obtengan buenas notas en ambas disciplinas, pero lo que usted quiere decir es que ambas deben estar claramente diferenciadas la una de la otra.

—Exactamente, porque si no estaríamos viendo una misma doma donde la única diferencia sería la presentación del conjunto caballo-jinete. Recuerda que la doma clásica está creada para beneficio del caballo centroeuropeo, un animal que suele pesar en la mano y con mucha amplitud en los trancos, al contrario que el nuestro, que es todo ligereza, que eleva más que avanza y se reúne con más facilidad. Por eso existe una gran confusión al querer comparar los ejercicios de alta escuela con los de clásica, ya que los apoyos, por ejemplo, de uno y otro animal no son iguales, aunque no por ello quiere decir que no sean correctos.

Salió a pista un joven con un potro en vaquera y a cuatro riendas. Aquí sí que mi maestro me acabó de hacer entender muchas de las cosas vividas cuando le dije que el potro andaba bien al verle mover el mosquero de oreja a oreja.

–Mira, amigo Juan, este potro anda, mueve el mosquero, pero no es un paso de calidad. Si te fijas bien, el mosquero se lo mueve el jinete con la mano, lo que provoca que mueva la cara disimuladamente al andar y el mosquero se mueva. Pero mira las patas: le faltan dos cuartas para llegar a las manos, cuando lo correcto sería pisar al menos donde la huella.

–Uff cuántos detalles. Ahora sí que no lo entiendo –le dije a mi maestro al ver que el jinete pedía ejercicios como paradas a raya.

–El que no lo entiende es el jinete, que no se da cuenta de que está sobre un potro y le está pidiendo cosas que no son de su edad. Cuando sea caballo se encontrará con un animal lesionado e inútil. Además, esas paradas son malas; fíjate cómo ha desplazado la grupa. Eso es para aliviarse, y a la vez se ha volcado sobre las espaldas; en fin, de esto te encontrarás mucho a lo largo de la vida.

En una tarde de observaciones estaba aprendiendo más que en muchas tardes encerrado en el picadero. ¡Qué bueno era dar de vez en cuando una vuelta por el mundo! Como me decía el señor Luis, «a veces hablas con jinetes que te convencen teóricamente y cuando los ves trabajar te llevas muchas desilusiones». Siguiendo con la exhibición, el siguiente fue un jinete de vaquera.

–Observa a este jinete: parece que vamos a contemplar una buena doma vaquera. El paso castellano es bueno y en consecuencia el resto de los ejercicios al paso llevan la misma dinámica. Otra cosa es la calidad; me refiero a tener más o menos puntuación, pero las directrices deben estar claramente marcadas. A galope bien, pero en las medias vueltas no debería tirar del caballo con su cuerpo. Además, mira para el suelo; ese es un defecto, aparte de feo, grave.

—Maestro, no entiendo lo que me acaba de explicar.

—Es normal que no me hayas entendido, primero porque tú no conoces las ayudas a realizar en este ejercicio, y segundo porque el jinete que vemos en pista, o tampoco las conoce o ha adquirido ese vicio y ahora le cuesta corregirlo.

—¿Puede ser también por la calidad del caballo?

—Claro, muchas veces nos empeñamos en que un caballo lleve a cabo la doma que le pedimos y no observamos que le estamos pidiendo cosas para las cuales no tiene cualidades. También te quiero decir que en vaquera debería haber divisiones como en el fútbol: no todos pueden estar en primera división ni en la Selección; también existen la segunda, la tercera y la regional preferente.

—Lo que usted me quiere decir es que este jinete, con sus defectos y virtudes, está en una división que podría ser la de exhibición, o bien participar en territoriales y disfrutar perfectamente de su caballo, y de la propia vaquera como lo puede hacer cualquier otro aficionado más en las pistas.

—Me has entendido perfectamente. Mira, va a salir el último de la tarde; este caballo sale en alta escuela, se le ve artista.

—Qué guapo, maestro, es una maravilla y los ejercicios de alta escuela son preciosos.

—Aquí tenemos un ejemplo contrario al de antes. Este ha alardeado demasiado del arte de su caballo. Es cierto que el paso español ha sido muy bueno, el *passage* espectacular y el *piaffé* marcado y con mucho ritmo. Pero en el galope ha ido lo que se llama a «puñado», es decir, los cambios pegando saltos y pequeñas lanzadas, las piruetas entre piruetas y vueltas, nada definidas, y para acabar, las incurvaciones no las conoce, siempre cara y cuello derechos en los trabajos en dos pistas. En general bien para una exhibición, pero en una competición se habría dejado muchos puntos. También aclararte que entre esta actuación y la del clásico prefiero esta como representante de la cultura ecuestre española.

Acabamos de ver la exhibición y en el viaje de regreso a casa continuamos haciendo balance de lo presenciado. Las largas conversaciones sobre caballos y doma nunca se terminaban. Mi maestro me dijo que en estos casos los errores leves eran perdonables, ya que o bien eran jinetes noveles, o bien veteranos que aprovechaban para sacar al público a sus nuevos caballos en doma, y esos eran los lugares ideales para que tanto jinetes como animales se hiciesen a las pistas, al ambiente, al público, los transportes, etc.

Pasadas unas semanas, el señor Luis me dijo que se iba a efectuar un concurso nacional de doma vaquera y decidimos ir a presenciarlo. De nuevo repetimos la misma fórmula de semanas anteriores en la exhibición; en esta ocasión hablamos más bajo ya que el público existente era mayor. Antes de comenzar a comentarme las actuaciones, mi maestro me puso al corriente de que en esa ocasión iba a ser más exhaustivo ya que se suponía que el nivel era superior y no se permite tener errores y defectos como si de un concurso territorial se tratase. Salió el primer caballo a pista.

—Has apreciado, amigo Juan, que en la entrada a la pista el animal no ha tenido rectitud en el galope. El reglamento no dice en qué galope debes entrar; lo puedes hacer en galope de trabajo, corto o arreando. La parada y la rectitud en la parada sí han sido buenas, pero se ha colocado el sombrero tras saludar poniendo al caballo al paso, y debería haber terminado de colocárselo y después haber salido al paso. Son detalles que como jinetes competidores deberían tener en cuenta. ¿El círculo, cómo lo ves?

—Lo veo, bueno, incurvado de nuca a cola y comprometiendo al animal al cerrarlo cada vez más.

—No sé cómo puntuarán los jueces este ejercicio, pero el reglamente dice círculo y ha realizado una vuelta; recuerda que si un círculo se realiza con menos de seis metros de diámetros deja de ser círculo y pasa a ser vuelta. Por tanto no es correcto, ya que no realiza lo que se le pide.

–No había caído en eso; es cierto.

–Mira este otro jinete, hace las piruetas directas sin partir de una línea recta y sin avanzar, y en el mismo sitio le pide una inversa. Están bien realizadas, pero mal ejecutadas en pista. El ejercicio debe partir de una línea recta y salir en el mismo sentido de la marcha; una vez terminado se entra en el siguiente. Todo se tiene que realizar de modo que le quede muy claro al juez que dominas la situación.

–¿Estos jinetes tienen maestros que les digan estas cosas?

–En mis tiempos escaseaban. Hoy en día el que no aprende es porque no quiere o porque su orgullo puede más que él. También es cierto que los nervios te juegan malas pasadas. Ejecutar veintitantos ejercicios bien en ocho minutos a la primera y a ambas manos no es nada fácil; o se está muy preparado o el fracaso es evidente. Son muchos los alumnos que quieren salir a concursar. Se preocupan por el ejercicio en sí, pero se olvidan de la base y de los fundamentos a tener en cuenta para que el ejercicio sea mucho más fácil de ejecutar; de esta forma el caballo estará siempre presto, pero si lo machacas mucho en repetir los ejercicios acabará buscando formas de no realizarlos al exigirle esfuerzos para los que no está preparado.

–Lo que usted me dice siempre: prepararlos física y mentalmente para que estén dispuestos a aprender.

–Cierto. Mira, este otro caballo en pista está haciendo las vueltas sobre las piernas como acabamos de explicar. Su entrenamiento se ha basado en hacer vueltas y el animal las hace como un tierra-tierra, girando los posteriores, saltando a la vez y marcando un amplio círculo. Le duelen los corvejones por la mala preparación gimnástica que ha recibido y eso le produce tensión en todo el cuerpo. Este es el resultado de las prisas.

–Mire, maestro, ese apoyo al galope no lo veo claro. ¿Está bien realizado?

–Primero, el jinete lo está empujando sentándose del lado contrario de la marcha; eso es un defecto grave, y el apoyo pierde el ritmo, es decir, lo mismo avanza que se retrae, todo por querer que el caballo no deje la grupa atrás y está cometiendo el error de que se le adelante de las espaldas. Y en el trocado, no te has fijado; al querer cerrarlo demasiado el galope ha perdido calidad, poniéndose en cuatro tiempos,

—Sí, ya noté algo raro en el galope cuando realizaba ese ejercicio. ¿Los cambios de pie sí que los están haciendo en general casi todos bien, verdad?

—Hay de todo, pero eso te lo explicaré cuando nos toque enseñárselos a «Campero» y a «Soñador». Los cambios de pie al tranco son un ejercicio de alta escuela, pero en el campo también se cambia de mano, y los jinetes vaqueros en pista, queriendo rizar el rizo, lo hacen a un tranco. Yo pienso que se está abusando de este ejercicio. Mira, ese jinete, entre medias vueltas y medias vueltas, le pide cambios al tranco; eso no es para adornarse: es para avivar al caballo porque se le viene abajo y se queda sin fuerza, y otras veces porque se le adelanta al ejercicio sabiendo que viene otra media vuelta, y de esta forma le obliga a estar más pendiente de él.

—¿Pero esos detalles los jueces lo tendrán en cuenta?

—Deberían, Juan, deberían.

La respuesta me dejó con dudas. No quise insistir, pero algo me decía que su respuesta tenía que ver con su retirada de las pistas. Algún día lo averiguaría y seguro que me daría alguna explicación contundente y clara.

—Mira, amigo Juan, ese ejercicio se llama paso atrás con arremetida. La arremetida ya te contaré cuando llegue el momento cómo es, pero ten presente que lo que acabas de ver está muy lejos de parecerse a una arremetida. Lo que ha hecho es una salida al galope y en el segundo tranco lo ha arreado. Hay de todo en este concurso. También algunos alargan y hacen medias paradas en vez de templar. Otros hacen paradas deslizantes en vez de paradas a raya. Otros realizan piruetas; nada que ver con las vueltas sobre las piernas. Asientos de jinetes muy adelantados en sus monturas, casi en los cuellos, con las riendas en las manos que parece que las sujetan con dos pinzas;

las piernas las utilizan muy poco y en algunos casos casi nada. ¡Dios, es un desastre!

—Maestro, ¿la doma vaquera de hoy tiene que ver con la que practicaba usted en su día?

—Vaquera solo hay una, con sus diferentes formas de interpretarla cada uno; esa es la grandeza de esta modalidad de doma. Antiguamente sí que es cierto que éramos más espontáneos. En los ejercicios de coeficiente dos apretábamos más a los caballos, los tirábamos a matar como diciendo: «este está domado y no se va». Hoy está todo muy medido; ha perdido ese aire vaquero. Los caballos estaban menos trincados de la cara, más puestos en las piernas. Hoy lo que sí saben los jinetes es entrar en pista y enlazar los ejercicios durante toda la actuación. Saben equitación, pero eso ha traído como consecuencia una vaquera más descafeinada. Los jinetes quieren hacer las cosas bien, pero se sienten presionados por la búsqueda de la perfección, y cuando fallan a la más mínima son castigados en la puntuación. Lo ideal sería hacer equitación en los ejercicios de notas simples, pero cuando realizan ejercicios de coeficiente dos, es decir, los que constituyen la esencia de la doma vaquera, se deberían apartar un poco de esa rigidez de técnica y plasmar más la doma de campo. Entiendo que esto ya como deporte es difícil.

—Ha dicho usted aire vaquero. ¿Eso qué es?

—¿Qué sentiste cuando me viste montado en «Campero» galopando por el campo y haciendo algunos ejercicios de baja escuela con el nudo echado y la montura vaquera?

—Ufff, no sé explicárselo, maestro. Sentí que se me ponían los pelos de punta y algo que corría por todo mi cuerpo como diciendo: esto es lo que quiero hacer y conseguir. Verlo a usted montado con esa naturalidad; supongo que eso es a lo que usted se refiere.

—Más o menos, y eso que el potro no hizo ningún ejercicio de coeficiente dos, pero ese es el concepto. El aire vaquero es cuando ves a un jinete que cae bien a caballo, cuyas ayudas son discretas pues nadie las percibe cuando le pide un ejercicio al caballo y este trabaja con toda naturalidad. Aquí hemos visto hoy mucha doma, ejercicios de vaquera, pero también mucha tensión, rigidez, jinetes tirando de los caballos para que realizaran los ejercicios, jinetes con malos asientos y ayudas bruscas; todo esto, al adolecer de finura y arte, también carece de aire vaquero. Cuando ves un caballo tranqueando, con las riendas en banda, sin protestar, obediente a las ayudas inapreciables del jinete, que entra y sale del ejercicio como si no llevase a nadie encima, el jinete colaborando en el movimiento, que no sea un obstáculo, que el caballo, después de arrear a todo lo que da, para y sale andando como si no fuese con él, eso es aire vaquero, y eso le hace al público ponerle los pelos de punta. ¿Tú has sentido eso aquí hoy?

—Sinceramente no, ya le digo, pero eso que usted me ha explicado lo siento muchas veces cuando le veo montar a caballo.

—Tú también lo tienes, lo que sucede es que no te ves. Pero te lo digo yo, y ¿sabes por qué? Por dos razones muy importantes: primera, porque eso lo tienes o no lo tienes, por mucho que te lo enseñen; y segunda, porque lo has desarrollado en el campo con los potros y los potros han adquirido ese aire, un aire que en los picaderos no se adquiere por mucha equitación y doma que tú les des. En resumidas cuentas, el aire vaquero es la ejecución de los ejercicios realizados con toda naturalidad por ambas partes, tanto del caballo como del jinete, pero dentro de una calidad aceptable, entrando y saliendo del ejercicio y marcando las directrices que manda la doma de campo.

—Maestro, ya vamos de regreso para casa y creo que he aprendido mucho, sobre todo lo que no se debe hacer o está mal realizado, pero también algunas cosas creo que las hemos visto bien. ¿Podría usted indicarme cuáles?

—Claro, amigo Juan; se han visto ejercicios sueltos muy buenos. ¿Te acuerdas del tordo rodado que te gustó? Bien, pues ese hizo una buena parada a raya, paró bajando la grupa y sin desplazarla, el jinete correcto en las ayudas y sin protestar el animal, manteniendo la cara fija. Otro el alazán oscuro; ese realizó las medias piruetas tanto al paso como al galope muy buenas, como mandan las directrices, recogiendo, girando y cayendo por bajo, entrando y saliendo sin alterar el ritmo, con naturalidad. Esas cosas son las que hay que premiar, pero claro, con un ejercicio no se gana un concurso. También hemos visto jinetes bien montados, aplicando las ayudas correctamente, independientemente de que después los ejercicios fuesen de mayor o menor calidad, pero esos jinetes, si algún día tienen un buen caballo, podrán llegar lejos en la vaquera.

Llegamos a casa y, a solas, como de costumbre, comencé a memorizar lo vivido durante el día. Mi maestro me daba su punto de vista y siempre me decía que él no tenía la verdad absoluta, aunque sí una visión clara de una vida a caballo, donde en todas las épocas ha habido buenos y malos jinetes. Unos vivieron una época y otros la estábamos viviendo ahora; nadie es mejor ni peor, simplemente en ciertos momentos un jinete cuenta con un buen caballo y demuestra sus conocimientos, pues ya se sabe que «un caballo sin jinete es un caballo, pero un jinete sin caballo no es nadie».

Lo que más le gustó a mi maestro fue que la doma vaquera estaba viva, tenía sus seguidores, algunos aficionados perdidos en cómo deben pedirse las ayudas en la verdadera doma vaquera y otros luchando contra la marea viendo que sus actuaciones no obtenían la colocación que se merecían. Pero eso, desgraciadamente, existió antes, ahora y seguirá existiendo siempre, ya que en esto de la doma nunca llueve a gusto de todo el mundo.

18. COMIENZA LA ALTA ESCUELA Y LA DOMA DE CAMPO. LOS CAMBIOS DE PIE

Fernando Mascarel, jinete profesional.

Los caballos tenían seis años recién cumplidos. Estábamos a primeros de año y con una muy buena base de doma con la que los tenía perfectamente preparados para inculcarles nuevos ejercicios sin que para ellos fuese problema alguno.

Por ejemplo, a «Soñador» se le podía ir pidiendo el paso español y la pirueta al galope a la vez, ya que son ejercicios independientes. Sin embargo, no era conveniente enseñarle a la vez el paso español y el *passage* o el *piaffé*, ya que a pesar de encontrarse en aires diferentes, los toques son similares y es cuando pueden surgir dudas en su mente y bloquearse al no entender al principio qué es lo que se les está pidiendo. A «Campero» igualmente se le pedía un cuarto de vuelta sobre las piernas en los tres aires y que fuese aprendiendo la mecánica de parar a raya a la vez, pero no las medias vueltas y las vueltas sobre las piernas juntas, ya que las directrices de los dos ejercicios son distintas a pesar de aparentar similitud. Todo tiene un orden.

Los ejercicios de alto nivel los describiré por separado, cada capítulo dedicado a un ejercicio determinado, siendo tratados de principio a fin y en paralelo al resto de los ejercicios. La gimnasia llevada a cabo para facilitar la realización de un ejercicio es también válida para otros muchos, ya que con todo este aprendizaje con ambos caballos lo que se pretendía era llegar a alcanzar la culminación en la doma española en sus dos variantes, la alta escuela y la doma de campo.

El siguiente ejercicio que mi maestro me dijo que tenían que aprender los caballos eran los cambios de pie, ya que facilitaría mucho el pasar de una mano a otra en el galope para realizar los ejercicios a ambas manos sin necesidad de efectuar transiciones, ya que la edad de los caballos lo permitía. Este ejercicio sí se lo habíamos iniciado meses atrás. Les contaré cómo fue todo el proceso desde el principio, según me lo enseñó mi maestro, el señor Luis.

—Bien, amigo Juan, para empezar a hacer cambios de pie lo primero que tenemos es que tener al caballo en un buen galope de calidad, en la mano, y sobre todo relajado y atento a las ayudas del jinete, de lo contrario todo resultará una pelea continua. Lo primero que tiene que aprender es a realizar los cambios de pie simple.

—Cambio de pie simple. ¿Ese ejercicio cómo es?

—Es una transición de galope-paso-galope, pero en esta ocasión, en vez de realizarla a la misma mano, es por ejemplo que si galopas a la mano derecha, le dejas caer al paso dos o tres trancos y lo sacas de nuevo a la otra mano, a la izquierda. De esta forma le tendrás galopando a la otra mano, y como el caballo sabe salir a galopar a ambas manos desde el paso no deberías tener problema en acortar los trancos hasta poder pasar solo por uno.

—¿Hasta cuándo se le debe tener en este cambio de pie simple?

—Como la finalidad es pedirle el cambio de pie aislado, es decir, que cambie de mano en el galope sin pasar por otro aire, te haces a la idea de que le pides de nuevo una salida a galope a la mano derecha estando galopando a la mano izquierda, sin pasar por el paso o el trote. Son muchos los caballos que facilitan el cambio al saber que se lo vas a pedir, ya que cuando realizan el cambio de pie en el aire, si están física y mentalmente preparados lo prefieren; las transiciones en cambio de aire les molestan mucho más.

—¿Es este un ejercicio de alta escuela?

—No, para nada; todo caballo en baja escuela debería saber cambiar de pie a ambas manos. Si estás realizando una diagonal en el picadero y cambias de sentido, lo mejor es realizar el cambio de pie en el aire y continuar el galope a la otra mano. En el campo, si te encuentras galopando a la mano derecha y surge un imprevisto y tienes que realizar un giro a la izquierda es mucho mejor que el animal realice un cambio de pie aislado, ¡no vas a realizar un cambio de pie simple! ¿O vas a continuar en galope en trocado?

—Tiene usted razón, no lo había pensado.

Al hacer los cambios simples y los cambios de pie aislados durante unos meses con ambos caballos me encontré con algunas dificultades, pero eran más mías como jinete joven e inexperto que de los animales.

Cuando les pedía el cambio era en el momento menos oportuno, cuando había pasado la suspensión que tiene el galope entre tranco y tranco. Cuando va galopando a mano derecha, y justo en el tercer tiempo del galope, es cuando apoya la mano derecha el caballo, y en ese momento es cuando se le pide el cambio, pero esperando a que acabe la dinámica de esa mano en el suelo.

A mí me costaba encontrarme centrado para pedirle la ayuda, aunque es igual que en una salida a galope desde el paso; mano izquierda llama la atención en la cara con las riendas, sobre todo las de la nariz, y le presionas la pierna derecha dejando libertad a la pierna izquierda, pero sin desplazarla del sitio; de este modo se le da soltura a la espalda izquierda, facilitándole el cambio.

Otro aspecto a cuidar era evitar que desplazasen la grupa al meter los posteriores; por eso mi maestro me decía que siempre «pa'lante», ya que si los retenía con una media parada provocaba que saltasen de los pies juntos en el cambio, y como consecuencia, los bípedos laterales no cambiaban al unísono, sino en dos tiempos, porque dejaban el tranco atrás y cambiaban en el siguiente.

Todos estos defectos son muy difíciles de corregir una vez que los animales adquieren dichos vicios. Yo por suerte siempre estaba bajo la atenta mirada de mi maestro, el señor Luis.

Con este método, que es el que siempre he llevado a la práctica para realizar los cambios de pie, los caballos suelen acabar con mucha rectitud, ligereza, soltura, y sobre todo naturalidad. Pero también hay caballos a los que les cuesta mucho realizar los cambios y es entonces cuando entran otros métodos menos racionales pero igual de eficaces si al final se consigue el objetivo.

Los hay que no sueltan las espaldas y para eso, desde un galope en trocado, estando por una esquina les pides, realizando un cambio de ayudas ligeras, el cambio de pie hacia dentro y un poco de cambio de ritmo para que la impulsión les ayude a realizar el cambio. En estos casos el cuerpo del jinete también debe ayudar; de lo que se trata es de que cambie. Una vez el animal ha aprendido el cambio todo debe seguir su curso.

Hay también caballos a los que les cuesta meter los posteriores en el momento de realizar el cambio de pie. A estos mi maestro me dijo que se los enseñe en el campo; ahí es donde teniendo al caballo en un galope largo lo cambias de dirección y de este modo el animal se ve obligado a meter los posteriores en el cambio. Si aún se resistiera, se le aplicaría un galope más enérgico. Cuando aprenden a cambiar es difícil que ellos mismos no busquen la comodidad solo con el cambio de peso de las espaldas y la presión leve de las piernas, pero como pude observar en mis dos caballos, junto con sus cualidades naturales, ellos tenían una base creada para evitar todos estos malos encuentros.

Pasados unos meses de entrenamientos con los cambios de pie llegó el momento de hacerlos en serie para acabar realizándolos al tranco.

—Me preguntaste en una ocasión si los cambios de pie eran ejercicios de alta escuela y te dije que no, pero llegados a este punto te diré que los cambios de pie en serie y al tranco sí lo son y además de una belleza extraordinaria si son correctamente ejecutados. Ahora tenemos a los caballos perfectamente preparados paras empezar a pedírselos.

—¿Por qué dice usted que los tenemos preparados ahora y no antes?

—Porque realizan los cambios de pie con calidad, naturalidad, rectitud y sobre todo con mucha calma; están galopando a una mano y pasan a la otra sin alterar el ritmo. Tus ayudas son discretas y tu asiento correcto, no como al principio, que te movías de todos lados. Esos vicios, si no son corregidos a tiempo, también los adquieres, como los caballos, y no hay cosa más fea que ver a un jinete moviéndose encima de la montura para pedirle los cambios de pie al caballo.

—Lo cierto es que ya no me muevo porque los propios caballos me dan asiento cuando les pido el cambio de pie.

—Efectivamente, así es. El asiento correcto lo aplica el jinete recíprocamente cuando el caballo realiza los ejercicios con calidad; de lo contrario estaríais a ver quién descoloca a quien. Por eso primero el jinete ayuda con su asiento a que el animal haga el ejercicio lo más cómodamente posible, y una vez conseguido esto, adopta un asiento centrado, acorde a la calidad del ejercicio. Y bien, estáis preparados para los cambios en serie, entre otras cosas porque no solo les has pedido los cambios en línea recta; también se los hemos pedido en serpentinas con cambios en el centro y en trocado a galope firme. Lo que quiero decir es que dominas el ejercicio y es el momento de pedírselos en serie.

»Primero empezaremos a pedir el cambio de pie cada cinco trancos. Tienes que poner los cinco sentidos en las batidas del animal; en eso no tendrás problema, ya que si se lo vamos a pedir es porque dominas cada tranco que el caballo realiza al galope, de lo contrario excusaremos de pedir nada.

—¿Me encuentro preparado y dispuesto a pedirle los cambios a «Soñador» cuando usted me lo indique?

—Bien, antes de ponerte a contar los trancos quiero que galopando a mano derecha pases por la diagonal de la pista. Justo cuando te sitúes frente a la línea imaginaria realizas un cambio; estarás a mano izquierda. Llegando al centro le pides de nuevo otro cambio de pie a la mano derecha y justo cuando finalices la línea diagonal le pides el último cambio y te encontrarás galopando a la mano izquierda. De este modo tu mente estará más pendiente del comienzo del cambio que de contar los trancos. Una vez superado este ejercicio y que el animal lo realice con calidad, podremos empezar a contar los trancos para hacer que cambie cuando nosotros queramos, siendo lo mismo a ambas manos.

—Maestro, los dos primeros cambios bien, pero el último sentí que se me precipitó y alteró el ritmo queriéndose escapar en el cambio, ¿es normal?

—Sí, claro, lo que no es normal es que lo haga perfecto a la primera por muy preparado que lo tengas. Mira, que rompa el ritmo, que pierda la rectitud, que obtengas más resistencia de un lado que de otro o que se te adelante en el cambio son problemas frecuentes con los que te vas a encontrar a pesar de tenerlo en la mano. Lo que sucede es que estos detalles los podrás solucionar con menos dificultad que si al animal le pides el cambio de pie cuando te tira de la mano, ignora tu pierna y galopa sin calidad, es decir, por la precipitación de realizar un cambio de pie más que de buscar la calidad en el ejercicio, y para esto se precisa tiempo y experiencia.

—Noto que el caballo quiere realizar el cambio por sí solo. ¿Le dejo?

—No, porque si le dejaras cambiaría, ignorándote en las ayudas y eso no se lo puedes permitir. Muchos jinetes les dejan y es cuando los caballos se mecanizan. El animal tiene que esperar las ayudas del jinete siempre, y es el jinete el que no debe confundir a su cabalgadura con ayudas a destiempo y mal empleadas. Notarás que este caballo se excita en los cambios; es algo natural de su sangre. Al caballo español este ejercicio es el que más le cuesta captar y conseguir al principio, pero dándole tiempo acabará realizándolo con mucha belleza y calidad, con unos cambios elegantes y cuesta arriba, saltando hacia arriba y hacia adelante en cada cambio, siendo el jinete el que con un leve cambio de peso de sus nalgas le hará entender el cambio de mano, utilizando levemente las piernas y las riendas, siendo estas las que colocan al caballo en situación de soltura de espaldas sin lateralizarlo para nada.

—¿Le pido cambios a cinco trancos y vemos cómo se nos da?

—Pídeselos. Cuenta, uno, dos, tres, cuatro y cinco, y entonces es cuando le pides el cambio de mano. Justo cuando la mano contraria pisa el suelo empiezas a contar mentalmente uno y así sucesivamente hasta obtener otro cambio de nuevo. Cuando le hayas hecho los cambios dos series seguidas lo paras y acaricias dándole su recompensa. Recuerda que al principio este ejercicio les pone muy tensos y se necesita una relajación constante para que lo puedan realizar con soltura y naturalidad.

–Muy bien, me ha salido, maestro. ¿Se lo pido a cuatro trancos?

–Nooo, ese es el error en el que caen muchos jinetes, que no se contentan con poco. Si el animal ha realizado correctamente lo que le has pedido lo dejamos y mañana será otro día. Si continúas puedes hacer que su mente trabaje en su contra, y la mente se la tenemos que amueblar de tal manera que no se dé cuenta. Que aprenda a asimilar poco a poco lo que se le enseña a diario; hay que darle su tiempo. Es mejor quedarse corto que no tener que retroceder para poder avanzar.

Pasaron unos tres o cuatro meses desde que los había iniciado en los cambios de pie en serie y a los dos caballos les tenía ya cambiando a dos trancos. Fui reduciendo paulatinamente los trancos cada vez que superaban con calidad los trancos exigidos y de esta forma pasé de cinco a cuatro y de cuatro a tres. De tres a dos tardé un poco más; además, les variaba los cambios: en una diagonal a veces les pedía a tres y en la otra a dos.

A finales de año llegó el gran momento de pedirle el cambio de pie al tranco. Me encontraba montado sobre «Campero». Este caballo ponía a prueba mi asiento y finura en las ayudas, ya que su forma de reaccionar era muy instantánea; es decir, casi me leía el pensamiento, y con estos caballos el jinete tiene que ir por delante o de lo contrario trabajan a su antojo o son muy variables en su comportamiento: lo mismo alteran el ritmo que cambian de fijeza. En resumen, son los caballos que te hacen sentir jinete, ya que te están poniendo a prueba a cada momento, pero de lo listos que son.

Además, no siempre le pedía los cambios de pie en serie, ya que es un ejercicio que suele enviciar tanto a jinetes como a caballos. Lo importante era conseguir unos animales que cambiaran de pie, tranquilos y sin perder la rectitud, y yo mantener mi asiento de tal manera que mis ayudas fuesen lo más disimuladas posibles, junto con constantes transiciones al paso, caricias y hablándoles con buen tono de voz, con señales de agradecimiento cuando respondían bien, y cuando era al contrario pararlos, darles dos taconazos suaves y sujetarlos de la cara, que se estuvieran quietos, inmóviles y atentos. Aquí la voz debe ser más grave y hay que empezar de nuevo. Ellos tienen memoria y no son tontos.

–Bien, amigo Juan, hoy vamos a intentar pedirles los cambios de pie al tranco. Te voy a dejar que se los pidas tú solo; quiero ver cómo se los pides.

Tras pedirle el ejercicio, noté que los dos primeros trancos los hizo sin saber cómo, pero después fue un caos; caballo y jinete cada uno por un lado, y el caballo lo mismo me cambiaba a uno que a dos trancos, después a uno de nuevo, hasta que mi maestro me mandó parar y me dijo:

–Empecemos de nuevo, pero esta vez escúchame atentamente; eso que te ha sucedido es lo que le sucede normalmente a cualquier jinete que pide este ejercicio sin saber y al final acaba peleando con el caballo, cuando realmente con quien tenía que enfadarse es consigo mismo, ya que es él el que no tiene ni idea de lo que está haciendo.

–Ufff, perdone, maestro, pensé que era como a dos trancos.

–Y lo es, pero teniendo en cuenta que en este caso no hay trancos continuos en el galope, es un cambio tras otro. ¿Recuerdas cuando empezaste a realizar los cambios a dos? Ibas galopando y cambiabas, a los dos trancos de nuevo otro cambio, y continuabas galopando o le dejabas caer al paso como recompensa. Pues bien, aquí es exactamente igual, pero con la diferencia de que apenas tienes tiempo de pensar entre cambio y cambio. Vas a hacer lo siguiente: galopas a la mano derecha y le pides el cambio a la izquierda; eso él lo sabe bien. Cuando le tengas galopando a la izquierda le pides de nuevo otro cambio a la derecha y le dejas caer al paso. Son solo dos cambios de pie al tranco, el de la izquierda y de nuevo a la derecha. Cuando lo tengáis asumido tanto el caballo como tú podréis seguir aumentando los trancos, nunca antes. También se lo pides a la otra mano igual y de esta forma acabarás teniendo al caballo cambiando de pie al tranco tantas veces como quieras. Pero daos vuestro tiempo. Si quieres conseguirlo en dos días puede que eches a perder todo el proceso que iniciamos en un principio. Si has llegado hasta aquí, ya no tengas prisa. Recuerda: «Cuando un ejercicio esté bien realizado, nadie te va a preguntar el tiempo que has echado, sino lo bien hecho que está».

–Maestro, en el concurso al que fuimos varios jinetes se movían mucho al realizar este ejercicio. ¿Es eso correcto?

–Para nada, además es feo y le quita protagonismo y calidad al ejercicio, que es lo que realmente debe ser observado. Muchos jinetes se mueven en los cambios porque no han sido educados en este ejercicio, sino que son más bien autodidactas, y como te he dicho muchas veces, así se adquieren vicios y defectos difíciles de corregir con posterioridad. Eso no quita que esos jinetes no sepan enseñar a sus alumnos cómo deben tener el asiento en el ejercicio. El jinete debe mirar siempre hacia adelante, nunca mirar abajo como buscando algo, tampoco mover los hombros como si de un baile se tratase pues eso provoca que el asiento esté levantado de la montura yendo casi de pie; otros se sientan echados hacia delante y mueven las piernas de las cinchas a los ijares del animal. Las piernas deben moverse lo menos posible. Como te dije en un principio, la doma es presión-cesión, y aquí es donde se aprecia claramente la falta de calidad en la presión; los toques son sin sensibilidad ninguna.

–Maestro, ¿los cambios de alta escuela son iguales que los de doma de campo?

–El ejercicio sí, la mecánica también, pero para mí, la ligereza de uno y otro son diferentes. En alta escuela, los cambios al tranco son remetiendo los posteriores y llevando al animal hacia la mano; es entonces cuando el caballo siente el mando en la embocadura y realiza el cambio junto con el toque de la pierna, redondo y con un momento de suspensión en cada tranco, pero sin perder el deseo de ir hacia delante. En vaquera igualmente debe estar remetido, redondo y reunido, pero en esa reunión constante que tiene, el caballo de campo generalmente carece de ese movimiento de suspensión en el aire que tiene el caballo de doma, de picadero, de escuela o clásica y, por tanto los cambios son más planos. También es obvio que las ayudas deben ser modificadas; aquí actúan más las piernas que las manos, origen de la monta a la jineta, y por tanto las riendas solo se apoyan en el cuello como mando de oposición y no tanto en el asiento como en el de doma clásica o alta escuela. También en el campo, el jinete se suele pedir los cambios de pie con tanta naturalidad que a veces parece que es el caballo el que cambia por sí solo. Cuando un jinete plasma estos cambios de pie al tranco en las pistas de doma vaquera surge el aire vaquero, porque es llevar el campo a la pista. Los cambios de pie al tranco que se suelen ver hoy en día son de equitación.

Nunca llegué a imaginar que acabaría cambiando al tranco con los dos caballos. Este ejercicio, como el resto que nos quedaban por aprender, lo realicé en cuatro riendas; a veces le intercalaba las dos de la nariz a los farolillos del bocado vaquero en el caso de «Campero», y con filete y bocado en el caso de «Soñador», pero siempre cogiendo las riendas tres y una. Más adelante comentaré el uso del filete y bocado en alta escuela, pero de momento seguiré explicando los ejercicios por separado, en algunos casos para ambos caballos, y en otros para cada uno de ellos, por tratarse de ejercicios característicos de una doma en concreto, como pueda ser el paso español en alta escuela o la arremetida en la doma de campo.

Nos encontramos ya a las puertas de los siete años de cada animal. Y cada vez que doy por terminado un ejercicio tengo en cuenta que el proceso de aprendizaje nunca se acaba. Sí podríamos decirlo de aprendizaje de ejercicios, pero no de la adaptación; eso viene con el tiempo y la experiencia.

19. EL PASO ESPAÑOL Y LA PIRUETA INVERSA EN TRES REMOS

Manuel Rodríguez, jinete profesional, campeón de España de doma vaquera y subcampeón de monta española.

S oñador se encontraba en los seis años, pero seis meses antes, estando el caballo en los cinco años y medio de edad, fue cuando mi maestro me dijo que era momento de tocarlo un poco en las manos para que en el futuro pudiese realizar paso español.

En un principio se las tocamos desde el suelo. Junto a una pared y teniéndolo él cogido corto de reata con la mano izquierda me indicó que me situase a una distancia para observar según me iba explicando:

–Mira, amigo Juan, lo primero que se tiene que tener es un animal tranquilo y confiado cuando estás a su lado, que te puedas mover alrededor suyo sin que muestre desconfianza alguna. Con una vara en la mano derecha le vas tocando como el que no quiere la cosa a lo largo de toda la mano, de arriba abajo y de abajo a arriba, por delante y por detrás. ¿Ves? El caballo la mira pero no la rehuye; este es el momento de darle pequeños toques para saber dónde tiene más sensibilidad, que será donde acabaremos tocándolo con un poco más de atención. El caballo, al tener sensibilidad en ese lado, verás cómo levanta un poco el casco del suelo. Entonces retiras la vara y le das unas palmaditas en el cuello acariciándolo como premio y le dices «bien, bien».

–Maestro, ¿y si no tiene sensibilidad a la vara cuando le tocas?

–Entonces se la tienes que crear tú, dándole toques seguidos hasta que le pique un poco. La vara, al ser fina, no le hace daño. A veces, si no realiza ningún gesto no importa; al insistir varios días, la zona donde le aplicas el toque acaba siendo sensible. Normalmente en estos casos lo hacemos detrás de la caña, por donde están los tendones; en esa zona las terminaciones nerviosas de la piel la hacen más sensible. Si te das cuenta es donde le he tocado y ha levantado la mano un poco, con la particularidad de que este animal no espera que le des con la vara muchas veces y eso se lo tenemos que premiar.

–¿Las primeras veces solo nos tenemos que conformar con que levante la mano?

–Sí, pero no de una forma cualquiera. La debe levantar, pero no con soberbia, dando al final un manotazo fuerte en el suelo o recogiendo el casco hacia atrás, sino avanzando un poco la rodilla a pesar de no sacar la mano; eso ya es suficiente, y que regrese de nuevo al mismo sitio suavemente.

Pasaron unos días y el caballo comprendía lo que se le pedía en cuanto mi maestro se colocaba a su espalda: con tan solo enseñarle la vara alzaba la mano. Cuando asimiló el sacar una mano, se repitió lo mismo con la otra. Una vez conseguido esto, mi maestro continuó con la clase diciéndome:

–Ahora vamos a ver si somos capaces de conseguir que se quede con la mano extendida; a este ejercicio se le llama «la jambette». Es una palabra francesa que significa «levantar la mano». Es la antesala al paso español. Para que un caballo pueda realizar este ejercicio con calidad, antes debe realizar «la jambette».

»Con el caballo, teniéndolo como lo tenemos calmado, no nervioso, ni excitado y además levantando la mano, nos será mucho más cómodo. Una vez esté con la mano levantada aprovechamos dándole con la vara un poco más abajo de la mano para que la estire hacia delante, pero sin andar. Con tu mano izquierda es bueno levantarle la cara un poco para que de esta forma libere las espaldas y le sea más fácil la extensión. Igualmente debe depositar su mano en el suelo con equilibrio y temple; nada de manotazos o escarbar en el suelo.

–Maestro, pedirle que saque la otra mano, ¿se hace desde este lado o cambio al caballo de sentido?

–Si ves que desde este lado dándole con la vara a la mano del lado opuesto reacciona igualmente, lo puedes hacer sin cambiarte; si no lo cambias de sentido y cambias las ayudas de tus manos. Algunos se ponen delante del caballo, pero es arriesgado, ya que si estás al alcance del animal te puede dar un manotazo.

−¿Qué beneficios aporta este ejercicio?

−Muchos, más de los que te puedes imaginar. Mira, tiene beneficios físicos y mentales. Físicos porque ejercita las espaldas dándole fortaleza y elasticidad, y mental porque durante el proceso da a entender a su entrenador cómo es su coeficiente de aprendizaje, si escucha o te ignora, aprende rápido o no capta la idea; esto nos dice como podrá ser su aprendizaje en un futuro a lo largo de la doma. Ya le estamos sometiendo desde el suelo a unas exigencias; además es un ejercicio característico de nuestra doma española, de alta escuela.

Pasaron unas semanas y el potro realizaba «la jambette» a la perfección. Levantaba la mano con alegría y equilibrio, manteniéndose en alto dos o tres segundos. La vara solo se le situaba en el antebrazo, pero señalando para que comprendiese lo que le pedíamos. Fue cuando llegó el momento de hacerle andar.

−Maestro, ¿el paso español no es un ejercicio de circo?

−No, te confundes; los ejercicios de circo o equitación de adorno son cuando los caballos saludan o hacen reverencia; también los hay que sacan las dos manos avanzando, pero eso no es paso español, porque los ritmos están rotos y los dorsos hundidos. Consisten en divertir al público y que aplaudan el espectáculo. La doma es un arte y como tal hay que llenarla de corrección, emoción y sentimiento, y ahí es cuando el aficionado aplaude, no confundamos. El problema está en que en la doma sabia las cosas se suelen hacer con difícil facilidad y el público generalmente no lo entiende. Sin embargo, en la equitación de adorno o circo, el público mayoritariamente va a ver espectáculo sin observar detalles.

−¿Cómo hacemos para que ejecute al paso, el paso español?

−El caballo ya sabe sacar ambas manos cuando se lo pedimos. Ahora te pones detrás de él y lo activas para que ande lentamente, pero suave y tranquilo. Yo, a la vez que anda, cuando le corresponda levantar la mano izquierda, que es la que se encuentra a mi lado, le pido «la jambette». Eso le hará pararse, pero poco a poco realizará el ejercicio según vaya avanzando hacia delante, solo en esa mano; la derecha es la que avanza en el paso.

–Es curioso, maestro, cómo anda con una mano y con la otra realiza «la jambette».

–Sí, el animal necesita buscar su propio equilibrio y por eso solo una mano, para que aprenda a mantenerse con la otra; unos trancos y se le da una vuelta, y se le regresa de nuevo al mismo sitio. Cuando consigamos dos o tres trancos aceptables se le acaricia y se deja por hoy.

Era increíble cómo progresaba «Soñador»; le gustaba el ejercicio. En pocas semanas ya daba trancos alternativos con ambas manos; unas veces elevaba la izquierda y andaba con la otra y viceversa.

Una vez conseguido esto pie a tierra, también se lo pedíamos montado. Estando mi maestro abajo con la vara todo era muy sencillo. Empecé a pedirle que sacara y extendiera la mano con mis manos y piernas. Poco a poco fuimos eliminando la ayuda de la vara, pues el caballo comprendía que mis piernas eran el toque para que sacara las manos, y mis manos elevaban un poco el cuello para que tuviese soltura y libertad en las espaldas y pudiese andar cuando tuviese las manos extendidas.

Alguna vez, también montado, me ayudaba de la vara en los comienzos en solitario para suplir la ausencia de mi maestro a mi lado. Con enseñarle desde lo alto la vara por el lado que quería que sacase la mano era suficiente; las primeras veces se la dejaba caer suavemente sobre las espaldas para que comprendiera con mayor facilidad.

Estuvimos con ese proceso varios meses y entrando en los seis años empezamos en serio para que realizase un buen paso español. Ya conseguía que anduviese con una mano y sacase y extendiera la otra a la par, tanto por la pared como por en medio del picadero; esto evitó que desplazase lateralmente tanto el tercio anterior como el posterior, y siempre la cara por delante de la vertical.

—Bien, amigo Juan, ahora le vamos a pedir que realice el paso español completo, es decir, que ande elevando y extendiendo ambas manos de seguido. Para eso, con un pequeño toque en la nariz le avisas de que le vas a pedir que saque la mano derecha. La rienda es la del lado de la mano que se le pide; con ella controlas la elevación, la amplitud y el temple en el momento de apoyarla de nuevo en el suelo, y la pierna activa al movimiento para que realice el paso, que debe ser igual que el ordinario, en cuatro tiempos. Con la pierna izquierda en este caso, le presionas el costado para que saque la mano; esa pierna es la que hace que el caballo saque y eleve la mano en el paso español, la pierna derecha puesta cerca de la cincha para cuando tenga que ser esta la que ordene el siguiente tranco; por ello nunca se deben separar las piernas de la montura, de lo contrario parecerá que es el jinete el que hace el ejercicio y no el caballo. Aparte de que las ayudas serán a destiempo y eso se verá reflejado en falta de calidad en el ejercicio.

—¿Por qué el levantamiento de la cara en estos comienzos?

—Es de lógica: si el animal agacha la cabeza o se encapota, primero, se estará escondiendo del ejercicio y, segundo, no andará con calidad. Y recuerda: el paso español es ante todo paso, y encapotado es imposible que el animal saque las espaldas y se emplee con los posteriores. Si no mete las patas debajo de la masa con impulsión y cadenciadas en el paso español es una falta tan grave como si pega manotazos con las manos.

—En la exhibición que presenciamos algunos iban demasiado rápido, ¿eso es correcto?

—Para nada; el paso español tiene que ser cadenciado, relajado y natural; eso sí, con gracia y brillantez en la mecánica de las manos. La precipitación, que es lo que viste, es un defecto a tener en cuenta pues es señal de que ese paso español no está en la mano y el jinete le ha permitido escaparse sacando las manos, excitado.

Durante un año «Soñador» estuvo realizando este paso español con mucha calidad. Como empecé a pedírselo con cinco años y medio, le pregunté al señor Luis que por qué antes el paso español que el *passage* y me dijo lo siguiente:

–Es indiferente según algunos maestros de la equitación. Algunos a los que les preguntes te dirán que antes el *passage* o incluso el *piaffé* que el paso español. Pero en mi caso se lo suelo enseñar de jóvenes, es decir, sobre los cinco años; a veces los inicio incluso antes, pero cinco años no es edad para pedirle un *piaffé* a un caballo joven, ya que es un ejercicio de máxima reunión. Además, para el *passage* se necesita un mayor esfuerzo y preparación física. Sin embargo al paso español se le inicia desde parado y al final es ir al paso, y como te conté al principio, es un ejercicio de gran ayuda para empezar a tener al caballo sometido sin que se dé cuenta, ya que durante el proceso el animal buscará escaparse de la línea marcada entre tú y la pared. También intentará acularse, y esa educación y corrección harán que aprenda a conocerte y confiar para posteriores ejercicios que te encontrarás por el camino; solventando este los demás serán mucho más fáciles de resolver.

Fue una bonita experiencia el saber por qué el paso español es tan valioso y a la vez necesario en algunos caballos, tanto física como mentalmente. Que no es un ejercicio de circo y sobre todo que es tan natural como otro ejercicio cualquiera. «¿Quién no ha visto darse manotazos a los potros, jugando entre ellos?», me decía mi maestro, haciendo referencia a que todos los ejercicios que se ejecutan en la doma son fruto de su propia naturaleza llevados a un grado de perfección.

«Soñador» aprendió a realizar el paso español elevando las dos manos por igual, ya que ese era otro de los graves problemas que tienen muchos caballos en este ejercicio. Si las dos manos son desiguales en la elevación y extensión no es un ejercicio uniforme ni de calidad. También, si al andar los retenemos demasiados sacando las manos, eso provocará que en los posteriores, al tener que esperar por no poder avanzar se apoye la misma pata dos veces en el suelo, y por tanto otro nuevo error y falta de calidad en el ejercicio.

Una tarde fría de invierno, habiendo pasado las Navidades, me encontraba realizándole la pirueta inversa a «Soñador». El señor Luis, acercándose a nosotros me dijo que le pidiera «la jambette» .

–Bien, amigo Juan, vamos a ir iniciando al caballo en el ejercicio de «pirueta inversa en tres remos».

–¿Ese qué ejercicio es?

–Es un ejercicio en el que, teniendo el caballo una mano extendida y sosteniéndola durante unos segundos en el aire, le pides a la vez que realice una pirueta inversa, pero en este caso, al tener una mano levantada, tendrá que girarse sobre la mano que tiene apoyada en el suelo. Por eso, siempre buscarás un sitio blando en el que al realizar el giro no se le quede bloqueada la mano y eso le pueda provocar una lesión. Este ejercicio es muy criticado y defendido a la vez dentro del ámbito ecuestre. Tiene sus detractores por el enorme esfuerzo físico que tiene que realizar el animal, pero también tiene sus defensores: si el animal lo ejecuta con destreza y físicamente está bien adiestrado no tiene por qué perjudicarle, siempre que se le pida con moderación. Pero si se abusa, entonces es cuando surgen los problemas. En el aprendizaje es donde más cuidado se debe tener, por inexperiencia y falta de asimilación a la hora de intercalar la pirueta inversa con «la jambette».

–Parece relativamente sencillo. Como «Soñador» sabe sacar la mano y extenderla, y también la pirueta inversa, ¿dónde está la dificultad?

–Como tú acabas de decir, parece relativamente sencillo, pero si se hace de cualquier manera. Realizar el ejercicio bien, correcto y con perfección, ya no es tan sencillo. Tanto caballos como jinetes tienen ciertos defectos a tener en cuenta cuando hacen la pirueta inversa en tres remos. El jinete que es fino, en el movimiento debe sentir el gesto del animal sin necesidad de mirar la mano extendida. De este modo el asiento del jinete deberá estar en el centro de la montura, ya que si le echa el peso al interior perjudica a la mano extendida al estar en el aire, y si echa el peso al exterior perjudica a la mano que sostiene todo el peso anterior del animal y a la vez provoca que los cuartos traseros pasen ligeramente al trazar la pirueta inversa, ya que le estás empujando con el cuerpo.

–Dicho de esta forma, claro está que no es fácil; yo pensé que era solo que extendiera la mano y hacerle girar. ¿Cuáles son los errores más frecuentes y la forma más correcta de pedírselo?

–La forma correcta es, primero tenerlo en un sitio donde la mano que va a girar pueda rotar sobre el casco sin problema alguno. Segundo, si le pedimos que lo realice a la mano derecha, con la rienda derecha lo llamamos de la cara elevándola un poco y ligeramente flexionada hacia ese lado; de esta forma le liberamos la espalda para que pueda mantener la mano en el aire. Tercero, para que saque la mano y la extienda se lo pedimos con la pierna izquierda. Lo presionamos una vez conseguido esto en el costado, obligándole a realizar un leve desplazamiento con la grupa. Con la pierna derecha mantenemos el ritmo y evitamos que quiera girarse con precipitación. Con la rienda izquierda lo controlamos por si quisiese escaparse del sitio o moverse de donde le tengamos parado. Una vez conseguido esto dejamos que la mano se apoye en el suelo y se le acaricia, continuamos otro leve desplazamiento con la grupa y lo paramos para pedirle de nuevo que saque la mano. Así, le vamos pidiendo transiciones varias veces durante varios días, a una mano y a otra.

Pasaron varias semanas y solo realizaba este ejercicio como mi maestro me lo había indicado. Ya entendía el caballo lo que era intercalar la pirueta inversa con la extensión de la mano. Un día el caballo pareció ser él el que quiso seguir en el giro sin apoyar la mano en el suelo. El señor Luis me dijo:

–Bien, cuando sea él el que quiera seguir lo dejas, ya que ese es nuestro propósito. Como le cuesta al principio, no importa si durante el giro no tiene la mano totalmente extendida, ya que con que la tenga en el aire es suficiente. Lo que sí hay es que tener mucho cuidado de que al pasar la grupa lo haga igual que una pirueta inversa normal, es decir, que no rompa el ritmo, ya que es muy común que aceleren la velocidad por falta de equilibrio.

–¿Entonces la extensión de la mano no es importante?

–No te confundas; no es importante mientras el animal aprende a realizar el giro con la mano en alto, pero para eso es mejor que se desplace un cuarto de vuelta con la mano extendida que no una entera con la mano recogida, ¿me entiendes?

–Sinceramente, no. ¡Me acabo de hacer un lío!

–Te repito, es bueno intercalar lo que te he contado; que realice la inversa con la mano en alto para que aprenda a girar y mantenerse, pero una vez conseguido esto, pedirle solo un desplazamiento o un tranco con la grupa en el giro y con la mano alzada extendida para que empiece a realizar el ejercicio correctamente, poco a poco.

–Ahora lo he captado. Una duda, maestro, ¿la mano, cuanta más altura mayor calidad?

–Si hay dos ejercicios igualmente ejecutados, el de la mano más alzada y extendida será el mejor, pero si tú se lo pides a un caballo y lo realiza con la mano baja pero extendida, será correcto, y no uno donde teniendo la rodilla alzada la mano esté recogida. También es muy frecuente ver caballos dando manotazos durante el giro, y eso es otra falta grave. A otros caballos, por falta de fuerza les cuesta pasar los posteriores y se tienden de atrás, perjudicándoles en el giro, que realizarán intermitentemente.

Mi maestro me decía que cuando pidiese el paso español y la pirueta inversa en tres remos en un principio que se la pidiese por separado para que el animal mentalmente no relacionara un ejercicio con otro y lo ejecutase cuando se lo pidiésemos. También le pedía algunas piruetas inversas normales para que aprendiera cuándo era sin dejar de batir el tercio anterior y cuándo con la mano extendida, ya que las ayudas de ambos ejercicios son similares pero, como siempre me hará recordar y tener presente mi maestro, la diferencia de las ayudas estaba en la presión-cesión de piernas y manos. Ahí es donde el tacto ecuestre entraba en juego; de lo contrario difícilmente se podría obtener el ejercicio con arte y sabiduría.

Pasado un tiempo y teniendo a «Soñador» casi en los siete años de edad, realizaba perfectamente los dos ejercicios, y cuando estaba en paso español, algunas veces, al tener controladas las espaldas del animal, lo paraba pidiéndole «la jambette» y posteriormente realizábamos media pirueta inversa en tres remos, saliendo en paso español en el sentido opuesto al que llevaba.

Estas transiciones y el intercalar un ejercicio con otros era realmente, junto con la calidad de los ejercicios, donde se encuentra la verdadera alta escuela. Cuando digo calidad me refiero a que el ejercicio se hace con rectitud, cadencia, ritmo, equilibrio, y sobre todo con reunión, en la mano y con soltura. Palabras muy de moda en métodos extranjeros en sus distintas escalas de adiestramiento y que hacen referencia a lo que ya se viene practicando en nuestra doma española desde siglos atrás.

Lo que sí es cierto es que en nuestra doma, más que en ninguna otra, ha habido mucho autodidacta y jinetes que porque se montaban en un caballo, se agarraban y no se caían, se pensaba que ya eran caballistas, dando muchos palos de ciego y cometiendo errores, sobre todo si se encontraban solos, pudiendo haber tenido buenos maestros. Esto ha dado como consecuencia el que muchos caballos se vean realizando ejercicios de alta escuela pero con escasa calidad en la baja escuela. Por eso no podemos pretender tener ejercicios de calidad sin una base sólida.

También a lo largo de mi vida he oído decir a jinetes que tenían un caballo en alta escuela o en vaquera, cuando lo único que sabían hacer era paso español o una parada a raya, y eso no lo es todo.

Esos son ejercicios sueltos de una doma determinada, pero nada tienen que ver con una doma completa. Como tampoco un concurso lo gana un buen ejercicio; es la suma de muchos más, y la media es la que hace ganar en las pistas.

El origen del paso español no está del todo claro. Se desconoce el porqué de su nombre. Lo cierto es que los caballos españoles son los que mejor dotados están para este ejercicio, y es lo que me hace pensar por qué no está incluido dentro de la equitación académica y que lo consideren un ejercicio de circo; será porque es un ejercicio que generalmente a los caballos centroeuropeos les cuesta más y si lo consiguen no tiene la brillantez de un caballo español, salvo raras excepciones.

Lo cierto es que este ejercicio lleva el nombre de «español» en todo el mundo, y como tal debemos defenderlo y promocionarlo como emblema de nuestra alta escuela, dentro de la doma española, porque es un espectáculo. Es en las exhibiciones ecuestres donde más se puede ver este ejercicio, y sobre todo en los circos a nivel mundial, y reglamentado como ejercicio de doma solo se encuentra en la alta escuela.

20. LA PIRUETA AL GALOPE Y LA VUELTA SOBRE LAS PIERNAS

Manuel Carvajal, jinete, juez y profesor de equitación. Caballo PRE «Majito V».

Tenía a «Soñador» en un galope reunido cuando mi maestro me dijo que era el momento de empezar a inculcarle la preparación necesaria para que más adelante pudiese realizar la pirueta al galope.

–Bien, amigo Juan, teniendo al caballo a galope de trabajo quiero que cuando lo tengas en la mano, es decir, que sientas en tus manos que te cede la boca a través de las riendas por relajación de la mandíbula, le pidas transiciones a galope reunido, y así sucesivamente.

Después de realizar dicho ejercicio, el señor Luis me dijo de pedir la pirueta directa al paso; al principio no entendí qué tenía que ver el galope reunido con la pirueta al paso para realizar la pirueta al galope. Pero estaba claro. Como siempre, me venía a la mente su magnífica frase «un potro bien potreado es el futuro de un caballo bien domado».

Todo consistía en tener al animal perfectamente preparado para realizar el ejercicio; al contrario de lo que muchos piensan de que el ejercicio se realiza tal y como se ve cuando finaliza. Es claro que al final se aplicará tal y como se ve, pero la forma de iniciarlo no tiene nada que ver con lo que al final se aprecia.

–Como el animal ya sabe salir al galope, realizar el galope reunido y también la pirueta directa al paso, pon la mente en sacar al caballo a galope haciendo la pirueta directa y lo controlas en galope reunido, solo dos o tres trancos, después lo dejas caer al paso, continúa en pirueta al paso, lo sacas del ejercicio y lo acaricias si lo ha ejecutado correctamente.

–Maestro, esto es sencillo; nunca pensé que lo ejecutaría con esta facilidad.

–No te confundas; de esto a realizar una pirueta al galope completa y perfecta hay una diferencia y es muy difícil. Además, procura que cuando lo pongas al paso haga otro paso de pirueta directa; de esta forma no intentará salirse del sentido de la marcha. Una vez conseguido esto ya puedes salir y volver de nuevo para pedírselo a la otra mano; tenéis que daros tiempo, tanto tú como el caballo.

—¿Existe otra forma, aparte de esta, de enseñarle las piruetas al galope?

-Claro, otra forma es poner al caballo galopando en círculo; lo pones de cara al muro o grupa dentro, y vas cerrando cada vez más la circunferencia hasta encontrarte con la grupa en el centro y girando el tercio anterior sobre sus espaldas. Las dos formas se le pueden inculcar y enseñar a la vez, y de esta forma con el tiempo podrá realizar una bonita pirueta al galope, pero en este caso la estará haciendo entera y para eso primero tiene que aprender a dar un cuarto de pirueta. Cuando lo tengamos superado, buscaremos la media para al final encontrarnos con la entera. El tiempo lo marca el animal; no se debe tener prisa, ya que lo más difícil se tiene superado, que es tenerlo en una buena puesta en mano, reunido y en piruetas al paso.

—Me gusta este ejercicio; además siento que salta de la grupa.

—Eso no se debe consentir. Si salta de la grupa es porque está saltando con los dos pies juntos al retenerlo demasiado; rompe el aire del galope y además le estás obligando a mantenerse por igual, por tanto la grupa debe rotar más abierta. Mira, para que esto no ocurra harás lo siguiente: vas galopando a la mano derecha y lo reúnes; en ese momento le pides un cuarto de pirueta a la derecha y le dejas avanzar. A los ocho o diez metros le pides de nuevo otro cuarto de pirueta, hasta finalizar haciendo un cuadrado. De esta forma aprendéis los dos, y sobre todo el caballo, a no dejar de batir los posteriores en la mecánica de la pirueta.

—Bien, ahora lo entiendo mucho mejor. A veces con la emoción me vengo arriba y me olvido de las directrices a seguir pensando que ya lo sé todo.

—Ese problema es fruto de la juventud. Cuando tengas años de oficio verás cómo aprendes a desatar los nudos, porque la experiencia te enseñará cómo están hechos.

—¿Las ayudas las estoy dando bien?

—Sí, porque las estás aplicando igual que en la pirueta directa al paso, pero con la dificultad añadida de que la estás realizando al galope, donde controlas cada batida de galope en el círculo. De esta forma puedes entrar y salir del ejercicio cuando quieras al ser tú el que marca los trancos de la pirueta, y no el animal. Las ayudas no son iguales que las de las vueltas sobre las piernas; estas ya te las indicaré cuando estemos con ellas. De momento, en alta escuela, la pierna externa está puesta para evitar que la grupa se escape y la mantenga en el sitio, a la vez que marca la dirección. La pierna interna mantiene el galope e impide que se desplace lateralmente, la mano externa, similar a la pierna exterior y apoyada en el cuello pidiéndole medias paradas, y la rienda interna en mando directo mantiene la incurvación y la dirección a seguir en el ejercicio.

Teniendo las cosas más claras, y sin dejar de trabajar a «Soñador» en los ejercicios para tenerle preparado para la pirueta al galope, me monté en «Campero» para iniciarlo igualmente en las vueltas sobre las piernas. ¿Tanta diferencia habría entre la una y la otra?

—Amigo Juan, aquí es donde muchos jinetes en las pistas realizan la pirueta clásica en lugar de hacer la vuelta sobre las piernas y es un grave error, ya que no tienen nada que ver la una con la otra. El origen de las vueltas es la necesidad de tener un caballo vuelto y revuelto para la defensa y el ataque de los soldados en la guerra. De hecho, en la antigüedad se les llamaba piruetas, y con la llegada de las piruetas marcadas en cada tranco en los picaderos y el desuso de los caballos en la guerra se impuso una sobre la otra. Por suerte acabó realizándose por necesidad en las ganaderías bravas. Al trabajar con el ganado bravo los vaqueros necesitaban un caballo. De tenerlo vuelto y revuelto en las piernas dependía la vida de su jinete, de la misma forma que siglos atrás lo utilizasen moros y cristianos en su monta «a la jineta».

—Sí maestro, pero no acabo de entender la diferencia; pensaba que era solo hacerla más rápida, ¿no es así?

—Tienes parte de razón. Te explico. La vuelta sobre las piernas es rápida, con menos trancos y el peso cae sobre los posteriores, donde se apoya para hacer de eje al girar. Lo de volver es media vuelta, y se realiza para ganar la grupa al enemigo; en este caso a la vaca que se arranca hacia nosotros. Mejor te lo explico diciéndote cómo se le pide al caballo para que aprenda y verás cómo no son iguales.

—Será lo mejor, maestro, porque no acabo de entenderlo.

—Aquí es donde está la doma de campo. Mira a «Campero» le hemos hecho lo mismo que a «Soñador»: iniciarlo a galope reunido; un tranco de galope realizando la pirueta directa. Pues bien, lo que para uno es pura gimnasia, para este es un ejercicio que tiene su aplicación; por tanto esta es la que tenemos que enseñarle. Primero están las medias vueltas sobre las piernas. Aquí las riendas de la nariz tienen una gran importancia y se ejecutan tanto al paso como al galope, pero la mejor forma de iniciarlo es al trote. Como sabe trotar, haced medias paradas, giros y salid a galopar desde el paso y el trote; en el momento de la media parada le pediremos un tranco al galope a la vez que le realizamos un cuarto de giro. Cuando lo haga le damos libertad para que recupere el trote y lo acariciamos. Esto no se lo podemos pedir al de alta escuela porque la idea en vaquera es que sepa sacar las espaldas y avance con la mano, que no se nos caiga a plomo, que en ese tranco de galope no pierda el deseo de ir hacia delante. Se lo pedimos al trote porque es más cómodo para él, ya que en un principio no sabe y los errores se corrigen mejor en este aire.

—Maestro, pero hay un momento donde pierdo el contacto del caballo.

—No, da esa impresión, pero en realidad lo que hace el jinete es ceder la mano para que el animal pueda expresarse en el movimiento. En la media pirueta ya te expliqué las ayudas, pero en las medias vueltas el jinete recoge la cara del caballo en una media parada, le hace girar en el sentido al que queremos desplazarlo y seguidamente cae en el lado opuesto de la marcha. Todo en un solo tranco, sin desplazar el pie interior; las manos pasan casi rozando el suelo. Si se hace el giro alto es un error, ya que pierdes tiempo y estás a merced del enemigo; si el caballo se eleva, te impide ver lo que sucede delante. Las ayudas son las siguientes: la rienda interna marca la dirección pero teniéndola en banda, la rienda externa hace de mando de oposición echada en el cuello y teniendo un leve contacto de la boca. El caballo no debe perder la colocación ya que ha sido entrenado en las cuatro riendas para que su fijeza no sea alterada. Las manos del jinete están casi juntas y fijas pero no tensas, cerca de la perilla de la montura, para que cuando llegue el día de estar en una sola mano el caballo no extrañe la falta de las dos de la nariz, no sin antes pasar por los farolillos.

–Tiene usted razón, maestro; las ayudas de las manos son diferentes, pero ¿y las de las piernas y el asiento?

–También son diferentes. En la pirueta las piernas controlan cada tranco en la pirueta al galope, pero en la vuelta la pierna interior está puesta para controlar la grupa y hacer que el caballo encuentre un equilibrio en el giro, y es la pierna externa la que tiene que estar fija y quieta, presionando para que la media vuelta se lleve a cabo. Esa pierna es la que marca la prontitud y la ligereza; es como un acelerador en el ejercicio. El asiento del jinete en la pirueta es como un pequeño balancín disimulado en los trancos del galope, pero en la vuelta o media vuelta, el asiento del jinete debe estarse quieto, en el centro y acompañando al caballo en el movimiento, nunca ser un estorbo ni quitarle ritmo tanto al entrar como al salir del ejercicio, donde muchos tiran de él. El jinete no debe tirar del caballo para que realice un ejercicio de campo. Si te das cuenta, en una predomina «la monta a la brida», y en la otra, al ser más de pierna, «la monta a la jineta». Desgraciadamente hoy en día, en las pistas de vaquera se ven vueltas con mecánica de piruetas y eso no es; lo que sucede es que las piernas las utilizan poco, estando más enfocados en las incurvaciones exageradas, cuando el caballo de campo siempre ha mirado ligeramente en el sentido de la marcha.

Pasaron unos meses y ya controlaba perfectamente las medias piruetas y las medias vueltas tanto al paso como al galope. Pasar a la pirueta completa no me fue difícil, pero en la vuelta sobre las piernas me surgieron nuevos problemas, ya que el control era diferente de nuevo.

–Amigo Juan, en la pirueta al galope, la pierna interna, recuerda, entra al caballo en el ejercicio, y la externa debe estar puesta detrás de la cincha, y no como hacen algunos, que llevan la pierna hasta los ijares y eso, aparte de que no tiene finalidad alguna, es un error grave y lleva a la falta de control en el caballo. Este ejercicio lo tenemos dominado por haber realizado previamente la pasada; es cuestión de reunir y comprometer más al caballo dentro del eje que marcan los posteriores. Hasta aquí lo hemos efectuado enfocándonos en el ejercicio, pero para que sea de calidad tenemos que partir, entrar y salir desde una misma línea recta; no nos vale entrar iniciando un apoyo y acabar saliendo de la pirueta donde nos encontremos sin tener presente la rectitud y el sentido de la marcha. Los trancos que suelen dar los caballos durante la pirueta son entre seis y siete.

–Claro, maestro; no es solo hacer bien el ejercicio sino que además tenemos que tener presentes unas líneas imaginarias donde debemos tener claro de dónde venimos y hacia dónde vamos, sin emplear otros ejercicios como el apoyo en el inicio o una rotación de grupa. Una pregunta, maestro, ¿la salida debe ser al mismo ritmo?

–Sí, siempre; no se puede entrar en un galope reunido y salir en un galope largo como queriendo salir del ejercicio con prisa. Aquí quiero aclararte una cosa: en la pirueta es el único momento donde el caballo rompe el aire del galope en tres tiempos y se pone en cuatro, aunque solo durante el desarrollo del ejercicio.

–¿En las vueltas también sucede lo mismo?

–No, aquí tenemos de nuevo otro problema a resolver o discutir. Las vueltas sobre las piernas se realizan donde surja el momento preciso para pedirlas; hablo de sus orígenes de guerra o de las labores del campo con el ganado bravo. Pero en la pista es igual; siempre partiendo de una línea recta y saliendo en el mismo sentido de la marcha. Ahora bien, si bien en la pirueta se pone al caballo en cuatro tiempos, en la auténtica vuelta el galope es nulo. Sí, no te sorprendas.

—¿Pero cómo que nulo?, ¿acaso no hay galope?

—Justo cuando entra en la vuelta, los cuartos traseros se encuentran fijos, sin retroceder, en todo caso avanzando un palmo uno de sus cascos, levantando y volviendo a situar los cascos en el mismo sitio; es vuelta sobre las piernas. En esa vuelta no existe galope; es un giro rápido, ligero, con prontitud; pero cuidado, sin precipitación, brusquedades ni descontrolado. Si la media vuelta se realiza con una batida de un sitio a otro, en la vuelta no debería haber más de tres batidas. Cuando sale de la vuelta, al estar en las piernas, justo cuando dejan de actuar la exterior y la interior para la vuelta, presionando las dos se sale del sitio con impulsión, a la vez que se cede rienda para que el caballo pueda alargar el cuello. En el primer tranco, el jinete debe tomar de nuevo el control del caballo en el galope, ya que las ayudas son diferentes. Pero no por eso; no quiero decir que durante la vuelta no lo tengas controlado; al contrario, está muy controlado, pero en las piernas. ¿Ves como no tienen nada que ver la una con la otra?

—¡En la exhibición y en el concurso de vaquera que presenciamos pocos la realizaron como usted me está indicando!

—Se ven cosas buenas pero, como te he dicho muchas veces, son aisladas. En alta escuela se ven piruetas en las que el caballo realiza un tierra-tierra girando sobre los posteriores; eso no es una pirueta. Otros con dorsos hundidos, o con cuellos rígidos; hay de todo. Otros giran sobre la grupa como si de una vuelta muy cerrada se tratase. En vaquera, la cosa es mucho más grave; muchos la inician rotando la grupa en un apoyo para acabar cerrándola. Eso para enseñársela está bien, pero si muestras el ejercicio aprendido no se debe hacer eso. Otros, al salir del ejercicio tiran del caballo, adoptando una posición nada estética y poco útil. También se ven muchas batidas y los posteriores efectuando un círculo amplio, saliéndose de donde deben estar los cuartos traseros para batir sobre las piernas.

»Otro detalle que se aprecia por la forma de batir excitados es que son enseñados dejándoles caer la vara en las espaldas contrarias, provocando un tornillazo, cuando la vara debe ser empleada como ayuda y no como castigo. Para ello solo debe ser enseñada en el lado opuesto para facilitar la dirección deseada en los comienzos, hasta que el animal capte la idea de que las piernas son las que mandan y las manos las que dirigen.

–Algunos caballos observé que se sentaban demasiado en los posteriores, ¿eso es correcto en las vueltas?

–No es correcto, y es más, no solo se sentaban sino que algunos retrocedían; otros caballos llegaban incluso a girar tanto de la grupa como de los anteriores. Eso es consecuencia de la mala mano del jinete, que abusa de las riendas reteniéndolas demasiado, y al impedir que el animal obtenga la impulsión constante y necesaria para el ejercicio este acaba aculándose.

–De todo estos ejercicios me estoy dando cuenta de que el de mayor dificultad es el de la media vuelta, y al paso mucho más que al galope. ¿Es cierto o es cosa mía?

–Tienes toda la razón. No solo es el que mayor dificultad tiene, sino que también es donde más difícil es encontrar un caballo con las cualidades idóneas para realizarlo. Que un caballo con paso castellano en línea recta, lo recojas de la cara, lo abroches con las piernas, le provoques una media parada, donde en décimas de segundo el jinete le presiona más la pierna exterior y con la rienda de oposición realiza el giro y cae en el sentido contrario, saliendo al paso con la misma calidad con la que entró, y el jinete acompaña con el movimiento al animal, es de lo más difícil y bello que te puedas encontrar en la doma de campo, y quizás en la doma en general. Lo que no se debe hacer, amigo Juan, es tener al caballo preparado metros antes de pedir la media vuelta al paso; muchos los tienen atravesados para pedir el ejercicio. Tampoco que en el giro el tercio anterior se asemeje a una pequeña «levada» desplazándose lateralmente; las medias son por abajo y con naturalidad. También se ve a muchos jinetes echados sobre los cuellos de los animales durante el proceso y abrir las piernas en las ayudas. En realidad no sé cómo consiguen que el animal realice el ejercicio. También es cierto que los animales hacen lo que aprenden y les enseñan, pero las directrices están para llevarlas a cabo y el reglamento se debería seguir. A veces, un jinete fino y que cae bien a caballo en un ejercicio de menos calidad resalta por su buen hacer y su correcta ejecución. Eso debería prevalecer; una ejecución decente y no un jinete espectacular pero sin clase y sin arte. Desgraciadamente, al final en los concursos las medallas se las cuelgan los dos.

Le pregunté a mi maestro más sobre los ejercicios de vaquera en pista, pero su silencio me hizo no insistir y recordar como siempre que era un tema con el que él se sentía incómodo. Su afán era practicar la doma de campo de la forma más tradicional. Se sentía triste y preocupado por la forma en que se estaba desarrollando la vaquera de pista. Yo no entendía por qué, pero como siempre, esperaría a que algún día me lo explicase.

Mientras tanto, las piruetas de uno y las vueltas del otro caballo eran bastante diferentes. Yo me sentía distinto siendo el mismo jinete cada vez que montaba y ejecutaba los ejercicios en cada una de las dos variantes de la doma española. Esto me hizo ver que hay jinetes especializados en la alta escuela y otros en vaquera, y otros en ambas pero que aplican las ayudas igual, y ahí es donde está su error, pues tanto ellos como los aficionados que los observan acaban confundidos y sin saber cuál es el rumbo correcto a seguir.

21. ARREAR, PARADA A RAYA Y ARREMETIDA

Beatriz Gómez, jinete profesional y concursante de doma vaquera.

Mi maestro y yo estábamos por el campo, montados cada uno en un caballo. Siempre que salíamos al campo era el señor Luis el que montaba a «Campero». Nunca le pregunté por qué lo prefería, pero así era; pienso que era por el sentir un caballo de campo en plena naturaleza. En este caso cambiamos los caballos, y el motivo no era otro que indicarme cómo realizar el arreón, ya que a «Soñador» solo le pedíamos el galope largo y a lo sumo algún estiramiento cuando lo galopábamos por el campo, para que hiciese pulmones y fortaleciese los tendones.

—Maestro, ¿el arreón es como un galope largo pero más enérgico?

—Más enérgico, sí, pero, para empezar, en el arreón se tiene que apreciar como un esprint. Imagina que estás trasladando una vacada de un lugar a otro y una de ellas se sale del grupo. Entonces, partiendo de un galope reunido o de campo es cuando surge ese esprint, para poder cortarla y hacer que la vaca regrese de nuevo al grupo. Es una de las muchas utilidades que tiene el arreón.

—¿Entonces, el arreón qué duración tiene?

—Desde que se inicia ese esprint hasta llegar a resolver el motivo de dicho arreón; depende el tiempo que se tarde en recorrer los treinta, cincuenta, cien o doscientos metros necesarios. Después ese arreón disminuye al templarse el aire del galope. Si se continuara en ese aire rápido se pasaría a un galope tendido como en las carreras de los hipódromos. Por eso, para hacer arrear a un caballo se le tiene que tener antes muy puesto en un galope largo y templando. Se le enseña realizando una serie de transiciones sucesivas, y una vez puesto se le pide, en el momento de volver a templar, un cambio de sentido doblándolo. En realidad sería algo intermedio entre una media vuelta y un medio círculo, dependiendo de la apertura.

—¿Por qué hemos venido al campo para enseñárselo a «Campero»?

—Amigo Juan, aquí es donde está la esencia de la doma de campo; si este ejercicio se lo enseñáramos al caballo en el picadero solo te haría el gesto de arrear, pero no se estiraría en toda su amplitud, alargando los trancos, ya que al final de la pista sabe que lo templarás, y será él el que se deje ir. Por tanto acabará realizando un falso arrear, que solo sería un galope largo. Además acabaría mecanizado, aprendiendo por sí solo lo que se espera que haga en la pista, y de lo que se trata es de que el animal esté presto en cada momento sin adelantarse a realizar el ejercicio hasta que su jinete se lo ordene. Y templar y doblar, enseñado solo en el picadero, pasaría a ser un ejercicio de equitación y carecería de ese pellizco vaquero que solo puede dar el campo.

—Entiendo; se lo pido cuando usted me diga.

—No te confundas. No creas que porque estés en el campo el ejercicio te será fácil de ejecutar con calidad. Ten presente que los animales, al verse a campo abierto, a veces te suelen jugar malas pasadas. Por ello, cuando lo arrees templa con la mano suave, fija pero no rígida, cediendo según el animal disminuya la velocidad; de lo contrario, si te agarras a la boca del caballo tirando de ella fuertemente se le calentará la boca, y entonces los asientos, donde actúa el hierro, se les ponen insensibles; y ahí es cuando se corre el riesgo de que el animal se defienda o se desboque. Para ello no se te olviden nunca las riendas de la nariz actuando igualmente de forma fija y suave. El asiento lo puedes llevar levemente hacia adelante y cuando quieras que temple vuelve a la posición inicial; de esta forma también aprende a arrear y templar con las ayudas del cuerpo del jinete, las piernas abrochadas y la contraria a la de la mano a la que galopa puesta, para que cuando deje de presionar sea como levantar el pie del acelerador, y nunca pegando espolazos o taconazos para que arree; eso lo retiene y además es de jinetes brutos y de poca finura. En el campo, a este ejercicio se le suele llamar «hacer el acordeón» ya que se asemeja al abrir y cerrar de este instrumento cuando lo vemos tocando.

—Maestro, al sacarlo de su aire habitual se me ha puesto un poco alterado, ¿qué hago?

—Como siempre te digo, cuando realices un ejercicio y veas que el animal no está contigo, se pone nervioso o se precipita, le dejas caer al paso y le das su tiempo, de lo contrario lo único que conseguirás será empeorar más la cosa. Es normal que el caballo te mire como queriendo comprender qué es lo que quieres de él. Este ejercicio muchas veces les saca de sus casillas; y, al principio tú no puedes sentir el ejercicio como si ya estuvieses corriendo detrás de una vaca. Además, no podemos pretender que arree y temple en una sesión. Mañana será otro día, y cuando menos te lo esperes verás cómo lo realiza con la prontitud y templanza que el ejercicio requiere, pero sobre todo sin hachazos ni picotazos, muy corrientes en el momento de templar, ya que es donde más se suelen resistir los animales al comienzo. También cuando arree tienes que cederle la mano, que no se sienta acelerado con el embrague pisado. Recuerda, y no se te olvide nunca, que esta es una «monta a la jineta» y que son las piernas las que presionan de nuevo para templar al caballo.

—Ahora se me ha templado casi sin tocarlo de la cara. ¿Lo estoy haciendo bien?

—Sí, pero procura que temple sintiendo tu mano en su cara a través de las riendas; recuerda, tener el contacto. De lo contrario, más que templar, lo que hará será dejarse ir por temor a tu mano. Arrear no es muy difícil; lo complicado está en saber templar. Muchos jinetes en pista realizan medias paradas para tenerlos en la mano y poder doblar mejor, pero eso no es correcto, ya que el acordeón desaparece y el temple es inexistente. Después de templar tenemos que doblar para volver a arrear o realizar cualquier otra cosa. Para doblar tenemos que tener mucho cuidado con que el caballo gire sobre la pierna interior del jinete; mando de oposición y sobre todo que nunca se tienda como una moto. Esto una vez templado es fácil, ya que el animal llegado a este punto debe saber realizar las medias vueltas o las medias piruetas, dependiendo de la anchura que le demos al doblar, aunque lo más normal es que sea una media vuelta, es decir, de unos cuatro o cinco metros de ancho. Ojo, he dicho media vuelta, no media vuelta sobre las piernas, que es otro ejercicio.

Pasaron unas semanas y realicé el arrear, templar y doblar tal y como me era indicado. Lo cierto es que me gustaba hacerlo, ya que sentir cómo el caballo se expresaba galopando y de pronto recuperarlo en un galope de campo es una sensación difícil de explicar, pero no acabando el aprendizaje de este ejercicio, un día el señor Luis me pidió que lo ejecutase a ambas manos.

–Bien, amigo Juan, ya sabes hacerlo a ambas manos por separado; ahora lo haremos conectado. Primero arrea a una mano, templa y doblas. Cuando hayas doblado y te encuentres mirando al sentido de la marcha que llevabas, le pides un cambio de pie e inicias de nuevo el arrear a esta mano. Es sencillo. En el campo no te vas a parar a realizar el ejercicio tal y como te lo explico; será según las necesidades que tengas. Este es un ejercicio cuyo origen es la guerra. Te imaginas a un soldado atacando o huyendo del enemigo; tenía que tener un caballo que supiese arrear y templar para doblar si era atacado de nuevo o si el enemigo se escapaba. Todos los ejercicios característicos de la doma de campo son fruto de siglos de necesidades en la batalla, y como te conté en una ocasión, los vaqueros de las ganaderías bravas en España han conservado este tipo de monta y que posteriormente ha sido llevada a las pistas, acabando reglamentada. Pero se busca la perfección técnica y no la esencia de donde procede, y por eso no se puede permitir que un caballo, cuando se le pida arrear, en el momento de templar se cambie de mano sin haber sido mandado por su jinete. Eso es un error y una falta grave a tener en cuenta; el animal no puede ni debe ir cambiándose de mano a su antojo durante la realización de un ejercicio. Todo tiene que estar claramente definido.

Tras tener a «Campero» diestro en arrear, templar y doblar, como las piezas ordenadas de un puzle, le enseñamos otros ejercicios por separado, para al final intercalarlos, unirlos todos y encontrarnos con un caballo perfectamente domado en el campo. Estos otros ejercicios fueron las paradas a raya y las arremetidas.

Como tenía al caballo en un perfecto paso atrás y salidas al galope desde el paso y parado no me fue difícil realizar el ejercicio. Pensando que todo estaba controlado, mi maestro me dijo:

—Lo que estás haciendo es una salida al galope después de un paso atrás y no una arremetida. La arremetida es una palabra muy bonita y muy nuestra, de nuestra doma de campo, pero también tiene su origen en el caballo de batalla. Con este ejercicio un soldado salía en persecución de su enemigo de forma instantánea o escapaba de él volviendo, como ocurre en otros ejercicios característicos de la doma vaquera. El paso atrás es un ejercicio utilizado para citar al toro o a la vaca que en el campo no embiste y que se queda rezagado en una pared o entre las retamas. En paso atrás se cita a la res a una distancia prudente; cuando esta se arranca es cuando se usa la arremetida para tirar de ella fuera de su aculamiento, y el caballo sale con toda su energía hacia delante. En realidad es un arreón que se hace inmediatamente después del paso atrás. El animal debe estar dotado de una impulsión enérgica, equilibrada, y sobre todo con decisión, para responder a la pronta ayuda de su jinete, calmado y sumiso.

—Pensé que era lo que estaba haciendo. Entonces, ¿cómo hago para que el caballo realice la arremetida?

—En la arremetida, el jinete debe sentir en décimas de segundo que sostiene al caballo en ese periodo de tiempo en su mano. Justo en ese tiempo el jinete abre la mano cediendo y presionando las piernas a la vez, haciendo que el caballo se agarre al suelo con los cuartos traseros, lanzándose al galope después del paso atrás.

—Maestro, ¿el paso atrás es igual que cuando lo practico en otra situación?

—No, el paso atrás en este caso es más enérgico, más decidido, aunque no corriendo ni precipitándose hacia atrás, sino con ligereza; esa ligereza será la que le permitirá salir en arremetida como si de un muelle se tratase. Si el paso atrás fuese como el académico, carecería de la impronta que necesita el caballo, ya que se encontraría sin impulsión para realizar la arremetida correctamente. También tengo que decirte que en la arremetida el caballo debe saber salir a ambas manos, ya que si sale a la mano derecha y la situación te obliga girar a la izquierda perderá un tiempo precioso en cambiar de mano, y tanto la vida del caballo como la del jinete pueden depender de una salida correcta en algunos de los casos.

—¿Cómo se le enseña para que salga a la mano que se le pide?

—Primero te diré cómo realizar el paso atrás para la arremetida. Se utilizan las mismas ayudas, pero al ser un poco más enérgico y ligero, el caballo debe aprender a realizar los pasos atrás con las ayudas de las piernas puestas detrás de la cincha, presionándolo. La mano fija pero quieta, manteniendo la rectitud y el contacto a la altura de la perilla de la montura. Si quieres que salga a una mano en concreto es igual que cuando le pides la salida al paso; hay que pedírsela en el momento oportuno, pero en este caso, al mantener el tercio anterior en tus manos, la presión que llevas en las espuelas o el tacón para que ande para atrás cede y presionan más ambas pantorrillas, actuando la pierna contraria a la mano a la que se quiere salir de un modo un poco más enérgico. Todo en un solo cuerpo, ya que el jinete en el momento de la arremetida inclina un poco el cuerpo hacia adelante, pero finalizando la arremetida recupera la posición inicial. Verás cómo al final la arremetida es un ejercicio enseñado como otro cualquiera, y no pedido por sorpresa, como se suele ver en muchos casos.

—Entendido, pero, ¿después de la arremetida le pido la parada a raya?

—No, ese es el gran error que cometen la mayoría de los jinetes, y sobre todo los autodidactas. Cuando se le está enseñando este ejercicio al caballo te tienes que olvidar de las paradas.

Este ejercicio se le enseñará por separado hasta que el animal lo comprenda perfectamente; después ya se podrán llevar a cabo seguidos el uno del otro. Pero si lo paras cuando esté aprendiendo, el animal estará pendiente de la parada a raya y no pondrá atención en el ejercicio que está realizando en ese momento, que es la arremetida.

»Tras realizar la arremetida, a los pocos metros debes dejarle caer al paso o ponerlo a galope de trabajo y realizar una vuelta. Es bueno sacarlos del sitio de donde se les está enseñando el ejercicio, ya que es duro para ellos y suelen adelantarse al jinete. Como ves, amigo Juan, algunos ejercicios hay que repetírselos en el mismo sitio hasta que los captan, como pueden ser el paso español o el *piaffé*, pero otros, como la parada a raya, es aconsejable no pedírselos en el mismo sitio, ya que se adelantan y es entonces cuando el jinete pierde el contacto y el animal rompe el ritmo.

—Ya veo, maestro, y la cara alta, siendo el mando de las riendas de la nariz el que predomina sobre las de la boca. ¿Y por qué no usar solo las de la boca o el filete?

—Buena pregunta; me alegro de que me la hagas. Estos ejercicios son duros aunque no tan gimnásticos como los académicos. Proceden de unas necesidades y al principio, para enseñárselos, si se los pedimos de la boca con un filete, el caballo carecería de la puesta en mano que esta doma exige, y sobre todo el caballo llegaría a pesarnos en la mano y sería una lucha constante. Los que desconocen el buen uso de la nariz nos critican, pero es por desconocimiento. No saben que de esta forma la boca se le preserva intacta al caballo y que, al estar forrada, la serreta no les hace daño alguno, ya que nuestros toques son suaves y presionando. Otra cosa son estas herramientas en manos de gente inexperta; entonces es cuando se ven narices dañadas y surgen los detractores, pero algo similar sucede cuando un caballo es adiestrado con un filete y el jinete no sabe hacer uso de su mecanismo. Ambos métodos son comparables, para lo bueno y para lo malo. Lo que sí es cierto es que cada utensilio debe estar en su sitio para su correcta aplicación.

Mi maestro me hacía entender y comprender la doma de campo de la forma más natural y sencilla que jamás me hubiese imaginado. Todo pensado, medido y mirando por el bienestar de los animales. Por eso, cuando llegó el momento de exigirles más perfección, siempre los trabajábamos con los protectores puestos.

Los herrábamos cuando les tocaba, vacunábamos y desparasitábamos periódicamente. También les arreglábamos la boca; eso según mi maestro era mejor que desparasitarlos, ya que una boca defectuosa no solo les impedirá comer y engordar, sino que se acusa en el trabajo diario al ponerles la cabezada, ya que si no son tratados a tiempo, los bocados les molestan por una mala conformación de muelas y dientes.

Para la parada a raya, el método de enseñanza fue progresivo, sin prisas y creándole un ambiente cómodo al caballo para que cuando se la pidiese no tuviese problema en realizarla, y sobre todo que no le causase temor. Al principio le pedía las medias paradas desde el paso y el trote. Luego, para el galope se las pedía desde transiciones de paso a galope o de trote a galope seguidas de una media parada; del galope solo era una transición al paso o al trote. Luego seguidamente la media parada; de esta forma el animal tomó este ejercicio como algo normal y natural.

También empezamos a inculcarle la parada a raya realizando paradas desde el trote largo. Una vez parado e inmóvil, lo descontraía y de nuevo lo sacaba al trote; de esta forma controlábamos la impulsión y puesta en mano. Lo que procuraba era que aprendiera a bajar las caderas y que no se sintiera presionado de la cara en la parada.

—Maestro, ¿este ejercicio por qué no se lo pedimos también en el campo como hemos hecho con otros de vaquera?

—Amigo Juan, igual que para que aprendiese la arremetida era bueno pedírsela en el campo, donde la calidad está unida a ese aire vaquero que muchos buscan y pocos encuentran, la parada a raya se la pedimos en el picadero, porque el suelo, al estar cubierto de una arena fina y compactada, favorece el ejercicio y de esta forma evitamos posibles lesiones. Si se lo pedimos en el campo, donde el piso es duro e irregular, al parar los animales sienten esa dureza en sus posteriores, que es trasmitida al dorso, pasando por el cuello y llegando a la boca del animal de una forma que les provoca tensión, y como consecuencia tienden a agarrarse a la mano del jinete. Todo ello solo consigue que el animal coja temor y se niegue a parar, o al menos a no querer meter las patas.

—La parada a raya, ¿con qué tipo de galope es mejor pedírsela?

—Primero, el caballo debe saber parar a raya, provocada por una impulsión del galope; la velocidad no importa, ya que si solo para en un galope carente de esa impulsión, la parada a raya no será apreciable; simplemente será una parada sin más. Pero, como dice el reglamento de vaquera, «arrear y parada a raya», el caballo, para realizar una buena parada a raya, tiene que provenir de un arreón; de esta forma entrará en el ejercicio con inercia pudiendo parar bajando las caderas y quedándose fijo de la cara. Para ello el jinete debe actuar de la siguiente manera: con las manos fijas mantiene el tercio anterior para provocar la parada, metiendo las caderas como si fuese una continuación de los posteriores del caballo. Pero donde realmente está el toque de la parada a raya es en las piernas. Justo cuando se le pide «el parón», que es como se le llamaba en su día, el jinete abrocha con las dos piernas al caballo en la cincha; con ese toque que le hemos enseñado con el método que hemos estado practicando hasta este momento no durará en parar. Llegado el momento de la parada, las piernas se relajan para poder tener fresco el costado del animal para una posible nueva llamada de las piernas, como puede ser el paso atrás.

—El caballo me ha parado bien; o al menos eso creo. He sentido cómo se deslizaba y ha marcado dos rayas en el suelo. ¿Cómo lo ha visto usted, maestro?

–Bien, y sobre todo tu asiento; ha sido correcto, y eso es muy importante. Has metido las caderas en el momento justo para acompañar al caballo en su bajada de grupa para realizar la parada a raya, tus manos fijas y después, una vez parado, has jugado con los dedos para que se suelte de la cara y poder tenerlo siempre fresco, y sobre todo, las piernas abrochando al caballo; eso ha ocasionado que pare, como dirían algunos, «en seco».

–¿Si las rayas que marca en el suelo son más largas es mejor la parada?

–¿Quién dice eso? Esto es doma de campo, doma española, no una película. Nuestros caballos, la parada la deben realizar con prontitud. Si se deslizan están perdiendo tiempo y eso no tiene utilidad alguna. La palabra parada a raya, según me contaron viejos vaqueros, no viene de las dos rayas que el caballo marca en el suelo al parar, sino de una raya imaginaria que el jinete ve y en base a la cual debe tener el caballo parado antes de cruzarla. Por ejemplo, imagínate que vas arreando con tu caballo detrás de una vaca y de pronto te encuentras con una pared, una alambrada o un precipicio. Ahí es donde está la raya y es donde tienes que realizar «el parón». ¿Te imaginas haciendo una parada deslizante en una situación de esas?

–Tiene usted razón. Ahora que lo pienso, es cierto. Lo de las rayas es espectacular, pero sin aplicación alguna.

Desde entonces aplicaba la parada a raya desde el punto de vista de «parón», sin abusar de este ejercicio, ya que en las paradas a raya en una situación real el caballo entiende el porqué, pero sin venir a cuento es algo que es difícil de asumir y comprender para el animal.

Teniendo a «Campero» cerca de los siete años, intercalaba sus enseñanzas con el trabajo con ganado vacuno de la ganadería cuando este era mudado de una cerca a otra; de esta forma le pedía los ejercicios aprendidos, y la verdad es que al tener una vaca delante los ejercicios surgían instintivamente, de forma natural, el arrear, templar, parar, volver, las arremetidas, pero sobre todo el paso, ese paso castellano y de tranqueo que solo el caballo de campo adiestrado conforme a los principios de la doma española sabe.

Durante ese último año, una vez iniciado en los ejercicios y encontrándose en proceso de perfeccionamiento, le ponía las falsas riendas unas veces en la nariz y otras en los farolillos, utilizando solo la boca.

Si alguna vez abusaba de la boca al trabajar en el campo, teniéndolo ya en dos riendas, por consejo del señor Luis le ponía las cuatro riendas de nuevo para refrescarle la boca, ya que es la parte del animal que hay que cuidar como oro en paño.

Estos trabajos son objeto de un estudio constante para hacer entender al animal que su finalidad será estar en dos riendas. Siguiendo este proceso, acabaremos con un caballo que haga doma y tenga la boca fresca y sin ningún tipo de rechazo a nuestras exigencias.

22. PASSAGE Y PIAFFÉ

Ignacio Rambla, jinete olímpico y de la Real Escuela Andaluza del Arte Ecuestre. Campeón de España de doma clásica. Foto Azahara. Caballo «Teclado».

Llegó el gran momento de realizar dos de los ejercicios más emblemáticos de la alta escuela junto con el paso español: el *passage* y el *piaffé*.

En estos ejercicios no hay un orden de enseñanza claramente marcado; es decir, se puede enseñar uno antes que el otro, pero siempre dependiendo del animal y de los conocimientos del jinete.

Según mi maestro, a «Soñador» le iniciaríamos primero en el *passage*, porque eso era, según su opinión, lo más correcto, ya que no acostumbraba a poner en *piaffé* a los caballos, por ser este un ejercicio de máxima reunión, y por eso lo dejaba para el final. También porque «Soñador» era un caballo con mucha energía, voluntad y facultades para una reunión natural. Si, por el contrario, hubiese sido linfático, tranquilo y algo perezoso, iniciarlo en *piaffé* hubiese sido lo más acertado. A muchos amigos y compañeros les iba bien iniciar a los caballos en *piaffé* primero, enseñándoselo a la mano. La calidad no influye en que sea uno u otro primero; lo que sí conviene tener presente es que muchos caballos que se inician en estos ejercicios generalmente ya saben realizar el paso español, y por tanto hay que tener la precaución de que no saquen la mano cuando se les pide el *passage* o el *piaffé*.

Cuando se les enseña el *piaffé* primero, una vez conseguido se avanza aumentándoles los trancos hasta acabar realizando el *passage*, pero en el caso de «Soñador» fue a la inversa; se le enseñó el *piaffé* reduciendo el *passage*.

–Bien, amigo Juan, para conseguir unos trancos al *passage* lo primero que hay que tener es al caballo equilibrado, muy en la mano, y sobre todo recto en un trote reunido. Le vas tocando con las ayudas igual que cuando se le pide el paso español, pero mucho cuidado: aquí es donde muchos jinetes critican por qué primero el *piaffé*, porque de esta manera los caballos suelen sacar las manos asemejándose al trote español, que es otro ejercicio. Pero para eso están la habilidad y el tacto del jinete, para saber cuándo no debe consentir que esto suceda. La doma española está bien marcada por su ligereza, y es aquí donde se refleja esa cualidad.

-Maestro, siento tensión en la cara del caballo, ¿eso es normal?

–Es normal, porque tienes las riendas muy cortas. Cede un poco más de rienda y verás relajarse el cuello. El caballo no debe sentirse presionado; el *passage* es un trote recogido, elevado, suspendido y sostenido. Precisamente, en la antigua escuela de Nápoles, origen de la española, a este ejercicio se le llamaba «paso sostenido», de donde posteriormente fue pasando a Francia que fue donde se acabó conociendo y llamando «*passage*» internacionalmente.

–¿Su origen también es de la guerra?

–No, este ejercicio pertenece a la escuela clásica, pero fue practicado desde los comienzos de la doma, ya que así eran adiestrados los mejores caballos para que el mando o el oficial de mayor rango se luciese ante sus soldados cuando pasaba revista. Es un ejercicio natural del caballo que ha sido llevado a la enseñanza para que lo realice cuando se lo pidamos. ¿Quién no ha visto a un caballo espantado o a un semental realizar el *passage* en libertad?

–No consigo que realice un tranco al *passage*. Supongo que cuando haga alguno lo sentiré.

–Efectivamente. Cuando dé un tranco lo sentirás. En ese momento lo paras y acaricias. Ten paciencia; puede que pasen días y no sientas que da ni un solo tranco, pero de momento ya le estamos mentalizando de que le pedimos algo nuevo, y él está centrado en entender qué es lo que le pedimos. En cuanto lo capte verás cómo no se le olvida. Además, tenemos un caballo con unas cualidades extraordinarias; por eso no se debe correr. Si por el contrario fuese un animal limitado sí tendríamos que provocarle el ejercicio para que después, cuando lo estuviese, lo fuese mejorando.

–La vara que tengo en la mano derecha, ¿se la pongo en algún sitio como ayuda?

–La tienes mirando hacia arriba. Ahora la cambias y la colocas lateralmente y tocándole un poco la nalga, que no se note que sobra vara en la mano. Cuando realice el trote reunido y le pidas que se inicie en el *passage* le das toques, suaves e intermitentes, que le provoquen actividad y reunión a la vez. El movimiento hacia adelante debe ser con rectitud y en calma.

–En la exhibición vi a un caballo realizar el *passage* con muchos movimientos, ¿era correcto?

–Lo que tú viste fue a un caballo con un trote con muchos movimientos que el jinete sabía aprovechar, pero el *passage* era inexistente, muy espectacular, para que el público aplaudiese, pero carente de finura y arte. Si a ese caballo, con esos aires, se le hubiese enseñado un buen *passage* seguro que el jinete no hubiese ido agarrado a la cara del animal y con las piernas separadas, sin arroparlo para nada, tal y como iba. Se puede decir que era un trote «pasageado».

–Ahora que usted lo dice, es cierto; no tenía momento de suspensión en el aire en cada tranco. ¿Las ayudas dice usted que son como las del paso español?

–Sí, pero con la diferencia de que te encuentras al trote. Las piernas dan el toque cuando sientes que el tercio anterior opuesto realiza el movimiento; no piques con las dos piernas a la vez como hacen algunos, tanto en el *passage* como en el *piaffé*. Las manos con tacto y en posición alta, juegas con los dedos cediendo y manteniendo, nunca moviéndole la cara al animal. La cara fija, con soltura, tacto, pero sobre todo estando en la posición de reunido, que no te tire ni te pese en la mano. Tu cuerpo acompañando el movimiento igual que cuando te encuentras al trote, con la diferencia de que cuando lo realice sentirás que te eleva, pero esa elevación será igualmente acompañada del movimiento del caballo. Lo que no puedes hacer ir es moviéndote como si te balancearas de un lado a otro, como se suele ver muy a menudo; eso es una falta muy grave, aparte de ser una imagen muy fea.

–Mire, maestro, lo acabo de reunir un poco más en el trote, casi como si fuese al paso, y me ha dado un tranco elevado. ¿He hecho bien en pararlo y acariciarlo?

–Muy bien, eso es; lo que se pretende es que haga el gesto. Como en todo ejercicio cuando se le inicia por vez primera, ese gesto ya nos dice mucho; no importa la calidad o si lo ha hecho sin saber realmente qué ha sucedido, pero esa caricia a tiempo es para él como una gran gratificación que tendrá en cuenta si no se sigue abusando. Ya sabes lo que te quiero decir; mañana será otro día.

Pasaron varios días y tan solo me daba ese gesto, y yo nuevamente lo acariciaba y lo dejaba. El señor Luis me decía que siguiera en el trote reunido, transiciones al paso, paso español y transiciones al trote reunido, etc. De esta forma conseguí que me diera varios trancos, sin saber si era *passage* o no, pero el gesto lo tenía y de ahí mi maestro me decía que el *passage* saldría.

–Bien, amigo Juan, ahora tenemos que tener cuidado y procurar que nos realice unos trancos en *passage* pero sin que saque las manos como si fuese trote español. Para ello, una vez conseguido el gesto de sostenerse en suspensión, se lo pediremos solo del trote reunido o de escuela, dándole amplitud al ejercicio. Si lo retenemos demasiado sería un *passage* pero con el remetimiento de los posteriores del *piaffé*, y no quedaría nada claro cuál sería el ejercicio que estaría ejecutando, ya que sería una cosa híbrida y cada ejercicio tiene su mecánica. Los cuartos traseros en el *passage* se deben flexionar para incrementar y activar el cuerpo del animal hacia delante. Si lo retienes demasiado al comienzo puedes provocar que dé dos batidas en el mismo tranco, y eso es muy difícil de corregir una vez que el animal adopte ese hábito.

Pasados unos meses, el caballo adquirió unos trancos al *passage* muy aceptables; solo le daba entre ocho y diez trancos, no más, ya que al no estar todavía familiarizado con el ejercicio, o bien rompía el ritmo, la cadencia o se me balanceaba lateralmente, y eso eran defectos a tener muy presentes. Por tanto daba solo esos trancos y que se quedara con ganas de más; de este modo los pocos trancos eran realizados con todo su esplendor. También eso hizo que pudiese comenzar a pedirle los primeros trancos de *piaffé*.

Mi maestro me dijo que el *piaffé* es el ejercicio de máxima reunión, y por eso lo dejó para el final. Con el entrenamiento y la preparación de doma de los años anteriores no nos fue difícil que captara con rapidez el ejercicio.

El *piaffé* es un ejercicio donde el caballo realiza un movimiento sostenido sin avanzar; este ejercicio se llamaba en los comienzos de la equitación «paso de movimiento». Lo diferenciaban del *passage* por ser uno sobre el terreno y el otro avanzando.

Su temperamento, junto con la calma adquirida en el adiestramiento, hizo que estuviese mentalmente preparado para aceptar mis ayudas. Al estar acostumbrado a tener a mi maestro a su lado con la vara, cuando se la aproximó por los cuartos traseros, recto e inmóvil, se remetió un poco, a la vez que teniéndolo yo en la mano impedía que avanzase, estando la nuca en el punto más alto, y lo recogía con las piernas para mayor reunión.

A pesar de estar yo montado, el que mandaba era el señor Luis desde el suelo, indicándome lo siguiente:

—Amigo Juan, la idea es trasladar parte del peso del caballo al tercio posterior. Tienes que sentir que el tercio anterior está elevado y suelto, que no te pese en la mano. Si se te encapota será imposible realizar un buen *piaffé*, ya que el peso estaría echado sobre las espaldas. Al principio le dejas avanzar lo que el animal te pida, pero sin llegar a sentir que se te quiere escapar del ejercicio. Parado, lo inicias en una transición al trote reunido e intenta que no deje de batir. Reteniéndolo pero desde la calma le pediremos medias paradas y de nuevo pediremos trote reunido. Yo lo activo con la vara puesta por encima de los corvejones; de esta forma le provocaré que no deje de batir a pesar de no avanzar. Tú no debes perder nunca el contacto de la mano, de lo contrario se te pondría detrás de ella. Cuando hagas una media parada, con un leve movimiento de los dedos, cediendo o reteniendo, según el caso, y presionando con las piernas, debes sentir que el animal está debajo de tu asiento. Nunca dejes que recule, ya que lo puede emplear como defensa; si da pasos atrás que sea mandado por el jinete.

—Maestro, he sentido que batía sin moverse del sitio, ¿eso ya es *piaffé*?

—No, pero es el comienzo para acabar realizándolo. No podemos pretender que se suspenda y eleve, moviéndose sobre el terreno las primeras veces; con que realice batidas con calma y bien diagonalizadas, el gesto de reunión y puesta en mano, es suficiente para premiarlo y dejar de pedírselo por hoy. Esto es un proceso diario en el que hay que dar tiempo al caballo para que coja su sitio. Recuerda, las primeras veces solo buscamos el gesto del ejercicio.

Pasadas unas semanas de entrenamiento, el enfoque principal estaba en el *passage*; el *piaffé* era una cosa secundaria, porque lo importante era que el *passage* fuese de calidad.

Un día, el señor Luis me dijo que íbamos a someter un poco más a «Soñador» para ver qué tal reaccionaría. Según él, a veces a los caballos se les tiene que descolocar en el aprendizaje para poder colocarlos. Eso no es malo si el que descoloca es el mismo jinete que lleva el adiestramiento del animal desde los comienzos, ya que se conocen mutuamente y se supone que la profesionalidad del jinete hace que todo vuelva a su curso.

—Bien, amigo Juan, hoy tienes que sacar arte montado en el caballo. Le vas a pedir que realice el *piaffé*, buscando suspensión entre las batidas pero sin moverte del sitio. Para ello sacas al caballo al trote reunido desde la parada, y de nuevo del trote a la parada pero pasando por unos pequeños trancos al *passage*. En esa parada procura mantener el movimiento del animal. Intenta pedirle como si fuese el *passage* pero sin moverse del sitio con las directrices ya marcadas de los días anteriores, es decir, puesta en mano, peso en el tercio posterior y con la bajada de grupa, las piernas presionando un poco más para activar la suspensión y la elevación del cuerpo del caballo, marcando claramente las diagonales en las batidas.

—Bien, maestro. ¡Ufff, qué sensación cuando he sentido los trancos de *piaffé*! Nunca la imaginé, . Le he abierto la mano y se me ha quedado en el sitio por sí solo. Después he relajado las piernas y se ha quedado inmóvil. ¿Qué le ha parecido, maestro?

—Bien, Juan, bien. Por lo que más contento estoy es porque has aprendido a sentir el caballo, saber cuándo, dónde y de qué manera se tiene que empezar y acabar el ejercicio dentro de su nivel de equitación.

Intenté salir del lugar donde me encontraba para darle un respiro al animal, pero mi maestro me ordenó quedarme en el sitio diciéndome:

—No, pídeselo otra vez; ahora el caballo está con el ejercicio y tenemos que aprovecharlo. Tenemos que pedírselo de nuevo; ya no es la primera vez que ve que se lo hemos pedido, son varias lecciones las que lleva y hoy está con ganas de trabajar. Solo intentaremos tres o cuatro trancos y se acabó por hoy.

Me centré en el ejercicio. Teniéndolo preparado, le pedí que saliera en trote reunido. En el primer tranco le pedí media parada y seguidamente, como si fuese *passage*, activé las ayudas sin dejar que se fuese del sitio, realizando varias batidas. El que mi maestro estuviera abajo con la vara le ayudó en la reunión, facilitándole el remeter los posteriores un poco, solo un poco, bajando las caderas y marcando las batidas sostenidas y elevadas. Pero del tercio anterior fue mucho más elegante, lo que me hizo sentir una gran ligereza en las riendas, sin peso alguno, con un tacto suave y sobre todo marcando el movimiento con las manos con elegancia y belleza por la soltura de las espaldas.

—Ahora sí, amigo Juan. Acaricia al caballo y dale unas vueltas al picadero con la cara suelta para que se refresque y después darle una buena ducha; se ha ganado el acabar la clase por hoy.

Con el trabajo que había realizado con «Soñador» durante todo ese tiempo a lo largo de seis años, ya entrado en los siete, el *passage* y el *piaffé* me los ejecutaba con una calidad muy buena. En el *piaffé* conseguí que me diera más de veinte batidas y en el *passage* recorrer más de treinta metros sin que en ninguno de los ejercicios rompiera el ritmo, la cadencia, la reunión y, sobre todo, siendo las batidas iguales y uniformes. Me encontraba muy contento con los resultados, especialmente cuando realizaba transiciones de *passage-piaffé* y de nuevo *piaffé-passage*. Entraba y salía de los ejercicios como si de uno solo se tratase. Mis ayudas y mi asiento habían mejorado mucho, y eran casi inapreciables, y los caballos, tanto «Soñador» como «Campero», parecían trabajar por sí solos.

Durante este proceso fueron muchas las dudas que me surgieron acerca de estos ejercicios. Mi maestro me aconsejaba para que aprendiese lo que era y no era correcto. Muchos son los jinetes que perdonan detalles importantes a sus caballos, detalles que son faltas muy graves.

–Amigo Juan, te voy a comentar cómo no deben ser el *passage* y el *piaffé*, ya que si realizarlos correctamente es difícil, más lo es aún si no conoces verdaderamente lo que es incorrecto. De este modo, cuando sepas lo que está mal sabrás corregir a tiempo. Es mejor hacer estos ejercicios con menos calidad pero que sean decentes, a que sean muy espectaculares y posean muchas deficiencias.

–¿Por qué surgen estos problemas?

–La mayoría de las veces por las prisas; queremos que un caballo nos haga estos ejercicios sin tenerlo previamente preparado, física y mentalmente; no se les da el tiempo que precisan. Muchos potros por sus cualidades se prestan, y los jinetes se los piden sin pensar en el daño que les pueden ocasionar en un futuro. Por ese motivo se estropean campeones que prometían y se quedan en nada.

—¿Y si se les ha dado su tiempo?

—Puede ser por no saber escuchar a su caballo, pidiéndole antes el *passage* que el *piaffé*, por ejemplo. Recuerda que estos ejercicios se les enseñan uno sobre otro dependiendo del animal. Si es fogoso, con el *piaffé* primero lo alteras más, y realizará batidas muy rápidas y excitadas. Si es tranquilo y linfático, el querer pedir el *passage* primero obliga al jinete a sacarlo de sus casillas, provocando la mayoría de las veces que coja temor al trabajo y se acule con las espuelas.

—¿Qué defectos son los más comunes?

—Muchas veces los jinetes no miden por igual el tacto del caballo y eso provoca que en el *passage* las batidas sean irregulares, dando trancos desiguales. Para un buen *passage* hay que tener al animal derecho y pedir pocos trancos, buscando más el equilibrio que la suspensión. De esta forma se evitará igualmente que dé dos batidas de los posteriores en el mismo tranco.

—¿Por qué algunos elevan tanto las manos y los posteriores solo acompañan en el movimiento?

—Ese es un defecto de las prisas y la falta de equilibrio; también por el abuso de la vara en pedirle que se suspenda y saque las manos, provocando que se parezca más a un trote español que a un buen *passage*; son muchos los jinetes y aficionados que confunden un ejercicio con otro. Como el *passage* es lo que desean los jinetes, el caballo acaba sacando menos las manos, pero sin llegar a tener las rodillas y las cuartillas dobladas, como exige este ejercicio.

—En la exhibición observé uno que se balanceaba para los lados, ¿también es incorrecto?

—Claro; todo lo que no sea rectitud y equilibrio es falta de calidad. Eso es provocado por querer que el caballo se suspenda, eleve y se sostenga con mucha elevación, impidiendo que avance dentro de su nivel de aprendizaje. Como consecuencia se ve obligado a salirse por los lados, donde al final acaba acomodándose en este *passage* balanceado. Estos *passages* defectuosos se aprecian claramente en los animales que elevan mucho el cuello, y se les nota rigidez en la parte inferior; también los dorsos suelen tenerlos hundidos, motivo por el cual elevan el tercio anterior y arrastran los posteriores. Muchos jinetes también lo provocan ellos mismos con un asiento defectuoso, sin estabilidad y botando en la montura, las manos inestables y pidiendo el tranco de *passage* separando la pierna, que actúa de forma exagerada.

—¿Los defectos del *piaffé* son similares?

—Sí, respecto a la falta de equilibrio y rectitud; también se ven dos batidas en el mismo tranco, balanceo de ambos tercios, y sobre todo falta de energía en la ejecución. Pero la falta más grave desde mi punto de vista es ver esos *piaffés* saltados de la grupa con exageración, signo de que han sido enseñados con la fusta; los llamo *piaffés* vareados. Eso no es malo si el tercio anterior los acompaña con ligereza y soltura de las espaldas, pero ahí es donde está el error, en que las espaldas las tienen muertas y se mueven casi sin batir y a desgana.

—¿Entonces los posteriores no los remeten?

—Efectivamente, no pueden y por eso se caen de las espaldas. Esa actividad que tienen estos *piaffés* en los cuartos traseros es perfecta si se consiguen remeter los posteriores y activar el tercio anterior, liberando las espaldas y con la nuca en el punto más alto, manteniendo la vertical de la cara ligeramente por delante. Otro *piaffé* malo es el que realizan algunos, que más parece que ejecutan un tierra a tierra que un *piaffé*, como queriendo salir a galope pero desde el sitio; eso es consecuencia de una falta de base y preparación, porque al caballo no se le ha enseñado claramente qué es lo que deseamos de él. Y sobre los jinetes, muchos pican con las espuelas enérgicamente dándonos a entender que carecen claramente de conocimientos sobre el ejercicio, y más cuando remeten las caderas constantemente para que el animal se mueva. Cuando un caballo aprende y sabe realizar el *piaffé* correctamente, el jinete es una estatua, sus ayudas son inexistentes e inapreciables a los ojos del hombre, pero lo suficientemente sensibles a la leve presión para que el animal capte la idea de lo que se le está pidiendo.

De esta forma concluí el proceso de adiestramiento de «Soñador», o al menos eso creía yo. A los dos caballos los tenía en los siete años y un día mi maestro me dijo que tenían otro año más por delante para aprender lo que sería «la doma magistral», un escalón más por encima de todo lo aprendido, pero esto forma parte de un capítulo aparte.

Antes tengo la obligación de relatar ciertas tertulias que mantuve con mi maestro en las frías noches de invierno al lado de una caliente hoguera sobre martingalas, vicios y resabios.

23. MARTINGALAS, VICIOS Y RESABIOS

Cuando mi maestro me contaba que no hay que confundir vicios con resabios me aclaró que puede pasar que algunos vicios se convierten en resabios si no son corregidos a tiempo. Para intentar arreglarlos muchos jinetes usan ciertas ayudas artificiales como, por ejemplo, las martingalas, y esto me explico al respecto:

–Amigo Juan, sobre las martingalas poco puedo decirte, ya que yo soy alérgico a esos usos, pero en algunos lugares tienen por costumbre utilizarlas a diario. No sé ni cómo se ponen; nunca me he preocupado por ello, quizás porque lo primero que me enseñaron fue a saber solucionar los problemas con la cabeza, y sobre todo con una buena mano izquierda.

–¿Quieres decir que los que las utilizan no tienen buena mano?

–No, eso depende. Yo admito que en el proceso de la doma en algún momento a algún caballo le pueden hacer falta y se tengan que utilizar, pero subsanado el problema se tiene que prescindir de ellas, ya que si siguen con las martingalas, el efecto se puede volver en su contra. Te repito, utilizarlas si es necesario en un caballo y en un momento determinado para algún ejercicio en concreto, pero nada más.

–Entiendo. ¿Por qué las utilizan muchos jinetes?

–Para tapar faltas, como el levantamiento de cabeza continuo, los hachazos, el tirar de la mano del jinete, etc. Ya te he dicho que no entiendo mucho de estas cosas, ya que estos defectos se corrigen con tiempo, porque la mayoría de las veces son consecuencia de las prisas, y con una buena mano, y sobre todo utilizando la psicología, se evita el tener que utilizarlas. Yo siempre he corregido esos vicios, como ya te he comentado, observando constantemente al animal para poder entender el porqué.

—¿Qué consecuencias puede tener el abuso de las martingalas?

—Las consecuencia son graves, ya que al verse atado y presionado con utensilios que no ceden en el momento oportuno, se apoyan en ellos provocando tensión, y a la vez esa rigidez hace que el animal tire constantemente. Por eso, cuando se la quitan, el animal se encuentra perdido y vuelve otra vez al vicio inicial. «La gamarra» es la más utilizada. Es una correa que parte de la cincha y pasa por entre los brazos del caballo y se ata a la muserola de la cabezada. Otros, para disimular, utilizan un cable delgado que va de la muserola al pechopetral. También están «las tijerillas», similares al anterior, pero en este caso con forma de Y; parten de la cincha, se bifurcan y acaban en dos argollas por las que pasan las riendas del caballo; de esta forma también impiden la elevación de la cara, pero con más libertad, aunque sin dejar de ser un artilugio artificial. No confundas, como les sucede a muchos, el pechopetral con una martingala, ya que este tiene como función sostener la montura para que no se desplace hacia atrás del caballo, así como la función de la baticola es impedir que se desplace hacia delante.

—Por lo que usted me ha explicado, tengo claro que es la mano del jinete la que doma el caballo y no las martingalas y, solo en raras excepciones, por el caballo o por su historial, se podrán utilizar un breve espacio de tiempo para corregir defectos, no para ocasionarle más, ¿es así?

—Así es. Ahora te hablaré de vicios que tienen algunos caballos.

»Uno de ellos, y quizás el primero, es negarse el potro a ir derecho y detenerse, resistiéndose a andar. Este vicio se corrige con un ayudante situado detrás obligándolo a avanzar y seguir al jinete guía. Cuando el animal avanza, el que lo lleva le relaja la cuerda para que el animal no se sienta presionado; de esta forma aprende a seguirte. De vez en cuando le das un pequeño tirón para que sepa que está sujeto y que ese toque le indique que debe seguirte. Otros tiran hacia atrás cuando están atados a una argolla; este vicio se quita con un cabezón fuerte y seguro; que cuando tire vea que no se escapa ni se rompe la cuerda. No importa que lo pase mal las primeras veces; el animal cuando vea que tirando no se escapa y que estándose quieto no le sucede nada aprende rápido. Es aconsejable ponerse detrás a una distancia prudente, para que cuando tire darle con la vara y que así deje de tirar. Este es un vicio que puede volverse en resabio si el animal se sale con la suya.

—Por eso es aconsejable tenerlos atados durante el destete, para que de pequeños aprendan a estar atados y no tiren. Al ser jóvenes y con poca fuerza el riesgo es mínimo; después, cuando se les coge para trabajarlos a los tres años esto nunca se les ha olvidado, ¿verdad, señor Luis?

—Cierto, así es. Otro vicio es que muchos caballos cogen aire cuando les ajustas la cincha de la montura. Este vicio se les quita no apretando mucho la cincha al principio cuando los vas a montar, ponerla solo ajustada. Cuando acabes y vayas a poner el pie en el estribo, la pones en su número justo y de esta forma el animal ya habrá espirado el aire; si ves que aún no está a punto, le das una pequeña vuelta y seguro que ya ha espirado el aire varias veces. El problema de montarte teniendo el caballo el aire retenido es que se queda sin aire para respirar y cuando coge aire se siente apretado por la cincha y se tira hacia atrás. Eso es un peligro, ya que si te coge montado puedes echarte el caballo encima y sufrir graves consecuencias. Muchos caballos, dándose cuenta de que de esta forma se quitan al jinete de encima, lo repiten de tal forma que lo que en un principio era un vicio se vuelve un resabio.

—Nosotros, la verdad que estos problemas no los hemos tenido, porque aparte de hacer las cosas bien, los dos caballos han colaborado y no tenían mala idea. Pero ¿a cuántos jinetes se les habrá echado la culpa siendo los caballos los que no colaboraban?

–A muchos, amigo Juan. Los jinetes pueden ser buenos, pero no hacen milagros. Mucho se ha hablado de que cuando un caballo hace algo mal es culpa del jinete siempre, y no estoy de acuerdo. Los caballos son como las personas: los hay a los que no le gustan trabajar, otros tienen mala idea, otros son torpes y otros de pocas cualidades, pero a esos caballos si les das lo que ellos quieren, por no obligarlos a trabajar y someterlos, estarán montados pero nunca domados, y mucho menos harán doma. El problema surge cuando los jinetes que montan caballos ajenos, obligados por sus dueños, les piden exigencias para las que no están cualificados y ahí es donde aparece una lucha constante en la que no se llegará a ningún sitio. Lo más que se conseguirá será que el cliente acabe hablando mal del jinete, ya que al ser él el que paga se siente en la obligación de exigir, cuando también tiene la obligación de escuchar al jinete, ya que se supone que es el profesional al que le da dado su confianza.

–¿Cómo se trabaja a estos caballos vagos?

–Utilizando todas las ayudas existentes y con mucha psicología. Recuerda que la mejor forma de sacar rendimiento a estos animales es engañándolos, ya que por el método racional es imposible. Para estos caballos, la vara y las espuelas no son ayudas; ellos los ven como castigo, y si además los presionas más, más se refugian en ellas y te costará conseguir que salgan hacia delante. Lo complicado de todo esto es que surgirán nuevos problemas como consecuencia de los otros. Puede que al querer que avancen con la vara y las espuelas se aculen y se apoyen contra paredes; otros se entablan a un lado y se ponen a realizar pequeñas levadas. En fin, amigo Juan, un martirio para el jinete.

–¿Pero al final se consigue algo con ellos?

–Generalmente, pocas veces, pero cuando se consigue algo positivo suelen ser buenos caballos. Algunos no son vagos; actúan como tales porque se les bloquea la mente en la doma y ante la duda se defienden sin comprender por qué y cuesta convencerlos de que ese no es el camino. En otros caballos se consigue que sean buenos para rutas y marchas, pero con un jinete que los lleve a ellos; como el jinete espere que sea el caballo el que le guíe a él, al tener el caballo en su mente el no trabajar buscará el momento para negarse.

—Por eso usted pone tanto empeño en conocer la genética y en la selección de los caballos. ¿Eso se transmite?

—Claro que se transmite. De yeguas repelosas, que son quisquillosas a las espuelas y al bocado, saldrán hijos repelosos.

—Maestro, esto es muy complicado, saber cuándo castigar y cuándo acariciar en el momento justo. ¿De eso depende el éxito o el fracaso en la doma?

—Claro, ¡qué pregunta es esa! Mira, acariciar a un caballo cuando hace bien es muy sencillo, pero castigar a un caballo porque ha dado una coz a la espuela por rechazarla en el costado después de dos segundos es tarde. El jinete que es fino percibe el momento, un momento en el que no tiene tiempo más que de reaccionar como un acto reflejo; cuando un caballo pega una patada por la incomodidad de la espuela, justo cuando la pata está en el aire es cuando el jinete tiene que actuar con la vara, dándole con energía en los ijares, que no sepa por dónde le ha llegado la vara para que cuando ponga la pata en el suelo le moleste más el varazo recibido en los ijares que la espuela; un golpe bien pegado es mejor que ciento a destiempo. Seguidamente le levantas la voz enfadado y lo sujetas para que no se mueva del sitio, a la vez le metes las espuelas y si se está quieto, atento e inmóvil, entonces te relajas, separas las piernas y lo acaricias con un buen tono de voz. Te aseguro que a ese caballo no se le olvidará jamás la lección. Todo esto debe ser utilizado con mucho cuidado, ya que corrección y castigo pueden confundirse fácilmente, y las respuestas por temor son lo que tenemos que evitar.

—¿Pero para eso se tiene que estar muy seguro y ser un buen jinete, no?

—Es lo que marca la diferencia entre ser un buen potrero o un simple desbravador; el buen potrero tiene que saber dón-

de están los límites de cada animal. Con los vicios te juegas la
profesionalidad, con los resabios te juegas la vida, y vida solo se
tiene una, mientras que caballos hay muchos. Por eso se tiene
que tener muy en cuenta si realmente merece la pena jugársela
o si te la juegas saber si el animal tendrá futuro; de lo contrario
no merece la pena.

—¿Qué otros vicios tenemos en los caballos?

—Ufff, amigo Juan, muchos. Otro y muy corriente es el vicio de no estarse quieto cuando te vas a montar. Muchos caballos, cuando pones el pie en el estribo se ponen a andar o dar
vueltas. Esos vicios se tienen que corregir desde el primer día
en que se pone el pie en el estribo, que aprendan a estarse quietos y no se muevan hasta que el jinete se lo ordene. Otro vicio es
no querer girar a un lado. Se entablan y se ponen rígidos; aquí el
jinete debe estar muy pendiente y trabajarlos gimnásticamen-
te, que cedan a ambas manos, y sobre todo conocer el motivo.
Algunas veces es psicológico, pero otras es por dolores y molestias, por lo que hay que averiguarlo. Otros vicios que cogen algunos animales es que montan la lengua por encima del bocado
al tenerlo mal puesto. Eso es consecuencia de dolores en la boca
o el nerviosismo que experimentan por el trabajo precipitado.
Esos vicios son difíciles de corregir y cuando se quieren evitar
a veces se convierten en resabios. También los hay que sacan la
lengua constantemente; este vicio se puede solucionar apretando un poco más la muserola. Otro vicio, y desagradable para el
jinete por lo molesto que es, es cuando rechinan los dientes, síntoma de nerviosismo y de que ponen poca atención en el trabajo. También los hay que rechinan los dientes pero no se oye; solo
se aprecia en la tensión de la mandíbula, pero el contacto con
el caballo es bueno y por tanto no es un vicio a tener mucho en
cuenta. Otro vicio que es desagradable a los ojos de un aficionado es cuando te arrimas a un caballo y te aplasta las orejas. Es
un gesto feo, y desde el primer momento se le tiene que regañar
para que no lo realice con frecuencia hasta que se consiga elimi-

nar este mal gesto, ya que a veces ellos lo consideran un símbolo de superioridad y al final quieren acabar imponiéndose.

–Cuando se espantan, ¿es vicio?

–Depende. Algunos se acostumbran a espantarse de cualquier cosa. Otros, al llegar al mismo sitio sin que esté ya lo que les produjo espanto en un principio se acuerdan y siguen reaccionando igual. Ya sabes que los caballos tienen mucha memoria, para lo bueno y sobre todo para lo malo. Cuando se espantan hasta de su sombra son vicios que adquieren, o lo más normal es que no vean bien, que tengan algún problema en la vista. Si es así no podemos enfadarnos con ellos y tenemos que hablarles con buen tono de voz; esa confianza hará que el animal, a pesar de su temor a lo inesperado, supere la prueba. Muchos vicios se superan ignorándolos caballos es decir, como si no fuese con ellos pero estando pendientes de lo que se están haciendo. De esta forma, muchas de las veces a los animales se les olvida. Si insistimos mucho en corregir ciertos vicios lo que hacemos es estar recordándoselos continuamente y nosotros nos convertimos en los principales causantes de que los animales no se comporten correctamente.

–Pensaba que los vicios y los resabios eran similares, pero ya veo que existe una gran diferencia entre ambos. Entonces, ¿los resabios por qué surgen?

–Los resabios sí que son un gran problema. Son muchos los grandes y buenos caballos que o prometían un buen futuro o ya eran caballos destacados y se han acabado desechando por adquirir ciertos resabios, incluso de potros en los inicios del adiestramiento. Siempre te tienes que preguntar tres cosas, como ya te dije en una ocasión. Cuando un caballo actúa de esta forma es por tres motivos: porque no sabe, porque no puede o porque no quiere. Si no sabe, hay que enseñárselo; si cuando se le enseña, el jinete no tiene los conocimientos necesarios surgen problemas que no sabe solucionar, y también al precipitar su doma, el animal se rebela. En esas defensas, cuando el potro se sale con la suya es cuando el vicio se convierte en resabio. Cuando no puede, el jinete, al pedirle más de lo que sus cualidades le permiten, hace que el animal se defienda. Unas veces se le gana la pelea, injusta, pero se le gana, y otras veces, si es el animal el que sale vencedor ya tiene el resabio adquirido para toda la vida, ya que seguirá intentando defenderse cada vez que se le exija un esfuerzo, a pesar de poder realizarlo.

–Eso si no sabe o no puede, pero ¿y si no quiere?

–En esos dos primeros casos, los errores son del jinete, pero si no quiere, a pesar de saber y poder, es problema del caballo. A pesar de que muchos jinetes lo quieran negar, diciendo que siempre es culpa del jinete, también son algunos los caballos reacios al trabajo, que se niegan, protestan, son maliciosos y con poco corazón; créeme que los hay.

–Entonces, ¿los resabios se arreglan o se corrigen?

–Como te he comentado anteriormente, lo primero que debemos saber es el origen del resabio. Si es consecuencia de las dos causas citadas anteriormente, en algunos casos se corrige, e incluso llegan a ser grandes caballos. Siempre y cuando no tengan muy marcado el resabio, si se coge en una etapa donde es reciente se puede arreglar, pero con mucho tiempo, ya que es psicológico, y lo importante es ganarse su confianza y amueblarle la cabeza; lo físico aparecerá después. Pero si es porque no quiere, esos caballos nunca se arreglarán. Podrán disimular, aparentar lo que no son, pero jamás tendrás un animal con el que poder estar tranquilo e ir relajado sobre él, ya que a la más mínima te la juegan, pues es su condición.

–Entonces se corrigen un poco, pero no se arreglan. ¿Qué resabios son los más comunes?

–El más común es cuando aprenden a tirarse para atrás; es muy arriesgado y es un hábito que adoptan fácilmente. Otro es cuando aprenden a dar manotazos. Es peligroso, ya que delante de ellos te encuentras a su alcance. También los hay que se desbocan y no se paran cuando salen a correr. Estos resabios y algunos similares se corrigen con métodos algo severos, pero son inevitables, ya que con la doma racional, sabia y metódica no se suele obtener resultados. Posteriormente, una vez iniciado el proceso de corregir severamente estos resabios tenemos que observar la reacción de dichos animales para poder llevárnoslos a nuestro terreno, que no es otro que la buena doma académica. Estos caballos son para jinetes muy profesionales y con mucha experiencia en el tema, y nunca se asegura un resultado óptimo.

Escuchando a mi maestro supe la gran suerte que tenía de tener a dos caballos como «Campero» y «Soñador», con los que todo había sido un proceso lento pero firme. Descubrí la gran importancia de elegir un buen animal para desarrollar una doma lo más decente posible, ya que si no tenemos la herramienta adecuada el jinete jamás podrá lucirse y demostrar sus conocimientos.

Recuerdo una frase que me decía mi maestro, el señor Luis, y era la siguiente: «un caballo sin jinete es un caballo, pero un jinete sin caballo no es nadie».

Entre vicios y resabios, también me contó mi maestro que en las cuadras los caballos adquieren unos hábitos, como morder el pesebre y tragar aire, dar manotazos a las puertas, el baile del oso, que es balancear la cabeza de un lado para otro sin moverse del sitio, dar vueltas sin parar en la cuadra, comerse la cama de viruta o el estiércol, incluso ponerse dominantes en la cuadra e incordiar al que está a su lado, las llamadas «estereotipias». Pero todo eso es fruto del aburrimiento. Os puedo asegurar que un caballo bien trabajado diariamente estos hábitos no los adquiere, o al menos es muy difícil.

24. LA DOMA MAGISTRAL

Ignacio Rambla, jinete olímpico y de la Real Escuela Andaluza del Arte Ecuestre. Campeón de España de doma clásica. Caballo PRE «Nuvolari».

Aquella primavera, los dos caballos cumplieron siete años. Durante aquel año y hasta cumplidos los ocho, el trabajo fue mantener lo aprendido, mejorarlo en algunos de los casos y a la vez intercalar algunos ejercicios, bien con transiciones o complicándolos y enlazándolos a ambas manos.

Estos eran algunos como el *passage-piaffé-passage*, piruetas en *piaffé*, apoyos en *passage*, de paso español a pirueta inversa en tres remos y salida en paso español, cambios de pie al tranco en círculo, dobles piruetas al galope, apoyos al galope con contracambios, varias vueltas sobre las piernas y cambiarlas de sentido en el sitio, y paradas a raya para realizar vueltas sobre las piernas.

La tarea no fue nada fácil, ya que yo estaba aprendiendo junto con los animales, y esa tarea de enseñarnos a ambos a la vez era doblemente difícil para mi maestro, que siempre tuvo una gran dosis de paciencia, profesionalidad y saber estar.

Quisiera recordar que durante los dos primeros años de enseñanza ambos caballos fueron adiestrados básicamente de la nariz. Durante el tercer año las ayudas se fueron intercalando y también fueron siendo usadas simultáneamente, pero recordemos que cuando nos encontrábamos en el cuarto año, es decir, teniéndolos en los seis años de edad, el contacto estaba básicamente en la boca, alternando en algunas ocasiones las falsas riendas en los farolillos, en el caso de «Campero». Con «Soñador» no era necesario, ya que en su enseñanza durante el tercer año, las falsas riendas de la nariz habían sido intercaladas con el filete y bocado, quedándose solo con esta cabezada hasta el final de su adiestramiento. Para ello se trabajó teniendo muy presente la relajación de la boca, y por consecuencia la movilidad de la mandíbula inferior. De esta forma los animales cedían perfectamente a mi mano, siempre teniendo su cabeza alta, ya que la cesión de la nuca la conseguía a través de la relajación de la mandíbula. Conseguido esto, el contacto siempre era suave y los animales no mostraban tensión ni nerviosismo alguno.

Este proceso se realizaba pie a tierra primero, para posteriormente hacerlo montado. El señor Luis, durante el proceso de la doma, y sobre todo al comienzo, me comentaba lo siguiente:

—Amigo Juan, para estos trabajos el jinete debe tener una mano muy dulce, saber cuándo presionar y cuándo ceder. En ese contacto que tienes con el caballo está el verdadero entendimiento. Si cuando tú tensas y el animal cede tú continúas con la presión, él nunca entenderá lo que se espera de él. Por eso debes tener un gran contacto y temple en la mano, para que cuando el animal ceda tú ceder a la vez como recompensa, y con el tiempo esa tensión irá disminuyendo hasta que desaparezca por completo.

—Maestro, cuando cede correctamente parado, ¿se lo pido al paso?

—Claro, el animal debe saber ceder la boca tanto parado como en movimiento, pero todo esto se le pide progresivamente.

—¿Y la flexiones del cuello, cuándo?

—Cuando el animal ceda sin resistencia, empezaremos con las flexiones laterales, tanto pie a tierra como montado. Estas lecciones deben ser tomadas con mucha tranquilidad, sin olvidar nunca que, cuando le pidas una flexión con una rienda, la otra debe estar actuando igualmente según sea su función, o bien mantener la relajación del cuello y evitar (la rienda externa) que cierre la nuca al comienzo o mantener la flexión (la rienda interna). De esta forma también debes tener presente no dejarle bajar nunca la cabeza, y una vez conseguido esto, cede la mano y si se está unos segundos en esa posición para después poner derecho el cuello nuevamente con suavidad significa que has realizado el ejercicio correctamente.

—¿Y para que me ceda estirando el cuello?

—Igualmente, pero siempre teniendo en cuenta que esté contigo, en continuo contacto con tu mano, nunca queriendo escaparse ni tirando de la boca. Siempre que estire el cuello, que sea por cesión de tus manos; que cuando tú le des una pequeña llamada, el caballo se ponga en la posición deseada sin dudar. La clave está en saber abrir y cerrar, tensar y relajar los dedos de la mano. Estos ejercicios les refrescan mucho en el trabajo diario, y sobre todo los fortalecen física y mentalmente, aparte de que se ponen en la mano para poder realizar los ejercicios de doma con ligereza y calidad.

—Cuando usted se ha montado en «Soñador» le ha bajado la mano y el caballo no ha movido su posición, ¿eso por qué?

—Eso se llama «bajada de mano», que no es lo mismo y muchos lo confunden con «ceder la mano»; es para comprobar su ligereza. Esto debe realizarse en sus tres aires naturales. Cuando el caballo está en la posición correcta del ejercicio, y el jinete baja la mano, sin perder el contacto, y el caballo mantiene su aptitud y posición inicial sin alterarla, habremos conseguido el propósito de comprobar su ligereza, el equilibrio y puesta en mano. Cuando muchos jinetes bajan la mano y los animales pierden por completo el equilibrio, buscan apoyarse, y sobre todo se escapan del ejercicio, es cuando a muchos caballos se les aprecia la falta de una buena doma.

—Maestro, ¿supongo que con filete y bocado el mecanismo será el mismo que al tener las falsas riendas en los farolillos?

—Sí, las riendas son cogidas igualmente, tres y una, pero ten presente que las riendas del filete son las de los farolillos en el caso del bocado vaquero de «Campero». Todo está en el juego de mano y en la sensibilidad que el jinete tenga, y sobre todo en la boca del animal, ya que no hay uno igual. Para estos trabajos de flexiones, bajada de mano y ceder la mano, el filete actúa sobre la lengua o en las comisuras de los labios; el jinete elevando el filete hacia arriba es el que provoca que libere la mandíbula y flexione el cuello. Por el contrario, el bocado actúa de forma distinta al filete, al ser una embocadura con camas. Al realizar el movimiento hacia atrás, la palanca hace que las barras que se encuentran en la boca del caballo presionen la lengua; por eso su uso debe ser de suma delicadeza para que el animal no se encapote y se ponga tenso. La misión del filete es mantener la cara alta, que libere la mandíbula y flexione el cuello, y la del bocado es que flexione la nuca y fije la cabeza. De ahí viene la gran importancia de saber utilizar las cuatro riendas como las teclas de un piano, sean a la vaquera o en alta escuela, y no llevarlas juntas como se aprecia la mayoría de las veces.

—¿A «Soñador» lo llegaré a trabajar solo con el bocado?

—Claro, esto es un proceso lento y largo. Igual que en vaquera terminas en dos riendas, en alta escuela, a pesar de tener el filete y bocado, podrás trabajarlo solo con el bocado, por la ligereza y puesta en mano desarrolladas en este proceso.

Teniendo todos estos aspectos en cuenta y siempre presentes cuando trabajaba a los caballos, llegó el día en que teniendo a «Soñador» en un buen *passage* y *piaffé*, mi maestro me dijo:

–Bien, amigo Juan, hoy quiero que cuando estés realizando el *passage* le hagas una transición a *piaffé*. Tu asiento es lo primero que tiene que percibir el caballo; sentir que te sientas en él sin activarlo y tus piernas se relajan, siendo discretas las ayudas mientras tus manos realizan una leve media parada. En ese momento piensa que la actitud del caballo debe cambiar al ser ejercicios diferentes: mientras en el *piaffé* las caderas bajan y se remeten un poco, le abres la mano a la vez que le presionas un poco más con las piernas, y junto con tu cintura lo activas a que avance; de esta forma saldrá del *piaffé* al *passage*.

–Maestro, ¿ha mantenido el ritmo en las transiciones?

–No, lo ha roto tanto al entrar en el *piaffé* como al salir de él, pero eso es normal al comienzo. Lo que no se debe consentir es que continúe con el ritmo roto cuando creamos que ya lo tenemos confirmado. Te cuento; lo difícil no es realizar este ejercicio, ya que por separado lo ejecutas bien; lo difícil es tenerlo en las ayudas perfectamente para que el animal reaccione en las transiciones en el momento justo. Hay que tener en mente que pase del *passage* a *piaffé* con naturalidad y continuar de un ejercicio a otro. Y para salir del *piaffé* al *passage* igual, elevando el tercio posterior para salir del sitio y continuar marcando el ejercicio. No se debe pedir este ejercicio sin tenerlo claramente definido por separado. Para llegar a ello se les han practicado muchas transiciones, con la diferencia de que en este caso las transiciones son entre ejercicio y ejercicio.

–¿El *passage* solo se puede intercalar en el *piaffé*?

–No, también se pueden realizar transiciones *passage*-galope, donde igualmente no deberías tener problema si se ha llegado hasta aquí, tal y como hemos adiestrado al caballo. Pero sí, si queremos pedírselo sin que esté claramente puesto en las transiciones y además las salidas al galope son defectuosas y al *passage* le falta calidad, en conjunto sería un ejercicio que es mejor no practicar, ya que lo que se conseguiría sería empeorar todo en conjunto.

—Pero en nuestro caso el caballo realiza bien ambos ejercicios. ¿En qué debo tener cuidado?

—Debes notar que del *passage* al galope la puesta en mano suele variar; es normal, y por tanto debes procurar que la cadencia sea la misma y sobre todo cuando regreses de nuevo del galope al *passage*. Notarás que ese *passage* parecerá distinto, porque suelen adquirir una impulsión proveniente del galope que los caballos sienten como un deseo de expresarse. Por tanto, no debes animarte, o de lo contrario el caballo lo entenderá como algo positivo. Ahí es donde se pierden puntos de calidad en el *passage*; lo correcto es mantenerse firme y aprovechar esa energía para engrandecer el *passage* y hacerlo más brillante.

—Maestro, algunas veces cuando le pedía los apoyos al trote y estaba aprendiendo el *passage* se equivocaba y me daba algunos trancos, ¿ahora podría aprender ese ejercicio?

—Sí, pero no antes, ya que como tú bien has dicho, si cuando está aprendiendo y le pedimos los apoyos el animal se equivoca dando unos trancos al *passage* y le dejamos, al final no aprenderá ni el *passage* ni los apoyos al trote correctamente. Por eso hay que hacer siempre los ejercicios por separado, hasta que el animal los tenga bien confirmados para poder dar el siguiente paso. En estos momentos «Soñador» ya sabe ejecutar ambos ejercicios, y por tanto se le pueden pedir unos trancos al *passage* para que los realice en apoyo. Le intercalas ambas ayudas a la vez; al principio le pides que realice dos o tres trancos para que se entere lo que le estás pidiendo, seguidamente lo sacas del ejercicio y lo acaricias, para que lo memorice. Cuando pase un tiempo y sepa hacerlo a ambas manos, se le podrá pedir el apoyo en *passage* con contracambios. Para ello, de antemano ya debe saber hacer los contracambios al trote, para que todo sea más fluido y cómodo para él. Nunca se deben realizar estos ejercicios sin antes tener el apoyo al trote con calidad y en contracambios no tiene sentido pedírselo para que lo haga complicado cuando no sabe realizarlo sencillo.

–Maestro, ¿el *piaffé* también se puede hacer con más complicación?

–Sí, claro; cuando se tiene un buen *piaffé* se puede realizar en pirueta; es decir, sin dejar de batir sobre el terreno, ir girando como si de una pirueta directa se tratase.

–Entiendo, maestro. Mire usted si me sale; intentaré realizar una media pirueta «piafeando».

–Bien, eso me ha gustado, pedir solo media, como si le pides un cuarto; lo que tenemos en mente es la pirueta, pero como todo, al principio, solo con que el animal capte la idea que deseamos es suficiente para gratificarlo. Pero una cosa, el *piaffé* que realiza el caballo es bueno, las piruetas directas que realiza son buenas; por tanto, si le presentas a alguien este ejercicio combinado debe ser exactamente eso, ¿me entiendes?

–Si le soy sincero, no. ¿A qué se refiere usted?

–Me refiero a que en la pirueta el caballo no debe girar sobre el terreno las cuatro extremidades; la pirueta debe ser sobre el pie interior y a la vez realizando *piaffé*. Ahí es donde está realmente la dificultad del ejercicio, no en la pirueta en sí.

–Ahora le entiendo. Estoy pensando que otro ejercicio intercalado es el que hago con paso español y la pirueta inversa en tres remos, ¿es cierto?

–Exactamente. Este ejercicio ya lo hemos practicado y fue uno de los primeros. Todos son similares en cuanto a ritmo, cadencia, equilibrio, puesta en mano, y sobre todo en el sello que nuestra doma española tiene. La dificultad no solo está en tener un animal con las cualidades necesarias para realizar los ejercicios que deseamos y que el jinete tenga los conocimientos para poder transmitirlos, sino en que ambos deben poseer un arte, un don distinto al de otras domas, dentro de la técnica, ya que nuestra doma española si carece de ese arte es simplemente doma pero no doma española, que es lo que la hace diferente y única en el mundo.

—Comprendo. Y al galope, ¿tenemos también algún ejercicio que sea como los citados anteriormente?

—Claro, tenemos varios. Por ejemplo, los cambios de pie al tranco, pero en este caso los realizaremos en círculo. Es un ejercicio de alta escuela que la doma vaquera también ha adoptado como suyo, pero en realidad no tiene más efectividad que demostrar la espectacularidad del ejercicio.

—Uff, maestro, si ya es difícil hacerlo en línea recta, en círculo debe ser muy complicado.

—Claro, ten en cuenta que la realización de estos ejercicios tiene la dificultad añadida de enlazarlos con otros o realizar transiciones perfectamente controladas para pasar de un ejercicio a otro, pero claro, también tiene su riesgo, y por ejemplo, si en círculo lo haces mal, es mejor hacerlo en línea recta si no estás muy seguro. Para ello, aparte de tenerlo cambiando a un tranco en línea recta con mucha calidad, también tienes que realizar el círculo y el trocado con la misma calidad, ya que es el mismo trayecto que vas a recorrer cuando estés haciendo los cambios de pie en círculo.

—¿Qué defecto es el que tengo que vigilar en este ejercicio?

—Uno muy común. Te cuento. En línea recta el jinete adopta un asiento, donde metiendo las caderas acompaña al caballo al realizar los cambios, pero en círculo se comete el error de meter el cuerpo y por tanto el jinete acaba moviéndose lateralmente para que el caballo cambie; eso se aprecia mirando los hombros del jinete, que se balancean de un lado a otro, cuando en realidad su asiento debería ser igual que si realizase los cambios en línea recta. Si notas que al caballo le cuesta realizar los cambios en círculo y se queda sin fuerza, prueba con un círculo amplio, porque muchos jinetes cierran tanto el círculo que se ven obligados a presionar las piernas más fuerte de lo habitual, provocando con ello que el caballo pierda algunos trancos en el cambio y por tanto los cambios de pie en círculo acaben siendo dificultosos.

–¿Qué otro ejercicio tenemos al galope que sea de doble dificultad?

–Tenemos las dobles piruetas al galope. A simple vista no debería ser difícil, ya que si realiza una bien, dos no tendrían por qué tener dificultad, ya que se conectan sucesivamente, pero lo difícil está en hacer dos piruetas donde todas las batidas sean idénticas, tanto en longitud como en ritmo, y sobre todo cuando salga de la segunda pirueta, que sea en el sentido de la marcha con la que entró y no se vea obligado a alterar la batida final, ni más pequeña, ni muy amplia, y al salir que no tenga que corregir la línea central. También en una pirueta los posteriores pueden batir correctamente, pero al realizar dos es frecuente que pierda alguna batida dejando el pie parado, se salga del centro o, lo que es peor, que alguna batida sea en retroceso. Por eso en este ejercicio, que es simplemente una prolongación de una pirueta más, no debemos subestimar estos detalles.

–Los apoyos al galope con contracambios también tienen su dificultad, ¿no?

–Una vez se tengan los apoyos al galope correctamente, la dificultad está en el contracambio, donde muchos caballos adelantan la grupa en exageración, perdiendo la rectitud. Algunos jinetes realizan la incurvación contraria varios trancos antes de pedir el cambio; otros caballos, a una mano tienen calidad y a la otra la pierden poniéndose prácticamente derechos; son detalles a tener muy en cuenta. Lo correcto es llegar en apoyo hasta el lugar deseado y justo en ese sitio se le pide el cambio de pie. El caballo debe mirar ligeramente en el sentido de la marcha. Por eso, cuando realices el cambio de pie, automáticamente, junto con las ayudas, el caballo cambiará la mirada en ese mismo tranco justo cuando comienza el apoyo al lado contrario.

–Maestro, todos estos ejercicios son para «Soñador». Pero, ¿y para «Campero»?

–Para la doma de campo hay menos ejercicios, teniendo en cuenta que su doma es de necesidad, y no como la alta escuela, que es de picadero. Pero los cambios de pie en círculo sí son aplicables a él, así como los contracambios al galope. Es en las vueltas sobre las piernas donde el caballo de campo puede realizar varias vueltas a la vez. En la antigüedad a este ejercicio se le llamaba «revolver». Ya no solo tiene la dificultad de dar varias vueltas, sino que también es para demostrar que el caballo está domado y en las piernas. Cuando haya realizado tres o cuatro vueltas sobre las piernas a la mano derecha se le mete la otra pierna y se le cambian las ayudas, haciéndole un contracambio para que efectúe el mismo ejercicio a la otra mano sin salirse del sitio donde inició el ejercicio a la mano anterior.

–Eso se lo vi hacer a un jinete en un concurso de vaquera. Pero aparte de difícil, ¿no es arriesgado?

–Claro que es arriesgado. Aquí es donde muchos caballos «cantan la gallina». Por eso el jinete que lo ejecute debe estar muy seguro de su caballo y que lo ejecute no solo con calidad, sino que aguante dar varias vueltas a ambas manos sin mostrar agotamiento para que cuando salga del ejercicio dé la sensación de no haber hecho ningún esfuerzo. Este es un ejercicio que no todos los caballos superan, y mucho menos hay jinetes que sepan realizarlo con la brillantez y el aire vaquero que esta doma exige.

–Esta doma bien hecha la veo mucho más difícil que la alta escuela, ¿me equivoco?

–Te equivocas, no se puede decir cuál es más difícil de las dos, ya que realizar ambas domas correctamente es muy complicado; todo depende claro está de las cualidades del caballo que se tenga en esos momentos y de los conocimientos ecuestres del jinete; no todos son completos en ambas domas; a algunos les es más fácil realizar la vaquera y a otros la alta escuela.

–Eso está claro. ¿Y las paradas a raya se pueden combinar con algún ejercicio de campo?

–Sí, pero como ya te he contado en otras ocasiones, los ejercicios de campo son el resultado de unas necesidades y por tanto es difícil combinar si no es por necesidad. Pero te diré, por ejemplo, que si realizas una parada a raya, justo cuando finalizas puedes meter una pierna y continuar en vueltas sobre las piernas, saliendo arreando y parando a raya de nuevo. También después de una parada a raya, salir al galope y seguidamente cambiar de pie al tranco. La dificultad de hacerlo sin que el caballo se altere es muy grande, ya que para una buena parada la cadenilla debe estar en el sitio correcto y que el bocado no pase de más de cuarenta y cinco grados. Sin embargo para los cambios de pie al tranco sí es bueno que el bocado esté un poco pasado, para que el caballo pueda aligerar los trancos y realizarlo con rectitud y amplitud. Y como comprenderás, para que ambas cosas a la vez se ejecuten con calidad se deben tener un gran caballo, una gran mano y sobre todo que esté muy puesto en las piernas, para que las riendas actúen lo menos posible.

Todos estos detalles los aprendí con gran ilusión, pero sinceramente son pocos los jinetes y los caballos que llegan a este nivel por varias razones. Primero, por el tiempo que se precisa. Segundo, porque no son muchos los caballos que aguantan estos ejercicios, y tercero, porque para que un jinete sepa ejecutarlos tiene que haber tenido varios caballos en ese nivel, ya que la habilidad se consigue con la práctica y esa práctica crea hábito, y ese hábito es lo que un jinete no tiene cuando solo lo puede llevar a cabo una o dos veces en la vida.

Cuando un jinete llega a este nivel es cuando realmente se da cuenta de la gran importancia que tiene el potreo, la doma base; sin ella no se puede alcanzar ningún objetivo. Es ahí donde un jinete debe crear ese hábito que antes comenté. El potrear mucho y preparar los cimientos es lo que más tarde hará que los ejercicios aparezcan por sí solos.

Antes de empezar el siguiente capítulo quiero escribir unas palabras que mi maestro me dijo acerca de ser un gran jinete y que están relacionadas:

—No todo es saber domar caballos, amigo Juan; también se tiene que tener una gran psicología ecuestre; es lo que te hace ser un gran jinete y no uno más de los muchos que hay en este mundo. Y cuando digo un gran jinete, no me refiero a los famosos, los que salen en revistas o los que ganan medallas, que también lo son, sino a esos que a pesar de estar en el anonimato sienten el caballo, estudian al caballo y aman el caballo. No buscan fama, solo el reconocimiento de sus allegados y amigos, pero sobre todo disfrutar de su afición en soledad con su amigo el caballo, tanto en la pista como en el campo. Por ello te contaré en qué consiste la psicología ecuestre, que no es algo solo aplicable al trabajo diario, sino también a la competición.

25. PSICOLOGÍA ECUESTRE

Paco Cantalejo, jinete profesional y presentador de caballos PRE.

Esta es una parte muy interesante y yo diría que casi obligatoria para aquellos que quieren dedicarse a la doma. Mi maestro siempre me hablaba de conectar con el caballo, conocerlo, pero también te tienes que conocer a ti mismo, ya que si no controlas tus emociones, sentimientos o alteraciones de ánimo durante el adiestramiento, eso se reflejará en el trabajo y el caballo lo captará como parte de la enseñanza, tanto para bien como para mal.

También me aclaraba que no era lo mismo tener psicología equina, que es conocer el comportamiento del caballo y respetarlo como tal, que tener lo que él llamaba psicología ecuestre, que es la suma de la psicología equina más el conocimiento ecuestre, y es conocer y saber actuar en el proceso del adiestramiento según sea el caballo destinado a dichas funciones

—Maestro, ¿qué sucede si no tienes psicología con los caballos?

—El hombre de a caballo, amigo Juan, debe tener, o al menos desarrollar, una gran psicología con los caballos; de lo contrario estará condenado a equivocarse, a fracasar y, lo más frecuente, establecerá una lucha continua que no llevará a ningún sitio, ya que el no entendimiento mutuo ocasionará una barrera difícil de traspasar. Tener psicología ecuestre es conocer y entender dónde están las posibilidades de los caballos, cuándo están preparados para poder pedirles las exigencias deseadas y conseguir que el animal te entregue su mente, esa mente tan poderosa que los caballos tienen y que es muy difícil de entender. Por eso solo los que trabajan para poder meterse en la cabeza de los caballos conseguirán el propósito deseado.

—¿Cómo se sabe si un jinete está empleando bien esa psicología?

—Cuando un jinete no mira, no observa a su caballo, lo trata como un simple objeto y no siente lo que el caballo le transmite y simplemente se encuentra en lo alto del animal, desconoce por completo la psicología ecuestre. Cuando un jinete escucha a su caballo, lo mira, lo observa y le pide solo lo justo para aprender, poder mejorar y progresar, conociendo las cualidades de cada animal, está empleando una psicología correcta.

—¿Quiere usted decir que se debe tener un método, pero aplicado a cada individuo?

—Claro, el jinete tiene que trabajar al caballo físicamente para poder ponerlo fuerte y ágil, pero también debe trabajarlo de mente. Si un jinete pretende montar un potro en tres meses porque otro lo montó en ese tiempo se estará equivocando; el método será el mismo, pero la forma de aplicarlo no. Aquí es donde actúa la psicología, ya que cada potro acepta el trabajo de forma distinta. El jinete que quiera montar a todos los potros en el mismo tiempo y por igual es un jinete que solo está pendiente del aplauso del público sin importarle cómo se encuentra psicológicamente el animal, y esa falta de entendimiento se manifestará en el futuro.

—Pero ese método que usted comenta no tiene efectividad.

—Claro que no, pero no por ello deja de ser un método; son jinetes que trabajan copiando y rígidos en sus formas; normalmente son jinetes que empiezan la casa por el tejado. Mira, amigo Juan, la equitación se basa en un estudio lógico y constantemente reflexionado para poder conseguir de forma simple que el animal nos escuche y obedezca. Está todo inventado. Los grandes maestros de la equitación dejaron escritos para que aprendiéramos de ellos y evitar cometer los errores que ellos en su día cometieron, y aun así no dejan de cometerse esos errores porque a veces llegamos a un punto en el que nos creemos que ya lo sabemos todo, cuando a pesar de tener un método los caballos te ponen a prueba. Aquí es cuando entra en juego la capacidad psicológica del jinete, el éxito o el fracaso.

—Usted ha comentado antes que muchos montan a los potros sin mirarlos a la cara, sin sentir si están preparados para ello, pero, ¿cómo saber si están preparados para ser montados y que nos acepten en su lomo?

—El jinete debe saber cuándo el potro se siente a gusto y confiado con la persona que está a su alrededor, que cuando lo ha tentado sobre su lomo no le ha ocasionado tensión ni rigidez. El buen jinete, a pesar de saber que aunque se monte en ese momento el animal no se moverá, no debe hacerlo, debe dejarlo para otro momento y que sea el caballo el que busque la duda, no ocasionarla. El buen jinete que tiene psicología engaña al caballo haciendo que lo ignora, pero estando siempre pendiente de él. De esta forma el potro acabará aceptando al jinete sin darse cuenta.

—Entiendo. Si llamamos la atención del potro diciéndole lo que queremos le ponemos sobre aviso y esto ocasionará que se ponga un paso por delante de nosotros, lo que no es aconsejable.

—Sí, pero no te confundas. Al potro lo tenemos que tener siempre pendiente de nosotros, que sepa lo que queremos de él, pero que nunca le demos la ventaja de poder reaccionar en contra de nuestros deseos; aquí es donde la psicología del jinete actúa de nuevo.

—¿Con los potros es donde el jinete tiene que tener más enfoque, más psicología?

—No, el jinete debe actuar de igual modo y en todas las fases del adiestramiento. Te contaré, por ejemplo, cuando sacas al caballo fuera del picadero por primera vez. El caballo camina por la confianza en el jinete, pero a la vez temeroso por lo desconocido que se encuentra delante de él. Antes de que el animal se pueda acular o negar a continuar el camino, lo que el jinete debe hacer es llegar hasta donde el animal camina con soltura; aquí es donde actúa la psicología, el quedarse corto, el ser consciente de que al día siguiente puede adelantar unos metros más, ya que al animal en su primera salida no se le ha ocasionado ningún trauma sino que más bien se ha incitado su curiosidad. La mayoría de las veces somos los jinetes los que ocasionamos el que los caballos reaccionen de forma no deseada por nuestra insistencia.

—Eso es cierto. A mí me ha sucedido varias veces y gracias a que usted estaba a mi lado he podido corregirlo. ¿Entonces, en general la psicología ecuestre se basa en conocer dónde se encuentran los límites de los caballos y no sobrepasarlos?

—Exactamente. Pero esos límites se encuentran tanto en la mente del animal como en su físico. El buen jinete debe ser consciente y saber cuál debe ser la reacción correcta, según el momento y por qué. El jinete debe saber trabajar al caballo según sus facultades físicas y mentales. Con algunos se adelanta con trabajo diario y con otros alternándolo, con unos dándoles descanso y con otros manteniéndoles un ritmo constante, a otros no exigiéndoles más de lo que sus cualidades les permiten y a otros obligándolos para que saquen todo el potencial que tienen escondido y no quieren sacar. Sobre todo, amigo Juan, saber premiar con buenas recompensas y no seguir insistiendo para acabar estropeando las buenas acciones. El buen jinete sabe cuándo un caballo hace un ejercicio por mandato o lo realiza por sí solo al encontrarse en un determinado lugar. Para todos estos detalles el jinete tiene que ser un gran psicólogo y actuar en consecuencia.

–Pero, maestro, si un caballo tiene cualidades para realizar un ejercicio pero nos cuesta que aprenda a ejecutarlo como deseamos, ¿qué debemos hacer?

–Si, como tú bien dices, tiene cualidades, buen físico y se le ha enseñado el camino para que lo realice decentemente pero nos cuesta conseguirlo, puede ser por varios motivos: lo primero que tenemos que hacer es observar si no tiene ninguna lesión que le impida hacer el ejercicio como deseamos. Los caballos no hablan, y por eso nosotros debemos detectar anomalías en su cuerpo si las hubiese, como pueden ser problemas de articulaciones, tendones, musculares, huesos, etc. Otro motivo puede ser mental y la falta de corazón. Si al animal le falta corazón, por muy buen físico que tenga y por muy bueno que haya sido su entrenamiento, nunca trabajará con ganas y el ejercicio no tendrá calidad. A estos caballos, muchos jinetes, por falta de psicología, acaban estropeándolos, ya que les exigen una calidad que nunca obtendrán, y por tanto aparecerá una pelea inútil. El jinete que emplea la psicología ecuestre en estos casos nunca estropea un caballo; lo que realmente hace es mantenerlo donde él puede. Nuestro deseo es conseguir un ejercicio de diez, pero si manteniéndolo en una doma decente y no acusando defectos graves podemos conseguir un seis, siempre será mejor que un cero por mala exigencia. No será un caballo de alta competición, ni podremos demostrar nuestros conocimientos ecuestres, pero al menos le sacaremos el máximo rendimiento que su naturaleza le permite. Tenemos que ser conscientes de que no todos los animales están dotados para dar el máximo rendimiento. En la doma, como en otros campos de la vida, existen varios niveles: locales, regionales, nacionales o mundiales. Solo unos pocos elegidos llegan a este último grupo, a pesar de nuestros deseos.

–Maestro, estoy pensando que una persona que quiera ser un buen jinete, si no tiene una gran dosis de psicología poco puede llegar a ser en el mundo ecuestre, ¿no es cierto?

–Claro, pero no te refieras al que está compitiendo exclusivamente; esta cualidad es de extrema necesidad para aquellos que se dedican a domar caballos, bien sean propios o ajenos. Si no se paran a pensar, si carecen de psicología ecuestre, tendrán el tiempo contado en el mundo del caballo.

–¿La paciencia es la base de una buena psicología?

–Es uno de sus ingredientes, pero la paciencia sola no da resultados deseados; también se tienen que tener unos conocimientos ecuestres que se adquieren con el estudio constante y en el trabajo diario con el caballo, bajo la atenta mirada de un buen profesor que te corrija en el momento. Evidentemente, si eres impaciente romperás la posible cooperación que el animal pueda tener en un proceso acertado.

–Cuando dice usted «impaciente», ¿a qué se refiere?

–Por ejemplo, cuando le hemos estado enseñando el *piaffé* a «Soñador» y realizaba tres o cuatro batidas buenas al comienzo, yo te mandaba parar y acariciarlo, para que asimilara lo que le estábamos pidiendo. Tres o cuatro batidas a la vez, el animal las realizaba con calidad. Aquí es donde actúa la psicología del jinete: saber dónde están los límites y saber que si exigimos más batidas pueden perder calidad. Si insistimos, el animal se cansa y pierde actividad. Ese querer pedir más trancos provoca el que el animal, en vez de disfrutar con el ejercicio y que este acabe siendo brillante, termine temiéndolo y que cuando lo haga sea un ejercicio hecho con desgana y con falta de brillo. La paciencia del jinete es lo que conseguirá que con el tiempo el animal vaya adquiriendo veteranía y aumente las batidas, llegando a realizar tantas como el jinete desee sin perder calidad.

–Entonces, ¿tener psicología ecuestre es como tener picardía en la doma?

–No, para nada. La picardía está muy de moda entre la gente que carece de conocimientos adecuados y tiene que valerse de ella, pero los jinetes que la utilizan al final se descubren y el resultado es una falsa doma, ya que lo que están haciendo es disimular lo que no es. Desde la psicología ecuestre, el jinete va con la verdad por delante, es transparente y eso el caballo lo detecta y agradece. Si vas con picardía, al final el animal se sentirá engañado y defraudado, y será cuando empiece a negarse a colaborar en el aprendizaje, ya que se dará cuenta de que no tienes nobleza ni seriedad con él. Según lo trates, así te responderá. No quiero decir con esto que el animal se rebelará contra el jinete; al contrario, actuará de forma que el jinete quede contento, pero nunca se llegará a una estrecha colaboración mutua entre ambas partes.

–Entiendo. El jinete debe tener un método, pero a la vez diseñar un aprendizaje adaptado a cada individuo, ¿es así?

–Así es. El jinete que diseñe un método de aprendizaje según sea el animal y, una vez que lo tenga estudiado, que saque conclusiones, obtendrá avances muy positivos, descubrirá que el tiempo no se hace tan largo y que en algunos momentos del adiestramiento la voluntad del animal puede ser aprovechada a su favor sin alterar para nada su naturaleza.

Al final de todas estas tertulias acababa pensando si algún día terminaría absorbiendo tanta sabiduría. Nunca llegué a imaginar al principio, cuando decidí aprender este bello arte que es la equitación cuando conocí al señor Luis, que no solo sería un oficio duro y de mucho tiempo, sino también muy difícil, donde solo unos pocos son afortunados llegan a tener las cualidades y facultades idóneas para poder transmitir sus conocimientos a sus alumnos, los caballos.

El estudio de la psicología ecuestre es muy amplio. Algunos de los consejos que me dio mi maestro al respecto fueron sobre la doma, pero también hubo otros sobre la realización de los ejercicios y los caballos en las pistas. Esto fue lo que me comentó al respecto:

–Amigo Juan, muchos jinetes fracasan en las pistas por no saber dosificar la fuerza de su caballo, esa energía que tienen y que malgastan cuando se emplean en las pistas de calentamiento, y cuando les toca su turno resulta que se han quedado sin caballo. ¿Ves? Aquí tenemos de nuevo la necesidad de la aplicación de la psicología ecuestre que el jinete debe tener, y no actuar sin pensar.

—Maestro, ¿en una competición, el jinete se tiene que acoplar a un reglamento para realizar los ejercicios?

—Se tiene que acoplar realizando los ejercicios que le exige dicho reglamento, pero en la doma española, sea vaquera o alta escuela, la gran ventaja es que nadie te dice dónde, cuándo ni de qué manera los tienes que realizar; no es como la doma clásica, que es como una dictadura para los animales. Desgraciadamente, la alta escuela tiende a querer asemejarse a la clásica, siendo esto un grave error ya que son distintas. Como te digo, en esa libre realización que tiene el jinete es donde muchos caen en los errores más comunes.

—¿Qué errores son esos?

—Se supone que nadie conoce mejor al caballo que su jinete. Si ese jinete tiene, como debe ser, una buena psicología ecuestre no debería cometer el error de darle varias vueltas sobre las piernas en vaquera. Si sabe que solo da una bien y que en la segunda pierde calidad, o bien desplaza la grupa o se queda sin fuerza, ¿para qué le pide varias? El reglamento no pide un número determinado. Si al iniciar el paso notas que el caballo no anda, no lo dudes: sácalo al galope y realiza los ejercicios de paso al final. En vaquera no se exige un número determinado de cambios de pie al tranco; si lo realizas bien a dos trancos y sabes que a uno no lo tienes confirmado, no se lo pidas, porque puntúa más a dos buenos que a uno malo. Estos son algunos ejemplos de los muchos que hay. En alta escuela es similar. En el paso español y en el *passage*, si sabes que ocho o diez trancos, o diez metros, son buenos, ¿para qué veinte cuando al final sabes que acabarán siendo malos? La puntuación es todo el conjunto del ejercicio; no se puntúa solo la parte positiva. Estos ejemplos son válidos siempre que el reglamento no diga lo contrario. Además, si está en una competición se entiende que el animal está a la altura, pero no siempre conocemos sus reacciones las primeras veces, ya que el animal se encuentra solo ante lo desconocido, el ambiente, el público, la música, todo. Los jinetes igual; a pesar de tener experiencia también se encuentran un poco nerviosos ante la actuación de un joven animal del que nunca se sabe cómo puede reaccionar, y eso, sin querer, muchas veces se lo transmitimos. En casa, en el picadero a solas es una cosa pero fuera la cosa cambia, y mucho.

—Entonces es cuando el jinete debería sacar su capacidad y aplicar la psicología ecuestre, ¿no cree usted?

—Es muy fácil decirlo, pero muy difícil llevarlo a cabo. Pero tienes razón: en estos casos el jinete debe tener una mente muy fría y no ser un obstáculo al desarrollo de la actuación, como sucede la mayoría de las veces. Los animales, ante la duda a lo desconocido, ignoran al jinete en sus ayudas, los menos puestos, pero otros se arropan en ellos y estos, no sabiendo dirigirlos como es debido, igualmente se aferran a ellos agarrándose a la boca. Se tiene poco tiempo, pero el justo para emplearlo en abrir y cerrar la mano, descontraer e intentar darle la confianza necesaria para que el animal ponga su mente en él. Si no da resultado, nunca debes enfadarte, ni castigarlo, porque de lo contrario lo único que conseguirás será que en la próxima actuación lo recuerde y nunca acepte la competición como algo normal. Aquí es donde de nuevo entra en acción la psicología ecuestre: el jinete debe saber y aprender de los errores; nadie nace enseñado y los caballos mucho menos. Los caballos que actúan arropados por sus jinetes en las pistas las primeras veces suelen ser tímidos, pero eso se supera con la confianza que su jinete les aporta en el trabajo diario y, cómo no, con una gran dosis de «psicología ecuestre».

En realidad estos comentarios sobre la competición no llegué a entenderlos muy bien en aquellos momentos, ya que yo nunca había competido.

Y de nuevo me quedé con las ganas de preguntarle por qué dejó la competición. No encontraba el momento oportuno, o es que mi maestro sabía evadirse para que no se lo preguntara.

Lo cierto era que desde entonces siempre trabajaba a los caballos queriendo entenderlos, saber por qué actuaban de cierta manera y en qué estado de ánimo se encontraban. Si algo no funcionaba profundizaba para saber dónde radicaba el problema. Muchos días lo pasaba mal; el no saber cómo solucionar un problema era una angustia, pensar si era yo el culpable o era algún trastorno psicológico que el caballo tenía y yo desconocía, y si era así, cuál era el modo de poder resolverlo.

El trabajo de un caballo consiste en un equilibrio constante de cuerpo-mente; de nada sirve trabajar duramente un caballo si te olvidas de su mente. Con el trabajo diario se ponen fuertes, pero dominar la mente del caballo es lo que hará que realmente trabaje con eficacia. Un adiestramiento racional será el que consiga que el caballo alcance la culminación de la doma, pero siempre acompañada de una buena «psicología ecuestre» por parte del jinete.

26. AIRES ALTOS Y RIENDAS LARGAS

Mao Liria, jinete profesional de la Real Escuela Andaluza del Arte Ecuestre.

Durante los últimos cinco años, no solo había trabajado en la yeguada, sino que también había aprendido el arte de la equitación con dos extraordinarios caballos, siempre bajo la atenta mirada del que posiblemente fuese uno de los mejores maestros del momento, el señor Luis.

Con los dos caballos dominaba una doma magistral que nunca llegué a imaginar, cada uno en su especialidad. Mi maestro me dijo un día que lo difícil no era llegar, sino mantenerse.

Es otro de los inconvenientes con los que se encuentra un jinete en el adiestramiento de un caballo. Encontrar un ejemplar con cualidades y con el que se acople y se entienda, y una vez conseguido el objetivo llegar a la más alta perfección durante años, ya que pocos llegan, y los que llegan la mayoría de las veces van perdiendo calidad con el tiempo. Los animales son seres vivos y tienen sentimientos; ellos prueban a los jinetes, intentan evadirse del trabajo y por ello mantenerse durante mucho tiempo al más alto nivel es tan difícil como llegar.

—Maestro, ¿con estos conocimientos adquiridos con ambos caballos se da por concluida la enseñanza de la monta española?

—En lo que a enseñanza de la equitación sabia se refiere sí; los conocimientos los irás adquiriendo con la experiencia y trabajando caballos de distintas razas, edades, principios, historial, y sobre todo sabiendo entender las distintas cualidades de cada individuo para saber darle a cada uno lo que le corresponde. Pero esta doma se diferencia de las demás en que tiene un porqué y una aplicación. El porqué es saber que esta doma se realiza para un fin, y la aplicación son las diferentes funciones que de ella se adquieren.

—¿Cuáles son estas funciones?

—Una buena baja escuela se puede aplicar a diversas disciplinas y profundizar tanto en la alta escuela como en la doma vaquera para realizar faenas como pueden ser las de campo, el acoso y derribo, el rejoneo, la equitación de trabajo, carreras de cintas, paseos y rutas, marchas, romerías, ferias y exhibiciones en espectáculos ecuestres. Esas exhibiciones pueden ser diversas, ya que con la vaquera se pueden hacer espectáculos con garrocha o con un carretón simulando el rejoneo. En este último, la alta escuela se luce también perfectamente. Pero la alta escuela es mucho más amplia; son varios los números ecuestres que pueden realizarse, y no te he hablado de ellos.

—¿De qué números me habla, maestro?

–Me refiero a los ejercicios de aires altos y riendas largas.

–¿Por qué no me ha hablado de ellos? ¿Por qué no se los hemos enseñado a «Soñador»?

–Primero te diré que no se los hemos enseñado porque esos ejercicios a mi entender necesitan de una buena base por parte del jinete, y prefiero que tú tengas más experiencia en ellos, ya que si se los enseñamos sin tú tener esa experiencia, el caballo los puede emplear como defensa. Además, no le he visto cualidades como para enseñarle algunos de los ejercicios de aires altos. Y lo segundo es que yo tampoco soy muy experto en ellos, no son mi fuerte. Como puedes comprobar, ningún jinete es perfecto o completo.

–Entiendo, maestro. A «Soñador» no le enseñaremos ningún aire alto, pero me gustaría familiarizarme con ellos por si algún día tengo ocasión de enseñárselos a algún caballo.

–Me parece buena idea. Mira, tengo un amigo que es experto en realizar aires altos y tiene varios caballos que los ejecutan perfectamente, por que los tiene preparados para realizar exhibiciones. El público aplaude mucho estos aires y reconoce perfectamente la dificultad que conlleva el realizarlos con calidad. Mañana, que tenemos el día libre, lo pasaremos en su casa. Le llamaré para que nos espere en sus cuadras.

Al día siguiente, tal y como me prometió mi maestro, llamó a su amigo, y este le dijo que nos recibiría en su casa encantado.

Estábamos a unos cien kilómetros de distancia de nuestro trabajo, ya en la finca, por lo que tardamos poco en llegar a las cuadras. Era un sitio amplio, limpio y muy bonito. Al bajarnos del coche, el señor Luis se dirigió a un señor alto y delgado. Saludándolo, me lo presentó:

–Te presento a Amador Chaves; él es quien te dije que es un experto en aires altos. Amador, te presento a Juan López, el joven del que te hablé. Tiene una gran afición y ha resultado ser un consumado estudiante y con unas facultades que le permiten hacer fácil lo que es realmente complicado.

Tras las presentaciones se me quedaron grabadas las elogiosas palabras hacia mi persona; nunca imaginé escuchar esas palabras haciendo referencia a mis conocimientos ecuestres.

–Encantado, joven. Si Don Luis dice de ti estas palabras es porque es cierto. Lo conozco y no es de alabar a nadie si no se lo merece. Es el problema que tiene él: que dice lo bueno y lo malo, y lo malo a nadie le gusta que se lo digan, pero él es así.

No dije nada, pero me percaté del gran respeto que le tenía a mi maestro al llamarlo «don Luis». Tomando un café, charlaron durante un buen rato sobre tiempos pasados y se divirtieron recordando ciertas anécdotas.

Don Amador, dirigiéndose a mí, empezó a explicarme en qué consisten los aires altos de la alta escuela.

–Joven, para realizar estos aires se necesita tener mucho más tacto y poner mucha más atención que cuando estás montado. Estos ejercicios se utilizaban en la antigüedad para combatir contra el enemigo en defensa y ataque. Hoy en día se utilizan como ejercicios de gran belleza, y solo unos pocos caballos son aptos para realizarlos.

–¿Qué ejercicios componen los aires altos? –le pregunté curioso.

–Son varios y se dividen en dos: los aires elevados y los saltos de escuela. Los aires altos son aquellos en los que el animal no se despega del suelo, como el tierra a tierra, la posada y la levada, y los saltos de escuela son la corbeta y la cabriola. También tenemos otros ejercicios que son preparatorios para la cabriola y que pueden estar dentro de los aires elevados, como son la balotada y la grupada, que es un ejercicio donde el animal da una coz en el aire pero con las dos manos en el suelo. Ya te explicaré detenidamente uno por uno.

Nos dirigimos a las cuadras, donde uno de sus ayudantes que trabajaba en el espectáculo ya tenía a uno de los caballos preparado para el entrenamiento diario. Eran caballos acostumbrados a realizar exhibiciones a lo largo y ancho de toda la geografía española.

–Juan, fíjate bien. Lo primero que tienes que tener es el caballo en la mano, pie a tierra; que conozca perfectamente las ayudas, como la vara, la cuerda y la voz de su jinete. Con el cinchuelo puesto y dos riendas fijas, se tiene en la mano una cuerda que va unida a la argolla del centro del serretón. Para empezar, lo primero que tiene que tener el caballo es una gran reunión y saber realizar, aparte del *piaffé*, el tierra a tierra. El tierra a tierra es un galope en el sitio o avanzando muy poco, donde las manos se elevan por impulsión de los posteriores. Si el tierra a tierra llegase a ser excesivo estaríamos a media camino de la corbeta, también llamada la chaza.

–Señor Amador, ¿según el aire alto se le inicia en un aire o en otro?

–Exactamente, y también dependiendo del caballo. La levada, la corbeta y la posada se inician desde el *piaffé*, y la cabriola desde el tierra a tierra. Si tenemos en mente enseñar un aire alto, lo primero que tenemos que tener presente es que la base esté bien realizada, de lo contrario nunca obtendremos un ejercicio de calidad. Por eso el tierra a tierra y el *piaffé* tienen que ser muy buenos y solo partiendo de esa base seguiremos con el proceso. Es como todo: se le pide poco y salimos del ejercicio; muchas transiciones, nunca cansar ni aburrir al caballo. Lo mismo que para enseñarle a un caballo la posada se le pide desde el *piaffé*, para realizar una corbeta se pide desde la posada; por eso iremos por partes. Empezaremos por la levada.

–¿La levada cuál es?

–Es cuando el caballo se eleva formando un ángulo de treinta grados con el suelo. En este ejercicio están inmortalizados, en pinturas y esculturas, reyes y príncipes de toda Europa.

»Lo primero que tenemos que tener es al caballo remetido en el *piaffé*, y que no se escape por delante. Le levantamos el cuello desde la cuerda y, cuando tenga mucho más equilibrio, le provocamos para que se sostenga solo con los posteriores. Al principio, como en todo en la doma, debemos contentarnos con el gesto; ese gesto que buscamos para que el animal capte la idea que tenemos para que realice el ejercicio. Realizando el gesto de la levada, intentamos mantenerlo arriba; con nuestra mano sosteniendo la cuerda apoyada en la nariz del caballo se le realiza una media parada, pero procurando que no se apoye en nuestra mano. Con la otra mano, teniendo la vara puesta en los corvejones, lo mantenemos, para que al tener todo el cuerpo en los posteriores no retroceda, procurando que se quede inmóvil.

El señor Amador me explicó la ejecución de la levada con un caballo nuevo, donde pude observar el proceso tal y como me lo explicaba. Posteriormente sacó uno que era veterano en el ejercicio. Pude contemplar a un caballo que se elevaba con suavidad con tan solo acercarse a él y pedirle el ejercicio, nada de brusquedades, y sobre todo manteniéndose en la levada durante unos segundos, que era lo que hacía resaltar la gran belleza de este ejercicio, siendo mucho más difícil de realizar que «la posada», según comentaban los maestros allí presentes.

Con la levada comprendí por qué mi maestro no me la había enseñado, ya que los caballos, cuando aprenden estos ejercicios suelen hacerlo por sí solos la mayoría de las veces. Por eso, este ejercicio, como otro cualquiera, debe ser enseñado desde el contacto y el entendimiento, siendo el jinete el que debe dominar en todo momento la situación.

Pasamos al siguiente número. Este era «la posada»; en realidad es muy similar a «la levada» con la diferencia de que el caballo forma un ángulo de cuarenta y cinco grados o mayor.

—Mira joven, este es un aire elevado, ya que dos de sus extremidades no se separan del suelo. Es más alto que la levada, e igualmente sus patas traseras no se mueven del sitio. Las manos deben estar recogidas y no moviéndose dando manotazos, lo que se llama «zarpear», ya que eso sería síntoma de falta de equilibrio. Tampoco debemos confundir «la posada» con una empinada, que es lo que suelen hacer los caballos cuando se defienden y la realizan por sí solos. Sin embargo, la posada el caballo la ejecuta siempre respondiendo a las ayudas del jinete.

–Ha vuelto a cambiar usted de caballo. ¿Es difícil que un mismo caballo haga varios aires a la vez?

–Sí, es difícil; no es común que un mismo caballo realice varios ejercicios de aires altos, pero este de la posada también realiza la corbeta, y además con muy buena calidad. Mira, fíjate.

Con este mismo caballo realizó la corbeta. Fue magistral observar cómo aquel caballo ejecutaba ese ejercicio con tanta precisión y perfección.

–Este ejercicio sí es de «salto de escuela», ya que en el salto el caballo no toca el suelo. Este ejercicio en la antigüedad se realizaba para el combate. Con él, el soldado rompía la formación de la infantería y de esta forma golpeaba al enemigo. Pero también tenía un punto débil, ya que el pecho y el vientre del caballo eran vulnerables a las picas y lanzas del enemigo. Con el tiempo este ejercicio pasó a formar parte de la enseñanza de los picaderos, llegando a ser perfeccionado tal y como se aprecia hoy en día, ya que en la antigüedad se asemejaba más a «la chaza», un ejercicio a medio camino entre el tierra a tierra y la corbeta.

–Me imagino a un soldado realizando este ejercicio en una batalla; para el enemigo debía ser impresionante ver cómo se le echaba encima un caballo ejecutando este ejercicio. Pero, señor Amador, pocos serán los que hagan este ejercicio a la perfección.

–Hoy en día sí son pocos, porque es un ejercicio donde el caballo no es seleccionado como tal; pero por suerte, en el caballo español y sus consanguíneos sí se encuentran ciertos ejemplares con calidad. En la antigüedad era más frecuente ya que nuestro caballo era idóneo para la batalla. Al ser desplazado por la mecanización, estas cualidades también fueron perdiéndose.

–¿Cómo se le enseña a saltar?

–Primero tiene que realizar bien la posada desde el *piaffé* o el tierra a tierra. Una vez conseguido esto se le tocará con la vara por debajo de los corvejones, pero procurando que no ande, ya que es una falta grave; lo que se pretende es que salte. Con la mano del jinete se le mantendrá arriba a la vez que se le pide que desplace el cuerpo hacia delante, provocándole que dé un pequeño salto. Este será el primer movimiento de la corbeta. Conseguido esto ya nos podremos dar por satisfechos e insistir en días posteriores hasta que llegue el día en que acabe realizando varios saltos, tres es lo correcto, siendo cada salto igual y con cadencia. La ejecución es dar varios saltos sobre las patas sin que el caballo toque el suelo con las manos, y al finalizar el ejercicio que regrese al suelo con templanza y calma.

Entendido el ejercicio de la corbeta, pasamos al siguiente. Este era la balotada. Para ello me presentó un caballo que estaba recibiendo sus primeras lecciones.

–Joven, este ejercicio, o bien se puede aplicar como tal, o se puede entender como preparatorio para la cabriola. Como puedes observar, lo que se pretende es que el caballo se eleve con ambos tercios a la vez, tanto el anterior como el posterior. El caballo, a diferencia de la cabriola, solo enseña las herraduras pero sin dar coces. Como ves, primero le pedimos una posada y en el momento en que se encuentre elevado, con la vara le pediremos que salte de la grupa pero en el sitio, no como en la corbeta, que es dando un salto hacia delante. En este caso se pone horizontal en el aire y recogiendo las patas, enseñando solo los cascos.

»A este mismo caballo lo tenemos también iniciado en la grupada, que es el primer paso para llegar a la cabriola, aunque este ejercicio también se realice en algunos espectáculos ecuestres. Al igual que la balotada, ambos son preparatorios para llegar a realizar una buena cabriola. Se debe procurar que el tercio anterior se eleve para que cuando el caballo baje poder colocarlo sobre los posteriores y de esta forma poder pedirle la grupada, que es cuando salta sobre sus cuartos traseros, levantando la grupa a petición del jinete, que en ese momento le pide con la vara que suelte con fuerza una coz estirando totalmente los posteriores.

A este caballo solo le pidió estos ejercicios, porque como bien me dijo don Amador, estaba iniciándolo para poder acabar ejecutando la cabriola o, si no lo conseguía, dejarlo en estos ejercicios, que eran igualmente preciosos y llamativos, y a la vez difíciles de realizar. Presencié una balotada y una grupada en las que siempre lo tenía en la mano con la vara y la voz. También me dijo que a los caballos los probaba para ver si tenían cualidades en los aires altos y ver cuáles tenían mayores facultades.

Antes del mediodía sacó el último caballo al picadero. En aires altos, era un caballo consagrado en las cabriolas. Este es el ejercicio más elevado y perfecto de todos.

—Bien, joven, este ejercicio tiene su origen, igual que la corbeta, en la batalla. Se les enseñaba para cocear al enemigo, y aunque la balotada era más eficaz y más fácil de enseñar, la cabriola era similar a la balotada, pero con la diferencia de que en la cabriola el caballo lanza una coz estirando totalmente los cuartos traseros, igual que en la grupada, pero en este caso el lomo del caballo se encuentra totalmente paralelo al suelo, y sus manos quedan recogidas mientras el caballo se encuentra en el aire. Para empezar este ejercicio, como en todos los de aires elevados y saltos de escuela, se precisa la ayuda de otro jinete desde el suelo y, una vez aprendido, se le enseñará montado.

En aquella ocasión, el equipo del caballo eran la montura, con los estribos recogidos, cabezada con filete y riendas fijas y el serretón de dar cuerda con tres pilarillos que sujetaban dos jinetes con dos cuerdas, cada una en un pilarillo de los laterales, siendo más corta la cuerda del pilarillo izquierdo, llevada por el jinete que se encontraba cerca de la espalda del caballo, y la otra, más larga, la del pilarillo derecho, por el otro jinete, pasando por detrás de la grupa, al estar este situado del lado izquierdo y a una distancia prudente.

—Don Amador, ¿para iniciarlo es mejor desde el tierra a tierra o del *piaffé*?

—Es indiferente, pero yo aconsejo desde el tierra a tierra; tendrá más impulsión y energía para ejecutarla con más brillantez. Este caballo ya sabe realizar la cabriola con calidad y rectitud, pero antes ha pasado por la grupada y la balotada, siempre procurando que al cocear sea con las dos patas iguales, y no solo con una o ambas por separado. Aquí la coordinación de ambos jinetes debe ser perfecta; de lo contrario difícilmente podremos conseguir que el ejercicio tenga calidad. Este caballo en concreto, al tener fuerza, lo realiza sobre el terreno, pero con algunos que carecen de fuerza pero sí tienen mucho corazón, el jinete debe dejar que realicen el paso y salto. Este está compuesto por tres tiempos: el tierra a tierra, la corbeta y la cabriola; de esta forma se le da al caballo la libertad de emplearse más por su ligereza que por su fuerza física.

—¿No es peligroso pasar por detrás de un caballo que sabe realizar la cabriola?

—Más que peligroso, lo que se tiene es que tener es mucha precaución, porque el animal en cualquier momento puede pensar que le estás pidiendo el ejercicio y dar una coz; por eso siempre háblale cuando te encuentres a su lado para que se percate de tu presencia, realiza este ejercicio con caballos muy domados y muy cualificados, y sobre todo que el jinete que enseñe este ejercicio también sea un profesional muy a la altura de las circunstancias y con una gran dosis de psicología ecuestre. Ten presente que la cabriola es muy difícil que el caballo la ejecute con calidad, ya que tiene que elevarse, saltar y cocear. Al caer al suelo es cuando se tiene que tener el cuidado de que haya arena suficiente que amortigüe como un colchón, ya que las extremidades suelen sufrir mucho al soportar todo el peso de su cuerpo en la caída.

—¿A qué se debe este nombre, cabriola?

—Viene de la palabra en latín *capreola*, y posteriormente del italiano *capriola*, que significa cabra o gacela, y como es semejante al movimiento que realizan las cabras cuando saltan o dan brincos se le llamó cabriola, sustituyendo la «p» por la «b».

Al finalizar nos dirigimos a comer, para dar paso por la tarde a la actuación de riendas largas. La comida fue entretenida. Escuchar a dos maestros como don Amador y el señor Luis hablar sobre caballos y conceptos de equitación fue una de las mejores tertulias que mis oídos habían escuchado en mi vida.

Al finalizar la comida y tras un breve descanso caminamos a las cuadras para trabajar a la estrella de la cuadra en riendas largas.

—Joven, el número de las riendas largas es ejecutar los ejercicios de alta escuela pero estando el jinete pie a tierra, colocándose detrás de la grupa o a un lado del caballo sin más ayuda que las manos, la voz y la vara, ya que prescindimos de las ayudas de asiento y piernas. Para realizar una buena exhibición de riendas largas, el caballo debe estar muy puesto en los ejercicios de alta escuela. Para ello, ni que decir tiene que debe estar muy reunido, con impulsión y deseo de ir hacia delante, y sobre todo tener muy buena boca; ahí es de donde se le mandará, desde el filete, ya que las riendas van directas a las manos del jinete sin pasar por argollas.

—¿Cuando surgió el trabajo con riendas largas?

—Las riendas largas es uno de los trabajos más antiguos de la historia ecuestre. Tal y como lo conocemos hoy en día dentro de la alta escuela surgió en el Renacimiento, en las escuelas de equitación de los siglos XVI y XVII. El trabajo de riendas largas se viene practicando desde hace muchos siglos atrás; ten en cuenta que el hombre en un principio utilizó al caballo como animal de carga y posteriormente para tirar de los carros cuando se inventó la rueda, lo que hace pensar que se adiestrarían para poder estar entre los varales de un carro. Si a un caballo se le pone para que tire de un carro sin conocer con anterioridad las órdenes a llevar a cabo lo más normal es que se sienta desconfiado y extrañado; que se desboque un caballo enganchado, sin estar adiestrado, provoca resabios en el animal y destrozos en el carro. Por lo tanto se ha de pensar que las riendas largas se utilizaron desde tiempos remotos para que el animal adquiriera obediencia, tranquilidad, y sobre todo a aceptar al jinete detrás de él. Son técnicas que hoy en día se siguen utilizando, no solo para el enganche, sino también con los potros jóvenes cuando se trabajan a la cuerda. Intercalar este trabajo es muy beneficioso, ya que trabajan sin el jinete en su lomo y les será más fluido y cómodo emplearse con soltura, dando más calidad a los movimientos.

—Eso me suena de algo —dije mirando a mi maestro con una sonrisa, a la vez que escuchaba atentamente a don Amador.

—Lo sé, la verdad solo tiene un camino, y este es el más directo, práctico y razonable. Además vemos cosas que no vemos montados en los potros.

—Esto me da a entender que si un caballo lo tenemos en alta escuela y queremos enseñarle con las riendas largas nos será mucho más fácil si de potro ya se le inició en estos trabajos de base con ellas. ¿Es así?

—Efectivamente, siempre siendo conscientes de los distintos niveles y fases por los que pasa un caballo a lo largo de su adiestramiento. De potro se le enseña a realizar giros, salir al paso, pararse y ser flexible, aparte de saber tener a una persona detrás de él y desarrollar ayudas mandadas por su jinete, para que cuando este se encuentre sobre su lomo todo sea más fácil, siendo conscientes de que esto no se lo enseñamos de potro pensando en las riendas largas, sino por el beneficio que aporta al adiestramiento. Pero regresemos a las riendas largas desde el punto de vista de la alta escuela.

—¿Cuáles son los principios básicos para utilizar las riendas largas?

—Lo primero y más básico es la confianza entre jinete y caballo, que el caballo respete las ayudas del jinete y no dude en realizar los ejercicios. Muy importante es que no tenga predisposición a dar coces. Si así fuese habría que desestimarlo. El jinete a la vez tendrá que tener una buena preparación física, ya que tendrá que acompañar al caballo en todos sus movimientos a lo largo y ancho del picadero, y evitar siempre el tener que ir corriendo. Los movimientos y ayudas del jinete deben ser suaves y cadenciados; las brusquedades alteran al caballo. También hay que tener siempre presente que el caballo, o bien nos ve por un solo ojo, o pierde la visión total sobre nosotros y no ve al jinete en algunos casos. Por ello siempre hay que tener una buena colocación de las riendas y un contacto constante, y el lenguaje corporal es primordial.

–Y con un caballo más experimentado, ¿qué ejercicios son necesarios para el entrenamiento diario?

–Es muy importante realizar los tres aires naturales, pero sobre todo las figuras de círculos y ochos, para poder pasar a la espalda adentro y la contraespalda, ejercicios muy valiosos para una buena puesta en mano en riendas largas. El jinete debe saber ceder y mantener las riendas igual que cuando está montado, mantener el ritmo de la marcha de principio a fin, ya que si este se pierde es muy difícil recuperar la posición inicial.

–¿Y los ejercicios de mayor reunión, cómo se trabajan?

–Como con cualquier caballo montado se empieza al paso; lo importante es saber dónde se tiene que colocar el jinete. Por ejemplo, en la pirueta directa, el jinete se sitúa en el lado exterior y por lo tanto, al ser más largo, realiza el giro alrededor de la grupa del caballo. En el *piaffé* hay que tener el tacto suficiente para dosificar la presión, ya que si se ve demasiado sometido puede explotar lanzando una coz. En el *passage* y el *piaffé* hacemos que el caballo ponga mucha atención en nosotros y demuestre mucha más expresividad que montado. Los cambios de pie al tranco es quizás lo más difícil de todo, ya que suelen alterarse cuando los realizan y a veces confundirse con los trancos a dos. Lo que se pretende con estos ejercicios de riendas largas es que dé la sensación de que es el caballo el que realiza los ejercicios por sí solo. Y como en todos, siempre hay que acariciar cuando realice un ejercicio bien y no atosigarlo demasiado en los ejercicios difíciles, que sea él el que memorice el ejercicio por sí solo y con el tiempo.

Al caer la tarde dimos por concluidas las clases, otro poco de charla entre los dos viejos amigos y al final nos despedimos.

Conocer a don Amador, una persona experta en su trabajo y un maestro en los aires altos y riendas largas, fue de lo más gratificante. Reconozco que fue un día de clase teórico-práctica sobre estos ejercicios; nada que ver con las lecciones que a diario me daba el señor Luis. Don Amador era consciente de que la petición de mi maestro era para que me familiarizara y conociese esos ejercicios, pero en ningún momento podía decirme dónde, cómo y cuándo practicar dichas ayudas, ya que para eso debería pasar en su casa un buen período de tiempo.

27. JUEGOS Y FINALIDADES DE LA DOMA ESPAÑOLA DE AYER Y DE HOY

José Antonio García Muñoz, jinete de equitación de trabajo.

Antes de ir a conocer a don Amador, no solo sacamos el tema de los aires altos y las riendas largas; el señor Luis también me comentó la finalidad de la doma española, así como los juegos y deportes derivados de esta doma tan nuestra y el hecho de que pocos son los que saben su historia y la importancia que ha tenido a lo largo de la vida.

En esas tertulias, mi maestro también me enseñó que no todo es practicar y montar a caballo; también la teoría es muy aconsejable para saber el porqué de las cosas y conocer el camino a seguir.

–Amigo Juan, durante siglos los caballeros realizaron juegos a caballo como entrenamiento en las escuelas de guerra y posteriormente como diversión en tiempos de paz. De esta forma surgieron los torneos medievales, no sin antes tener en cuenta que ya los romanos practicaban tambіén juegos a caballo, y entre ellos las famosas carreras de cuadrigas. Los torneos fueron las primeras diversiones de la corte, celebrándose con frecuencia espectáculos por diversos motivos, como coronaciones, bodas, conquistas, etc. Las más famosas eran las justas. Se realizaban situándose un jinete frente a otro, y cruzándose lanza en mano y en el enfrentamiento se tocaban con las puntas en el rostro o en el pecho del rival, estando los contrincantes separados por una valla.

–Pero estos juegos les costaría la vida a algunos participantes.

–Eran unos juegos donde el riesgo se fue suprimiendo y cediendo el puesto a juegos controlados mediante reglas. Accidentes siempre había, pero eran casuales. También tenemos «Las cañas», que era un juego donde un grupo de jinetes se enfrentaba a otro, perfectamente identificados por colores, realizando escaramuzas y lanzándose las cañas, y los que las recibían se resguardaban con un escudo con el que las desviaban. Este era un juego típico de la monta «a la jineta» y originario de los musulmanes. Para poder participar en estos juegos se precisaba de caballos muy bien domados. Estos juegos servían a la vez para que los caballeros perdiesen el miedo a las lanzas en un combate real, ya que eran como simulacros. Con el tiempo estos juegos se transformaron en carruseles, que son unos bailes ecuestres musicales.

–La verdad es que estos juegos eran algo peligrosos, a pesar de tener sus reglas, pero algún juego habría que fuese divertido y sin riesgo para demostrar sus habilidades ecuestres y que haya llegado hasta nuestros días.

–Sí, tenemos dos muy emblemáticos: uno es el juego de las «cabezas» y el otro el de las «sortijas». El de «las cabezas» consistía en sortear varios obstáculos, realizando un recorrido donde el jinete, según se encontraba con «las cabezas» debía utilizar una de sus herramientas, que solían ser la lanza, el dardo, la espada o la pistola. Curiosamente tenía algunas reglas que lo penalizaba o eliminaba, como perder el sombrero, perder el estribo o que el caballo galopara en trocado o desunido, ya que siempre se debía galopar a la mano derecha. Las cabezas se hacían de cartón y tamaño medio. Este juego tiene su origen en las guerras contra los turcos; la cabeza simulaba a sus enemigos. De ahí puede que proceda la frase «cabeza de turco».

—Curiosos estos juegos. ¿Y el de «la sortija» cómo es?

—Este te explicaré cómo era antiguamente, pero para que te hagas una idea hoy en día se practica en muchos lugares del mundo. Es como las carreras de cintas en España. En los comienzos de estos juegos de caballeros se trataba de coger con la punta de la lanza un anillo o sortija del suelo, que era el premio en ciertos juegos de la época para obsequiar a las damas, dando lugar de esta forma a la invención de un nuevo juego. Es similar al de «la cabeza», pero con la diferencia de que en uno se da una estocada con la lanza, y en este se debe enfilar para introducir esta en la sortija, que cuelga desde lo alto y en medio de dos palos a una altura determinada, sin bajar la lanza durante el recorrido. Como en otro juego cualquiera, también existen reglas. El ganador será el que más sortijas coja con cierta velocidad. En caso de empate se darán pasadas hasta que uno de ellos gane.

—Como usted ha dicho, es como las carreras de cintas. En mi pueblo también se hacen.

—Sí, con la diferencia de que actualmente son unos palos en forma de pica y afilados por la punta, de unos veinte centímetros aproximadamente, que tienes que introducir por unas anillas de unos dos centímetros de diámetro manteniendo la dificultad inicial, ya que en sus comienzos se hacía con una lanza y por lo tanto la sortija era de mayor tamaño.

—¿Aparte de «las sortijas» en la Península Ibérica se mantienen hoy en día algunos de los juegos antiguos a caballo?

—Claro, tenemos por ejemplo las cacerías; la de liebres es muy común. Se corre con galgos, no se utiliza arma alguna, y es una carrera de poder a poder, donde no siempre la liebre es cazada por los lebreles. Se caza en terrenos llanos y de poco desnivel, para que la carrera sea más clara y limpia. Para ello, los cazadores, dueños de los galgos, van a caballo, para poder presenciar la carrera de cerca. Aquí aparece la doma española, andar mucho a caballo y arrear y templar correctamente. A pesar de que hoy en día se ven muchos jinetes a la inglesa, nuestra cultura se refleja en ciertos participantes y aficionados. Muchos de los terratenientes y empresarios del sur de España eran originarios de Inglaterra. Ellos fueron grandes impulsores de este deporte a finales del siglo XIX y principios del siglo XX, ya que en su cultura y tradición estaba la caza del zorro, y a falta de zorros se cazaban liebres.

—Entiendo que hay zorros en España, pero claro, el terreno no es el de Inglaterra. Maestro, ¿qué otra caza se lleva a cabo tradicionalmente con caballos?

—Tenemos también el lanceo de jabalí, que es diferente al de la liebre, ya que en este caso los jinetes le dan caza con una lanza de unos tres metros de larga. Es otro de los deportes tradicionales, pero más en desuso, practicado en algunas zonas de España. Antes de la aparición de las armas de fuego era la caza más popular entre la nobleza en España. El jabalí era del primero que hacía sangre, fuese este u otro el que lo rematara, si no era muerto en el primer encuentro. Aquí la doma española tiene un gran protagonismo, ya que a diferencia de la cacería de liebres, donde normalmente se corre hacia delante, en la del jabalí, este suele volverse al caballo que le ha asestado la lanzada. Por tanto se debe tener un caballo presto en las ayudas para volver y revolver en el encuentro, pararse y arrear si el jabalí emprende la huida de nuevo. También se caza con perros de presa en algunos de los casos, que son los encargados de sujetar al jabalí, pero pocos perros; no como en las realas, donde el número es mucho mayor, ya que la caza consiste en alancearlo a la carrera desde el caballo.

—¿Solo se lanceaban jabalís?

—No, también se lanceaban venados, y sobre todo toros salvajes, antecesores del toro bravo, de similares condiciones al jabalí. Pero claro, con el toro todo era y es mucho más complicado, y muchos jinetes y caballos eran sorprendidos por sus embestidas. Hoy en día el lanceo de toros bravos es una fiesta popular con reglas estrictas. Es un torneo medieval donde existen unos límites. Pasados estos límites, si el toro no ha sido alanceado se le proclama vencedor del torneo. El toro debe estar con sus defensas naturales y el alanceador a caballo sin más ayuda que la lanza. De estos torneos y juegos medievales surgieron las corridas de toros de hoy en día, ya que a los toros se les encerraba en las plazas de los pueblos para que la nobleza y los reyes los lidiaran. Los jinetes agrupaban a los toros en el campo y los dirigían a las plazas de los pueblos, donde eran lidiados por los caballeros, haciendo alarde de sus habilidades ecuestres delante de un toro. Así nació la lidia a caballo. El toreo a pie surgiría mucho más tarde, ya que los toreros en un principio eran los lacayos de los caballeros, los que intervenían en su auxilio si eran requeridos.

—No sabía que el rejoneo fuese anterior a las corridas de a pie. ¿La lidia ha evolucionado mucho desde entonces?

—Claro y mucho. Ten en cuenta que en aquella época la lidia consistía en pasar y clavar un rejón en lo alto del toro desde el caballo; eso ya era celebración suficiente para aplaudir al caballero. Muchos son los festejos relacionados con el toro y el caballo en España. Los alanceadores a caballo entrenaban a sus caballos con los toros en un principio; posteriormente surgieron los juegos y corridas para demostrar el dominio del toro sobre un caballo. Al principio se realizaban las suertes de alancear, rejonear y picar al toro. Con el tiempo, y más concretamente a principios del siglo XX, las suertes se dividieron en tres tercios. El primer tercio consiste en parar el toro, haciendo que siga a la grupa de la cabalgadura para ponerle unos rejones de castigo, unas cuchillas de dimensión suficiente para aplomarlo y que pueda continuar con la lidia para el siguiente tercio, que es el tercio de banderillas, donde el rejoneador hace alarde de sus dotes como jinete realizando ejercicios de alta escuela para adornarse y poner las banderillas en lo alto del toro, citándolo de frente y en los medios del ruedo. Tras colocar varias banderillas en las distintas suertes la lidia finaliza con el tercero, que es el tercio de matar al toro. Esta suerte se realiza con un rejón de muerte, que es similar al de castigo pero con la diferencia de que en vez de una cuchilla lleva una espada larga. Y al final de todo el espectáculo es el público el que pide los trofeos para el rejoneador. Si ha sido de su agrado saca un pañuelo blanco agitándolo al aire, y si el presidente de la plaza ve que existe mayoría, concede el trofeo o trofeos sacando su pañuelo en el palco presidencial, que, dependiendo de la intensidad con que el público se manifieste, podrá ser una oreja del toro, dos orejas o el rabo, que es el máximo trofeo una vez muerto el toro. Si al toro se le ha dado muerte y ha sido muy bueno, se le concederá una vuelta al ruedo como homenaje por su bravura, siempre solicitada por el público. También, por el contrario, si el rejoneador no ha estado a la altura, se le abuchea, manifestando su disconformidad.

—¿Una vez muerto hay más premios?

—Claro; si el toro durante la lidia ha resultado ser extraordinario, demostrando tener bravura en el ruedo por su forma de acometer, galopar, meter la cara, embestir etc., se le perdonará la vida, devolviéndolo a los corrales para que regrese a su ganadería como semental por el resto de su vida, esperando que sus productos sean de la misma calidad que su padre.

—Sí que ha evolucionado el rejoneo. ¿La doma española y en su versión más a la jineta, donde se aprecia más claramente es en estos espectáculos ecuestres?

—Quizás sea el más popular, pero nuestra monta a la jineta también se aprecia en los concursos de acoso y derribo y en la equitación de trabajo. Te contaré en qué consiste «la equitación de trabajo». Es como los antiguos juegos de cañas, las cabezas o sortijas, pero en los tiempos modernos, con sus variaciones y añadiduras, como es el enfoque de trabajo con el ganado vacuno. Se practica en muchos países del mundo, pero su forma de llevarse a cabo es puramente una monta a la jineta ya que todas las pruebas se practican con dos riendas en una sola mano, siendo las piernas de gran importancia. Por tanto nuestra doma española tiene mucho que ofrecer. También hay que destacar que España fue pionera en este deporte. Está compuesto por cuatro pruebas, donde la primera prueba es la de doma, la segunda manejabilidad, la tercera velocidad y la cuarta el apartado de la vaca.

»En la prueba de doma se realizan una serie de ejercicios para comprobar el nivel de doma del caballo, adaptados a las exigencias que tendrá en las siguientes pruebas. En la prueba de manejabilidad, el objetivo es ver la capacidad del jinete y el caballo para superar ciertos obstáculos que se encuentran en la pista y que simulan obstáculos que puedes encontrar en el campo. El binomio tiene que realizar su recorrido con precisión, tranquilidad y dominio. La prueba de velocidad consiste en ver la capacidad que tiene el binomio para recorrer los obstáculos de la anterior prueba pero en el menor tiempo posible.

»Como te conté, es un juego divertido, donde algunos de los obstáculos son pasar entre barriles, un salto, una cancela, una jarra, una campana, coger una garrocha, pasarla por una anilla, etc. Cada obstáculo se supera de manera diferente, y para ello tienes que tener muy domado el caballo. Desde mi punto de vista, los que realizan estas pruebas son muy completos. Falta la cuarta prueba, que es la de la vaca. Aquí el participante tiene que apartar una vaca de un rebaño, la que le haya tocado por sorteo. Una vez apartada la llevará hacia un pequeño cercado situado al lado contrario de donde se encuentren las otras. El tiempo cuenta; debe completarse dentro de un tiempo establecido o de lo contrario será eliminado. La equitación de trabajo tiene muchos adeptos fuera de nuestro país y va en aumento. Cada vez se unen más países a esta competición que, aparte de ser divertida, es muy completa.

—Quizás algún día participe en estos concursos. Tal y como usted me ha contado, tanto jinete como caballo demuestran sus habilidades ecuestres en varias facetas. ¿Y el acoso y derribo, cómo surgió?

—El acoso y derribo surgió de la necesidad de seleccionar el ganado bravo hace más de tres siglos. Siendo esta especie más salvaje que brava en la antigüedad, la selección consistía en dejar para cría a aquellas vacas que acometían en la embestida cuando eran derribadas por los garrochistas. De esta forma, con la selección, los caballeros rejoneadores y los toreros de a pie fueron dándole forma a la lidia en los ruedos hasta llegar a nuestros días, siendo un proceso lento y largo en el que el animal ha evolucionado con los tiempos, todo por una selección muy exhaustiva donde ganaderos y vaqueros hicieron uso de sus habilidades ecuestres en la monta a la jineta, jinetes que en sus principios practicaban el lanceo con los toros, transformando de esta forma la lanza en una garrocha, con muy pocas modificaciones desde los comienzos. Estos juegos o torneos modernos, como también podrían llamarse, consisten en que dos jinetes a caballo llamados «collera», uno, el «garrochista», el encargado de derribar la res, y otro, el «amparador», el encargado de acosarla y prepararla para que el «garrochista» pueda realizar su labor con efectividad, corran la res y la derriben. Es una faena de campo en equipo donde ambos jinetes deben estar perfectamente compenetrados, y sobre todo tener unos caballos muy bien adiestrados, ya que la res es llevada por un terreno llano y espacioso que se denomina «corredero», donde se le hará correr para poder probar las reacciones y embestidas una vez que ha sido derribada. La garrocha que se utiliza tiene una pequeña puya en la punta que no le hace daño a la vaca cuando el «garrochista» la derriba al alcanzarla por detrás en plena carrera, apuntando siempre en lo más alto y trasero de las ancas, ya que no es una cacería sino una prueba de selección para probarla como madre en la ganadería.

—Maestro, ¿para estas faenas de campo se tienen que tener unos caballos muy domados?

—Efectivamente, domados y con mucha fuerza y velocidad para que empujen cuando sientan que la garrocha de su jinete toca la vaca. Gracias a estas labores y faenas de campo, en las ganaderías bravas con caballos se han mantenido fieles las tradiciones de nuestra monta a la jineta, donde el acoso y derribo hoy en día es deporte y tiene su propio reglamento. Por eso, amigo Juan, la doma española de campo es tan importante, porque en ella se recogen todos los ejercicios necesarios y obligatorios que se realizaban antiguamente para la guerra y actualmente para el deporte. Nuestra cultura y tradición se recogen en estos ejercicios, pero practicados tal y como se realizaban en sus comienzos.

—¿Quiere decir usted que hoy en día no se practican igual?

—Sí, pero cuando un arte se reglamenta la mayoría de las veces pierde su esencia, aparecen modas y tendencias que son contradictorias con la tradición, y prevalecen la posición o el lugar de la clasificación por encima de los valores del verdadero arte ecuestre. Un arte, cuando está reglamentado obliga a seguir unas directrices y ahí es donde la auténtica personalidad, tanto la del jinete como la del caballo, son modificadas. Se actúa con miedo, todo está medido, y se busca la perfección, cuando en realidad el arte de cada jinete es único y diferente, y por eso es difícil evaluar a todos por igual. Amigo Juan, la doma española en sus dos variantes es un arte y el arte no tiene disciplina; que eso no se te olvide nunca.

—Maestro, ahora entiendo muchas de las dudas que me surgían en ciertos momentos.

—Lo sé, por eso te lo estoy explicando. Nunca te atreviste a preguntarme. ¿Recuerdas cuando decidí enseñarte la doma española?, ¿recuerdas cuando te dije que me preguntases todas las dudas que tuvieses? Lo has hecho correctamente, pero he notado que siempre tenías una pregunta que hacerme y nunca te decidías. Bien, ha llegado el momento de hacerlo.

—Maestro, la duda creo haberla despejado con la explicación anterior.

—¿Crees? O sea que no estás del todo seguro o convencido. Solo te la he aclarado un poco, esa duda que tenías sobre el arte y la competición, pero no lo que pienso de los concursos y por qué dejé la competición. ¿Es esa la duda o la curiosidad que tienes realmente?

—Sí —le dije, sorprendido de que en todo este tiempo hubiera sido conocedor de mis pensamientos—. Sí, tiene usted razón, señor Luis. Perdóneme por esta falta de confianza; siempre pensé que preguntarle podría herir sus sentimientos y por ello callé.

—Cuando se tiene confianza nunca se dañan los sentimientos; más bien es al contrario; en este caso sería yo el ofendido por tu silencio. Pero no te preocupes, esto forma parte de la vida; los años, la juventud, la madurez y la vejez, cada cosa en su sitio y en su momento, y este momento ha llegado.

—Le escucho.

—Participar en los concursos de doma es bueno, muy bueno, pero como autoexamen, pues tus pensamientos deben estar en una competición contigo mismo, ser mejor que tú mismo y superarte día a día. Si piensas en ganar a toda costa y ser mejor que los demás, desde ahora mismo te digo que te olvides de la competición porque los valores como jinete los pierdes desde ese preciso instante. Evidentemente ganar es la meta; es un deporte, pero siempre que te demuestres a ti mismo que te estás superando. Sobre todo debes tener respeto por los compañeros, tanto si ganas como si pierdes, compartir tus éxitos o fracasos. Esa forma de ser establece un vínculo de amistad con los compañeros; intercambiar ideas y conocimientos es muy enriquecedor para seguir progresando, repito, para superarte día a día. Ten presente que hoy puedes estar arriba porque en ese momento tienes un buen caballo, y si ese caballo el día de mañana te falta, puedes tardar en encontrar otro que te coloque en esa posición; por eso la humildad debe ir ante todo, y al ser realista. Para ello se tiene que estar motivado, y a veces, o la mayoría de las veces, nadie mejor que el propio jinete sabe cómo ha estado en su actuación. Ves que la clasificación que obtienes no es la correcta o deseada, que jinetes que no han estado a tu altura se clasifican por delante tuyo. Siempre se aconseja que no discutas, que no muestres desacuerdo, pero cuando son varias las veces que te lo hacen, reclamas, y si no te escuchan, y además se ríen de ti, acabas optando por dejar la competición.

–Maestro, y ¿a quién reclamas?

–A los jueces; ellos son los que dictaminan las puntuaciones de cada jinete. En muchas ocasiones, los jinetes se han visto enfrentados entre ellos por las clasificaciones, cuando ellos en realidad no tienen culpa de nada, llegando a enfados sin fundamentos que van en detrimento de la propia disciplina. La mayoría de las veces son los jueces quienes no tienen criterio claro sobre lo que se está juzgando. El compadreo siempre ha existido entre algún juez y algún jinete, pero eran disimulados y discretos. Esas cosas se captan en el ambiente y sobre todo en las clasificaciones. Por suerte esto no siempre ocurre; también hay jueces muy honestos y conocedores de la disciplina.

–No entiendo. Entonces, ¿se supone que los jueces deben ser conocedores de lo que están juzgando, ser neutrales, y sobre todo ser jinetes?

–Ese es el gran problema de todo esto. En los comienzos, los jueces eran jinetes de cierta reputación. Posteriormente se crearon unos cursos y salieron de jueces jinetes que habían demostrado su valía en las pistas. Todo iba más o menos bien hasta que se abrieron cursos para jueces, a los que se apuntaron aficionados de toda índole, más con afán de protagonismo que de hacer grande esta doma tan nuestra, querida y aplaudida en todo el mundo. A estos jueces nunca se les vio montados a caballo. Se sacaron el título leyéndose el reglamento. ¡Que todo está muy bien! Hicieron prácticas de secretario y al final, con la experiencia, pasaron de juzgar territoriales a nacionales.

—¿Entonces dónde está el problema?

—El problema está en que un juez que no ha montado, domado o participado en el mismo nivel que está juzgando nunca será fidedigno. Esto no quiere decir que un campeón de doma no pueda ser un gran juez; no es fácil poner una nota, pero si el juez lo es por vocación y afición y antes ha demostrado su valía como jinete en las pistas su nota siempre será más ponderada que la de un juez al que nunca se le vio montado sobre un caballo. A los jinetes les gusta que les puntúen jueces con historial de jinete, eso es obvio.

—Si dos jueces están puntuando una misma prueba y ambos ponen de nota un siete al mismo ejercicio, no existe diferencia alguna entre ambos.

—Cierto, pero al lado de donde se ponen las puntuaciones hay un apartado que dice «observaciones». Los jinetes podrán leer y saber el porqué de sus puntuaciones; de ahí se sacan muchas conclusiones. Si un jinete novel las lee y esas observaciones vienen de un juez-jinete le serán de gran ayuda en la próxima actuación. Las observaciones del otro juez son superficiales y de poca ayuda; más bien aumentan las dudas. El juez-jinete escucha siempre al que fue compañero y rival en las pistas; el juez que lo es por un curso la mayoría de las veces suele evadir las preguntas.

—Entiendo que a lo que usted se refiere sobre el juez-jinete es por las sensaciones que le pueda transmitir un jinete en la pista realizando los ejercicios, ¿es eso?

—Exactamente. Un juez-jinete puntúa como si fuese él el que está realizando el ejercicio. Estos conocen esas sensaciones cuando un caballo realiza un ejercicio o cómo un jinete emplea las ayudas. Hay jinetes que son muy habilidosos en ocultar y emplear ciertas artimañas para sacar puntos en las pistas; estos detalles el que mejor los detecta es el juez-jinete. Por eso, los jinetes que carecen de la técnica pura de nuestra doma española prefieren a los jueces que desconocen el auténtico tacto ecuestre, consiguiendo con ello buenas clasificaciones. En consecuencia, y desgraciadamente, los jóvenes jinetes que desean aprender y participar en la competición se encuentran perdidos ante las diferentes tendencias al realizar los ejercicios, pero la mayoría tienden por adoptar el método con el que se consigue el triunfo, dejando apartada la forma correcta de ejecutar los ejercicios tradicionales de nuestra doma española.

—Maestro, pero, ¿cómo lo consienten el resto de participantes?

—Estos están en minoría y luchan contra corriente. Pero no todo está perdido. También hay jinetes que demuestran su auténtica doma de campo. La presión de las críticas durante años y las voces de los aficionados hacen que las cosas sean lo más honradas y honestas posible. También se han invertido las cosas en este sentido: ahora los jueces puntúan lo que ven, y lo que ven es lo que la mayoría de los jinetes han implantado como forma de hacer doma vaquera. Lo que te quiero decir es que, al no tener las directrices claras, o aplicarse al menos el reglamento tal y como está escrito, surgen las diferencias de opinión y se dejan pasar defectos graves que hoy en día son normales para los jóvenes. Ellos no tienen la culpa; es lo que conocen y han aprendido. Por ello, amigo Juan, yo te he enseñado cómo son las cosas realmente; para que tú puedas transmitirlo en un futuro tal y como yo te lo he transmitido a ti.

—¿Qué me aconseja que haga al respecto?

—Yo no soy quién para decirte lo que debes hacer; eso lo debes decidir tú por tu propia cuenta. La experiencia, junto con tu forma de ser, es la que decidirá tu futuro, si deseas competir o practicar el arte de la equitación conforme a las normas tradicionales. Yo apoyo tu decisión. Concursar es muy bueno, ya te conté la parte positiva, pero ten presentes los obstáculos que te encontrarás por el camino. Si decides no concursar, también te encontrarás con una parte de aficionados que serán críticos con tu postura, ya que desearán verte en pista. Solo ven las clasificaciones, no miran al jinete individualmente. Es triste pero cierto. Parece que en este mundo solo están los que pisan las pistas de competición, cuando en realidad en la doma española somos una gran familia, más grande de lo que muchos puedan imaginar. Para acabar te diré una cosa: si algún día decides montar un picadero por tu cuenta los mayores triunfos serán tus clientes: si ellos están contentos será porque tu labor ha sido positiva; y créeme: es más difícil mantener una buena reputación dentro del mundo del caballo que obtener una medalla. Si fracasas con un caballo, las malas lenguas correrán como la pólvora; te pueden meter en un círculo vicioso del que es difícil salir. Ahora posees dos grandes caballos, y domados cada uno en su modalidad de doma española. Demuestra y enseña tu trabajo, diles quién eres, promociona la doma española, participa en exhibiciones, ten tu propia personalidad y crea una tabla de ejercicios adaptados a ellos. No intentes adaptar a los caballos a un reglamento; no todos los caballos pueden tratarse bajo un mismo patrón.

Esta fue la conversación que más me llegó al alma desde que conocí al señor Luis. Me habló con sentimiento y dolor, pero a la vez de corazón. Comprendí su postura sobre la competición, aceptándola. Los tiempos cambian; a veces nosotros no sabemos cambiar con los tiempos, pero es cierto que evolucionar es mejorar aunque no modificar, y la doma española debe seguir inalterable al paso del tiempo. Ya demostró su gran potencial en el pasado, y lo seguirá demostrando en el futuro mientras haya jinetes enamorados de sus raíces.

28. LA RELACIÓN ENTRE EL PROFESOR Y EL ALUMNO

Miguel Ángel Mellado, jinete profesional.

Pasaba el tiempo y cada día me sentía más orgulloso de haber conocido a una persona como el señor Luis, que no solo tenía experiencia y sabiduría en el mundo del caballo, sino también de la vida misma.

Su filosofía sobre la equitación era aplicable a cualquier ámbito. Era una filosofía del porqué de las cosas; todo tiene una explicación, y eso era lo que siempre me hacía entender en cada momento.

Una mañana el señor Luis me dijo que se sentía mal. Después del trabajo matutino y rutinario me acerqué a ver cómo se encontraba. Me lo encontré sentado en una silla y cerca de la lumbre de la chimenea; atizaba un pequeño leño de encina para que le diera calor.

—¿Cómo se encuentra usted, señor Luis?

—Algo mejor, me voy a resfriar. Tengo frío por todo el cuerpo, pero siéntate a mi lado; charlemos un poco de hombre a hombre.

Me estaba invitando a hablar de tú a tú, cosa que yo nunca me permitiría, ya que el respeto que le tenía era más grande de lo que él se podía imaginar. Haciendo caso omiso a su última frase, y sentándome a su lado, le dije:

—Dígame usted.

—Amigo Juan, estoy muy agradecido por tus progresos con los caballos y la doma; creo que he conseguido que tengas un buen equilibrio físico y mental, cualidades imprescindibles para cualquier meta que te propongas en la vida. Físicamente eres atlético por naturaleza, pero has desarrollado las cualidades necesarias para poder tener buena compostura a caballo. También mentalmente has mejorado mucho, y este es el aspecto más difícil de trabajar en un alumno, ya que se trata de transformar su carácter y pensamiento para hacer el bien sobre todo lo que le rodea.

—¿Por qué me cuenta todo esto?

—Porque el día de mañana, cuando quieras transmitir tus conocimientos a otros alumnos, tienes que tener en cuenta que el maestro debe poseer las mismas cualidades que está transmitiendo. Aparte de poseer conocimientos teóricos, también debe hacerles ver a sus alumnos que está capacitado para realizar con un caballo lo que él espera de ellos y demostrárselo, pues de lo contrario no tendría credibilidad alguna como profesor. Profesor no es aquel que ha conseguido un título deportivo; eso se puede conseguir comprándole un caballo domado a otro jinete. Profesor es el que domó ese caballo para llegar a ese nivel y le dio clases al jinete para que aprendiese a realizar la doma correctamente. Se da la coincidencia de que, la mayoría de las veces, es el mismo jinete el que domó al caballo y participa a la vez, y por tanto también está cualificado.

—Usted ha resultado ser un gran maestro si, como usted dice, en mí se ve el resultado.

—El profesor es bueno si el alumno es bueno también. Si tú no hubieses tenido vocación y ganas de aprender no habría hecho nada contigo. Muchos alumnos critican a los profesores, cuando realmente el problema radica en ellos, pero no lo quieren reconocer; piensan que el aprendizaje es fácil y cómodo, cuando en realidad es largo y muy duro. No todos aguantan la presión, y por eso el buen maestro nunca debe cambiar constantemente de carácter, ya que eso se reflejaría en el ánimo de sus alumnos. Si el maestro se explica dando voces y está alterado, el alumno acabará por cambiar de maestro, o lo que es peor, perdiendo su afición por los caballos. Por eso se tiene que crear una amistad mutua entre profesor y alumno; esa confianza es la que permite que en un momento dado le puedas regañar por algo mal hecho, y que el alumno, por la confianza que te tiene, lo acepte como un buen consejo.

—Lo que más admiro de usted es la paciencia que ha tenido conmigo. De eso sí me he percatado.

—Si no hubiese tenido paciencia jamás hubieses aprendido. Cuando el alumno deposita confianza en su maestro, lo que tiene que hacer es dejarse llevar; el profesor con paciencia sabe que el resultado aparecerá más tarde o temprano. ¿Recuerdas cuando te ponías descompuesto por no conseguir lo deseado y yo me montaba en el caballo? Ese es el ejemplo, que el alumno vea que su maestro, con calma y paciencia, unidas a unos conocimientos, consigue mucho más que peleando sin sentido.

–Esa lección la aprendí en su momento y me siento enormemente agradecido por ello. ¿Usted cree que yo también podré transmitir sus enseñanzas tal y como yo las he recibido?

–No me cabe la menor duda. Tú has aprendido desde una base, esa base de la que muchos carecen, y por tanto no te será difícil. También hay aspectos externos muy importantes como hombre de a caballo, como son la personalidad, cómo eres y cómo llevas tu vida. Las personas sencillas y que hablan con el corazón en la mano siempre tendrán un sitio en muchos lugares. A los que van por la vida engañando y estafando se les hablará, se les saludará, pero nunca tendrán todas las puertas abiertas.

–Maestro, yo me he esforzado todo lo que he podido por aprender de usted.

–Lo sé y soy consciente de ello, y por eso cuando realizabas algo bien hecho dábamos por terminada la clase, para que te quedaras con buen sabor de boca y con ganas de más para el día siguiente. Aquí es donde entra la psicología del profesor, pero tanto para el jinete como para el caballo. Te he enseñado a amar al caballo como a un ser vivo. Si en los comienzos hubiese observado en ti un comportamiento contrario a mis principios, créeme que hubiésemos acabado desde hace mucho tiempo. La palabra caballero viene de aquella persona que monta a caballo, pero también significa persona que se comporta con educación y respeto.

–Maestro, pero yo todavía me considero joven para enseñar a otros aficionados. ¿Mis explicaciones serán creíbles?

–Claro, ¿por qué no? En el aprendizaje existen muchos niveles. En una escala de uno a diez, si tú tienes el seis, puedes aportar conocimiento al que tiene cuatro y a la vez aprender del que tiene ocho; nunca se acaba de aprender. Además, también se puede ampliar e intercambiar conocimientos con otros maestros. Nuestra doma española es tan antigua y amplia que «cada maestrillo tiene su librillo». Coge lo que veas conveniente y desecha lo que no te interese, pero siempre siendo fiel a tus principios. El buen profesor es aquel que se adapta al caballo y al jinete para llevárselos a su terreno, no aquel que quiere que todos pasen por donde él diga desde un principio; nuestra doma no es dictatorial.

–Señor Luis, mi gran ilusión sería llegar a ser como usted algún día.

–Es bueno tener a alguien como referencia, pero nunca te obsesiones. Cada uno tiene que buscar su propia personalidad. A veces los alumnos se obsesionan en ser mejores que sus maestros. Es un gran error. Cada persona es diferente y las comparaciones son odiosas. Yo podré ser mejor que tú en muchos aspectos, pero por mi infancia y por vivir en una época determinada habrá aspectos que tú nunca llegarás a entender y, sin embargo, tú serás mejor que yo en otros. La sociedad está cambiando a pasos agigantados; esta época te toca vivirla a ti, como yo tuve la mía en mi momento.

–Nuestra relación es muy buena, nos tenemos confianza mutua y somos sinceros. Si algún día tengo alumnos intentaré conocer sus pensamientos y su forma de ser.

–Es lo principal, es lo que hice contigo; lo demás va surgiendo por sí solo. El problema que te encontrarás, a diferencia de mí, es que yo he tenido por alumno a una persona noble, educada y respetuosa, con ganas de aprender y no aparentar ni demostrar nada a nadie, y eso ha sido un punto muy grande a mi favor. Sin embargo, no siempre se reúnen estos ingredientes; la mayoría de los jóvenes quieren estar cuatro días con un maestro y probar con otros nuevos, para después alardear de que han tenido a ciertos maestros y ponerlo en su currículum, cuando realmente lo que han hecho ha sido pasearse de un sitio a otro, y lo único que han aprendido ha sido a hacer y deshacer maletas. Con ese historial se ponen a domar caballos. Han conocido el ambiente que se respira superficialmente, no los entresijos. Pero la reputación basada en la mentira tiene las patas muy cortas. Estos nuevos domadores son más tratantes que jinetes, se pasean por todas partes, conocen a todo el mundo y van hablando mal de la mayoría; recuerda, y muy importante: si alguien habla mal de todo el mundo, que sepas que tú tampoco te escapas.

—De momento estoy contento con el trabajo en la finca, con don Gregorio y con los caballos de la ganadería. No está en mi mente abandonarlos.

—Lo sé, pero desgraciadamente no siempre todo dura lo que deseamos. A veces, por causas ajenas a nosotros debemos iniciar una nueva vida. Te pueden gustar los caballos y tener otro trabajo, y a los caballos tenerlos como diversión y placer. También puedes realizar cursos teórico-prácticos de fin de semana a un grupo de aficionados.

—¿Y aprenden en un fin de semana?

—No se trata de que aprendan; es más bien para aclararles dudas y dejarles deberes, para que después periódicamente puedas ir a verlos y evaluar su evolución. Aprenden también, lógicamente, y decirles dónde, cómo y cuándo se deben realizar los ejercicios es de mucha ayuda, asesorarles sobre su caballo, nivel de doma, cualidades, etc. Estos cursos están muy bien y se están poniendo de moda. En mis tiempos esto no existía, los maestros eran más reacios, pero hoy en día es una buena herramienta para dar a conocer y fomentar la doma española. En los concursos, los aficionados son espectadores; en estos cursos, los aficionados son los protagonistas. No es lo mismo ver que recibir y sentir sensaciones. No todos los profesores tienen las facultades óptimas para realizar estos cursos teóricos-prácticos, ya que tienen que ser grandes psicólogos, conocer tanto al caballo como al jinete en muy poco tiempo y sacar el máximo rendimiento posible, conocer qué es lo que se desea y qué es lo mejor para el binomio, que ambos mejoren y que el jinete perciba la mejoría. Son muchos los aficionados que andan perdidos por el mundo y es una lástima que nadie pueda o quiera darles cuatro consejos que les pueden ser de gran ayuda.

—¿Se debe tratar a todos los alumnos por igual en el aprendizaje?

—No, ya que cada uno tiene un objetivo y una meta puesta en el aprendizaje. No es lo mismo el que monta por placer que el que monta para aprender a domar a su caballo, o el que tiene como objetivo la competición. Tampoco se tratará con la misma insistencia a un jinete que tenga buen asiento por naturaleza que al que bota encima de la montura. Tampoco debes caer en la tentación de generar ilusiones a los jóvenes jinetes y decirles que porque tengan un buen progreso serán unos campeones; eso demuestra falta de profesionalidad por parte del profesor y provocará el desánimo del jinete cuando se dé cuenta de que el título está más lejos de lo que le hicieron creer. Estas cosas se comentan cuando ya se tiene una base sólida, donde se prueba para ver resultados y el futuro decidirá el camino correcto a seguir. Igual sucede cuando se coge un potro y desde el primer día dicen que es un campeón; esas personas dejan mucho que desear en lo que a profesionalidad o seriedad se refiere, a menos de que scan tratantes y sea por las intenciones que tienen de vender. ¿Quién no ha oído decir «como este no hay otro en media España»? Claro, es que España es muy grande y queda la otra media.

—Entiendo. Maestro, ¿dónde está la diferencia entre mis conocimientos y los suyos?

—Está en que tú a tu edad tienes la energía y la vitalidad propias de esa edad. Eres joven, te crees que te comes el mundo, y empleas la fuerza en la mayoría de las ocasiones. Yo, sin embargo, esa agilidad que tú tienes a caballo la he perdido, pero he ganado en experiencia. Esa experiencia me hace actuar con más calma, observando la situación desde otro punto de vista y sobre todo ganando el tacto ecuestre que los jóvenes por su juventud desconocen. Por eso, el jinete debe saber ir adaptando su cuerpo según va pasando la edad y no querer aparentar lo que no es, o lo que no tiene.

—Veo que aprender es difícil, pero enseñar lo es mucho más.

—Si un maestro no sabe enseñar, difícilmente podrá un alumno aprender. No es solo saber reconocer las faltas; eso se detecta fácilmente. Lo difícil es dar con el origen y el porqué, y después saber solucionarlo, aconsejar y guiar por el camino correcto. A veces la solución para un mismo problema no tiene por qué tener el mismo remedio para uno que para otro. Y eso es muy importante: que el alumno lo capte cuando el profesor se lo explica. Influyen muchos factores, como pueden ser el historial, el carácter, el nivel de doma del caballo, etc.; por eso el alumno debe tener la mente abierta para comprender y reconocer si está capacitado para resolver la situación o, de lo contrario, o bien necesitará más nivel de conocimientos y aprendizaje o bien consultarlo con otro compañero para ver qué consejo o solución le da, ya que muchas veces cuatro ojos ven más que dos. Se da muchas veces el caso de que lo que para un jinete es un problema desconocido para otro es un problema diario y tiene experiencia en solucionarlo.

Volvió a atizar la candela arrimando la leña de encina para que se consumiera dando calor y se quedó fijo mirando las llamas. Fue un silencio extraño; parecía que estaba despidiéndose de mí.

En el poco tiempo que llevaba a su lado calentándonos juntos en la candela de la chimenea me había explicado los valores de un profesor, así como su comportamiento y forma de actuar según el alumno. Después continuó con otra faceta de su propia filosofía.

—Como te conté al principio, la filosofía te dice el porqué de las cosas que vive el hombre. Te daré algunos consejos que son perfectamente aplicables a la vida y al mundo del caballo.

»Cuando enseñes, di la verdad, sé honesto; estamos en una sociedad donde la gente cree en lo malo y no en lo bueno.

Cuando veas algo mal hecho, tanto a caballo como a pie, dilo; en la reacción del que te escucha estará la respuesta. Si te lo agradece, puede ser el principio de una buena amistad; si por el contrario se molesta, es motivo suficiente para saber cómo es su personalidad y no volver a decirle nada más, manteniendo siempre la distancia. Mira con quién se junta y verás que esas personas son similares.

–Maestro, pero nadie es perfecto.

–Tampoco lo pretendas. Pero si haces por mejorar ciertos aspectos de la vida, todo te será más fluido y cómodo cuando estés tanto con caballos como con personas. Ver detalles donde otros solo miran, escuchar palabras donde otros solo oyen es lo que te hará diferente. Son muchos los aficionados a los que se les dicen las cosas cientos de veces y no se enteran, al contrario de otros, que se lo dices una vez y captan la idea. Eso es porque tienen vocación, están pendientes de todo lo que les rodea y aprenden rápido. Los otros solo aparentan; hacen ver que les gusta lo que hacen, cuando en realidad lo que están haciendo es pasar el tiempo para decir «yo soy» o «yo sé». Nunca llegues a un sitio entrando por la puerta como diciendo «ya estoy aquí porque he llegado»; eso déjaselo a los que quieren protagonismo, piensan que sin su presencia aquello no funcionaría y no saben que no son imprescindibles. Tú debes actuar cuando te toque el turno y entonces es cuando debes llamar la atención del público con tu sabiduría y saber estar para transmitir tus conocimientos de la forma más sencilla y práctica posible. El profesional humilde siempre acude a los eventos con la mayor discreción del mundo; no hay mayor acercamiento a tus seguidores y aficionados que el que ellos te vean a la misma altura. Nunca mires a nadie por encima del hombro, porque el que menos te esperas te puede dar la lección de tu vida.

–Maestro, me estoy grabando todas sus palabras en la mente. Tenga usted por seguro que actuaré de la forma más correcta posible, tal y como me lo está contando. Creo que es el verdadero camino a seguir.

—Me alegro de que así sea. Ten presente un dato importante: a lo largo de la vida te encontrarás con gente que querrá ponerte en evidencia, te traicionará, pero con la base que tienes es muy difícil que te pongan en ridículo, ya que en la base es donde se sostienen todos los pilares de los conocimientos y experiencias adquiridas a lo largo de la vida. No te preocupes si te encuentras con alguien con igual base que tú ya que, de ser cierto, estaríais hablando el mismo idioma y por tanto con ese vínculo será fácil intercambiar opiniones positivas.

—Maestro, me habla usted como si fuese a dar clases mañana. No lo descarto, pero lo más lógico es que dé clases cuando tenga una cierta edad. ¿No cree usted que entonces me tendrán más en consideración?

—Sí, la veteranía es un grado, pero la edad no siempre le hace a uno ser más profesional. Muchos jinetes se quedan estancados y no progresan; lo único en lo que avanzan es en edad. Además, un jinete debe aprender a fracasar, tanto como a ganar o más. Recuerda que un buen profesor es aquel que evita que sus alumnos cometan los errores que él en su día cometió. Lo que sucede es que la mayoría de las personas no escarmientan en cabeza ajena; deben padecer en sus propias carnes para que los consejos tengan cierta validez.

—Alguna vez he oído decir que la equitación tiene secretos, ¿qué hay de cierto en eso?

—Eso es falso. En la equitación no existen secretos, lo que existen son conocimientos aprendidos a lo largo de la experiencia con los caballos y por eso siempre es necesario estar bajo la atenta mirada de alguien que te corrija en el momento oportuno. Ese es el único secreto que puede existir: el saber algo que otro no sepa. Muchos jinetes se preocupan por aprender a hacer doma de alta escuela, cuando lo que hacen día a día son ejercicios de baja escuela. ¿No es mejor que aprendan bien la baja escuela y que aprendan la alta escuela cuando llegue el momento y no antes? Son muchos los caballos que carecen de una buena alta escuela porque sus jinetes se olvidaron de realizar correctamente una buena baja escuela; ese es el secreto, que no es tal, sino simplemente cuestión de principios.

–Antes de conocerle pensaba que había trucos, y me he dado cuenta de que lo que hay son conocimientos sobre el estudio del comportamiento de los caballos y la forma correcta de actuar según el momento.

–Así es, amigo Juan. Deseo que en un futuro encuentres a la persona ideal para transmitirle tus conocimientos, como yo he hecho contigo. Es un crimen que maestros que tienen mucho que aportar en la equitación se vayan al otro mundo guardándoselo para ellos. Contigo he hecho realidad mi ilusión: ver que mi método no solo me funciona a mí, sino que también les sirve a aquellas personas que siguen mis pasos al pie de la letra. Soy consciente, como ya te he dicho en muchas ocasiones, de que cada persona debe buscar su propio camino. Un maestro no es quién para obligar a que sus alumnos sigan sus pasos. Parece que me contradigo pero me refiero a que si tienes un método aprendido y ves que te funciona, no lo dejes, perfecciónalo; esos serán tus propios pasos. Al perfeccionarlo parecerá que te estás apartando de tus raíces, pero no; lo que estarás haciendo será adaptarlo a tu personalidad y forma de ser. Ahora termina las labores que te queden por hacer. Quiero dormir un rato; me encuentro cansado y con frío. La medicación que me he tomado me está haciendo efecto y me produce sueño.

Me despedí de él dejándolo a solas con su candela encendida dándole calor. Salí preocupado. Sus palabras eran como de despedida aunque sin llegar a querer despedirse, como un hasta luego o hasta siempre. Su forma de vivir la vida la había elegido él. No se le notaba arrepentido de nada ni tampoco culpaba directamente a nadie; se sentía feliz en la finca, en la yeguada, apartado de las nuevas tecnologías.

Su salud no era muy buena y eso le hizo envejecer durante las siguientes semanas. Le cuidé todo lo que pude durante ese tiempo. Don Gregorio, mi jefe, me dio la orden de que estuviese siempre a su lado, que no lo abandonase.

Una mañana entré en su habitación con el desayuno preparado y le encontré inmóvil, frío; el pulso no le latía ni respiraba. Llamé rápidamente al personal de la finca. Cuando llegaron, entraron en la habitación. Yo me encontraba fuera, en el patio, con la cabeza apoyada en la pared, llorando y sin fuerzas para sostenerme en pie, con los ojos cerrados.

Se me acercó uno de los trabajadores de la finca y, poniéndome la mano en mi hombro, me dijo:

—Juan, el maestro ha muerto.

No sé qué es lo que sucedió después, ya que caí desmayado; lo único que recuerdo es que me estaban reanimando para volver en mí. Me incorporé y me acerqué a su cama; no me separé de él hasta el momento del entierro. Fue una ceremonia de lo más íntima, como él había querido, como él había vivido, rodeado de los suyos.

Tardé mucho tiempo en hacerme a la idea de la ausencia de mi maestro. Montaba a caballo y me preguntaba cuál sería su respuesta a mis preguntas. Al principio me costaba, pero pensar qué es lo que él me diría hacía que me animara a continuar.

Una tarde, don Gregorio me llamó para comentarme unos detalles. Estando en su despacho me dijo:

—Siéntate. Como sabes, don Luis era un miembro más de la familia. Su pérdida nos ha dolido a todos; yo sé lo unido que estabas a él. Él sabía que le quedaban pocos días de vida y me escribió esta carta para que te la entregara pasado un tiempo. Dice que me la leas en voz alta.

Cogí la carta con delicadeza y la leí en voz alta. Al terminar me quedé sin saber qué decir y de pronto, al venirme a la mente su imagen, tapándome la cara se me saltaron las lágrimas de nuevo, llorando como un niño. Don Gregorio me dejó en esa posición hasta que se me pasó. Después me dijo:

—Esa era su voluntad: los dos caballos, «Soñador» y «Campero», te los regala; los compró con su dinero. Se quedarán en la finca sin causarte gasto alguno. También te regala su biblioteca ecuestre, diciéndote que no caigas en el error que cometen muchos pensando que los libros son inútiles; ellos te pueden beneficiar con los conocimientos que encierran, avisándote también de que no permitas que los libros piensen por ti. Los libros son el reflejo de los que los escribieron, producto de sus propias vidas. Por eso, repito, no dejes que piensen por ti y escribe tu propio libro, y de esta forma tendrás siempre viva la figura de tu maestro en tus letras, que serán de gran ayuda a generaciones venideras.

EPÍLOGO

Decidí compartir mis conocimientos como jinete de doma española en sus dos variantes, vaquera y alta escuela, realizando exhibiciones por toda la geografía española con mis dos caballos. Los concursos los dejé de lado. ¡Cómo recuerdo aquellas palabras que me decía mi maestro sobre que sería criticado si optaba por no participar en concursos! Fue una decisión personal. Yo necesitaba no regirme por un reglamento; quería interpretar la doma española de acuerdo con mi propia personalidad, no la que me imponían reglamentada.

Eso no descartaba el que si algún día tenía un alumno que quería concursar contaba con todo mi apoyo y respeto. La única manera en que podía ser fiel a las enseñanzas tradicionales de mi maestro era respetar las decisiones de los alumnos a la hora de elegir su futuro.

Yo, por tanto, no buscaba la fama. Tampoco la necesitaba; tenía un bonito empleo en la yeguada, mi riqueza era la de estar al lado de los míos, de mi gente y mis animales. Los fines de semana me dedicaba a dar clases teórico-prácticas a aficionados que solicitaban mis consejos. Muchos jinetes, incluso profesionales de la doma clásica, se sorprendían de lo que la doma española podía aportar a su equitación.

Cumpliendo los deseos de mi maestro y en su memoria dediqué un tiempo a recopilar todas sus enseñanzas y escribir sobre la doma española. Una vez terminada mi obra literaria la guardé en un cajón para cuando llegase el momento de publicarla y, de esta manera, hacer que sus enseñanzas llegaran a todos los rincones del mundo.

Es cierto que cuando un alumno está preparado, aparece el maestro. Pasado un tiempo se presentó en la yeguada un joven que me recordó en todo a mí cuando pisé por primera vez la yeguada.

–Buenas, he venido porque le he visto en varias exhibiciones y su doma me pone los vellos de punta. Soy un aficionado y me gustaría que usted me enseñase.

Acepté tras una pequeña charla. Pasados unos días, y tras conocerlo un poco, me dirigí al cajón donde tenía el libro y se lo entregué para que lo leyese. Cuando lo acabó, el joven, con tono amable, me dijo:

–Es una joya y no debería estar guardada en un cajón. Creo que debería publicarlo para que llegase a todo el mundo.

Esas palabras me sirvieron para saber que las ideas plasmadas en el papel, esas que contenían un fondo de tradición y mi sentir, tenían efecto.

Ese libro es el que ustedes tienen en sus manos.

AGRADECIMIENTOS

Quiero empezar agradeciendo a todos y cada uno de los que han colaborado en la labor de elaboración de este libro cediéndome sus fotos para así poder ilustrar lo que se explica en cada capítulo.

A don José Manuel Sales Pons, «El cura», por el ánimo que siempre recibí por su parte hacia mi persona a la hora de repasar el manuscrito.

A Marta Prieto Asirón, de Editorial Kolima, por confiar en mí y hacer posible esta publicación.

Por último, y muy especialmente, a mi gran amigo Edgar Guerrero de la Rota, por aguantarme y estar en cada momento que le requería. Sin su ayuda y su ánimo jamás hubiese escrito este libro. Él ha repasado y corregido hoja por hoja, aclarando y consultando la información que en ellas se plasma.